Caspar Dohmen
Profitgier ohne Grenzen

CASPAR DOHMEN

PROFITGIER OHNE GRENZEN

Wenn Arbeit nichts mehr wert ist und Menschenrechte auf der Strecke bleiben

EICHBORN

MIX
Papier aus verantwortungsvollen Quellen
FSC
www.fsc.org
FSC® C083411

Dieser Titel ist auch als E-Book erschienen.

Eichborn Verlag in der Bastei Lübbe AG

Originalausgabe

Lektorat: Anne Büntig
Umschlaggestaltung: Christiane Hahn, www.christianehahn.de
Satz: hanseatenSatz-bremen, Bremen
Gesetzt aus der DTL Haarlemmer D
Druck und Einband: CPI books GmbH, Leck – Germany

Printed in Germany
ISBN 978-3-8479-0621-6

5 4 3 2 1

Sie finden uns im Internet unter www.eichborn.de
Bitte beachten Sie auch: www.luebbe.de

Inhaltsverzeichnis

Einleitung 9

Kapitel 1: Wie wir arbeiten 17

Tatort Textilfabrik 20

Schlachthaus Karibik 27

Ein kurzer Glücksmoment: Schwedische Traumfabrik 30

Arbeiten bis zum Umfallen 34

Der Wert der Arbeit: Eine schwierige Frage 36

Wenn Arbeitgeberträume wahr werden: Stundenlöhner in England 41

Ausbeutung in der deutschen Provinz 42

Organisierte Verantwortungslosigkeit 46

Sklavenarbeit für Fertiggerichte 50

Maschinen ersetzen Menschen 55

Taylorisierung der Kopfarbeit 67

Digitale Tagelöhner 69

Luxusgut Normalarbeitsverhältnis 73

Kapitel 2: Der Aufstieg der Konzerne 79

Angst bei Amazon 79

Goldene Giganten 88

Das Gesetz des Dschungels 95

Moralhindernis Markt 105

Das Diktat der Finanzkennziffer 106

Schrott vergolden: Schiffe abwracken 110

Alte Privilegien und neue Sonderrechte 116

Geschichte wiederholt sich 121

Corporate Social Responsibility:
Schein statt Sein 125

Arbeiten für Aktionäre im Knast 137

Sinnvolle Jobs verhindern 144

Bananenrepubliken 148

Gesetze aus Konzernfedern 151

Kapitel 3: Gewerkschaften 153

Kleine Siege und große Niederlagen 153

Wenn die Macht die Seite wechselt 157

Teile und herrsche 160

Ankunft in der Gesellschaft 163

Schleichendes Gift für Solidarität 165

Gefährliche Gewerkschaftsarbeit 168

Arbeiterrechte aushebeln 172
Gegenwind in Europa 178
Fügsame Gewerkschaften schaffen 184
Geheimkommando Betriebsratsgründung 188
Offensive mit Organizern 200
Betriebe kapern 207
Kapitel 4: NGOs 211
Der erste große Erfolg:
Abschaffung der Sklaverei 219
Die Idee der Menschenrechte 223
Helfer für Beschäftigte 226
Der Kampf für Mindestlöhne 232
Konzernkritik 236
Konzerne verklagen: Shell, Trafigura
und KiK 245
Verkaufsalternativen schaffen:
Der faire Handel 255
Gefährdung von NGOs 257
Kapitel 5: Wie wir regiert werden 259
Die Entdeckung des Sozialen 260
Arbeitsstandards für alle 264
Wenn Unternehmer Behörden
schikanieren 271

Die Zäsur: Der Siegeszug des Neoliberalismus 273

Helfer der Konzerne 280

Schieflage zwischen Konzern- und Menschenrechten 282

Konzerne regulieren: Eine unendliche Geschichte 284

Die Automatisierungsdividende 289

Kapitel 6: Was können wir tun? 292

Gleiches Recht für alle 293

Aktienrecht anpassen 295

Soziale Mindeststandards einführen 297

Unternehmensabsprachen erlauben 300

Mindestbeteiligung aller Arbeitenden 301

Mehr linken Kapitalismus wagen 302

Gewerkschaften stärken 304

Versicherung bei falscher Berufswahl 305

Grundeinkommen 306

Neue Orientierung schaffen 307

Anders einkaufen 308

Verbindlichkeit statt Versprechen 310

Mein Dank gilt … 313

Literaturauswahl 314

Einleitung

»Diese Wirtschaft tötet. (…) Heute spielt sich alles nach den Kriterien der Konkurrenzfähigkeit und nach dem Gesetz des Stärkeren ab, wo der Mächtigere den Schwächeren zunichte macht. Als Folge dieser Situation sehen sich große Massen der Bevölkerung ausgeschlossen und an den Rand gedrängt: ohne Arbeit, ohne Aussichten, ohne Ausweg. Der Mensch an sich wird wie ein Konsumgut betrachtet, das man gebrauchen und dann wegwerfen kann.«

Papst Franziskus[1]

Als 1944 die Internationale Arbeitsorganisation (International Labour Organization, ILO) die Erklärung von Philadelphia verabschiedete, waren sich die beteiligten Staatsmänner, Unternehmer und Arbeitnehmervertreter einig: »Arbeit ist keine Ware.«[2] Soziale Gerechtigkeit sollte ein Eckpfeiler der internationalen Rechtsordnung sein und Arbeit nicht nur die Basis für die Würde jedes einzelnen Menschen bilden, sondern auch für den sozialen Zusammenhalt der Gesellschaft.

Der Grundkonsens ist verloren gegangen. Arbeit gilt im gegenwärtigen Wirtschaftsmodell lediglich als ein Kostenfaktor, der möglichst gering gehalten werden muss, damit Unternehmen ihre Wettbewerbsfähigkeit sichern und möglichst hohe Gewinne einfahren. Statt sozialer Gerechtigkeit genießen heute die Freiheiten des Kapital-, Waren- und

1 Apostolisches Schreiben Evangelii Gaudium, Abschnitt 53.

2 www.ilo.org/wcmsp5/groups/public/---europe/---ro-geneva/---ilo-berlin/documents/normativeinstrument/wcms_193728.pdf.

Dienstleistungsverkehrs höchste Priorität. Die Beteiligung der Beschäftigten an den Früchten der Arbeit ist oft dürftig, viele können mit ihrem Lohn nicht einmal ihre Grundbedürfnisse decken. Wir kennen die Working Poor der USA, die mit ihren Löhnen bei Walmart oder McDonald's so wenig verdienen, dass sie von der Regierung Lebensmittelgutscheine erhalten. Für die arbeitenden Armen aus den lateinamerikanischen Maquiladoras, afrikanischen Minen und chinesischen Werkbänken fehlen uns ähnlich einschlägige Begriffe. Deren Löhne reichen oft nicht dazu, die Grundbedürfnisse zu stillen, von einem Leben in Würde ganz zu schweigen.

Die weltweite Arbeitsteilung führt nur theoretisch dazu, dass jeder das produziert und dafür entlohnt wird, was er am besten kann oder wofür die jeweilige Region den ansässigen Menschen die besten Voraussetzungen bietet. Regelmäßig werden in der Arbeitswelt selbst elementare Menschenrechte verletzt, ob das Recht auf körperliche Unversehrtheit, auf Vereinigungsfreiheit oder gleichen Lohn für gleiche Arbeit. Wie häufig Menschenrechtsverletzungen in der global verzweigten Wirtschaft geschehen, wissen wir nicht. Darüber führt niemand Buch. Aber man kann sich auf die Suche nach jenen begeben, die Missstände erleben, beschreiben und bekämpfen. Das habe ich getan, und ich bin dabei vielen ungeheuer mutigen und bewundernswerten Menschen begegnet, die allen ein Vorbild sein könnten: Ein Cambridge-Absolvent, der als Menschenrechtsanwalt in Pakistan allen Todesdrohungen zum Trotz für die Rechte von Arbeitern und Armen streitet. Ein ehemaliger Gewerkschafter, der jetzt Chefinspektor der Arbeitsbehörde in El Salvador ist. Der Arbeiter, der sich als Terrorist vor Gericht angeklagt findet, weil er einen Streik mitorganisierte. Die langjährige Leiterin der amerikanischen Behörde gegen Arbeitsrechtsverstöße, die ein gewisses Verständnis für die schwierige Situation von Unternehmen hinsichtlich der Einhaltung von Arbeitsstandards hat. Der asiatische Makler zwischen Textilfabriken und westlichen Modekonzernen, der Missstände in italienischen Fabriken anprangert. Die Gewerkschafter, die Arbeiter bei dem Versandhändler Amazon organisieren. Und schließlich der indische Fabrikant, der auf den Staat hofft, damit seine Beschäftigten endlich so entlohnt werden, dass sie alle ihre Grundbedürfnisse befriedigen können.

Was erwartet die vierzig Millionen Menschen[3], die Jahr für Jahr neu auf den globalen Arbeitsmarkt drängen? Welche Folgen haben für die Beschäftigten die Globalisierung der Wirtschaft und die beschleunigte Entwicklung von Robotern und Algorithmen? Um dies herauszufinden, habe ich Arbeitende mit den unterschiedlichsten Berufen in verschiedenen Ländern aufgesucht – sie schildern ihren Alltag und den Wandel der Arbeit: Ein Arbeiter erlebt in der Autofabrik, dass die Wertschöpfung für seine Handgriffe genau erfasst wird. Ein Briefträger beschreibt die ständige Verdichtung seiner Arbeit: Längst berechnen Computerprogramme, welche Wege und Postmengen er in welcher Zeit erledigen soll. Textilarbeiter in El Salvador schildern, welch perfidem Akkordsystem sie ausgesetzt sind, bei dem Arbeitsgruppen systematisch gegeneinander ausgespielt werden. Ein Schiffsabwracker in Pakistan erlebt, wie immer wieder Kollegen tödlich verunglücken, und schildert, dass er nicht einmal einen Schutzhelm tragen darf, wenn er ihn selbst kauft. Streikende Arbeiter bei Amazon bekennen, welch immense Angst sie haben, für höhere Löhne und mehr Mitbestimmung zu kämpfen.

---

[3] ILO: Bericht über Globale Beschäftigung und Soziale Entwicklung. Die dynamische Natur von Arbeitsplätzen, Zusammenfassung, 2015.

Ängste, dass unserer Gesellschaft bald die Erwerbsarbeit ausgehen würde, scheinen nicht ganz unberechtigt. Die Vorboten sind schon heute zu erleben – die Technologie verändert massiv den Arbeitsalltag. Der europäische Produktionschef von Ford beschreibt, wie neuerdings Maschinen fahrerlos auf dem Werksgelände Material transportieren, der langjährige Chef der Fraunhofer-Gesellschaft für Produktionstechnik entwirft eine neue Weltkarte der Produktionsstandorte. Dank dezentraler und automatischer Kleinstfabriken könne selbst die industrielle Produktion von Massenprodukten wie Textilien oder Schuhen aus Entwicklungsländern in die Industrieländer zurückkehren. Ein englischer Küchenchef hat ersten Robotern das Kochen beigebracht.

Die Alarmzeichen für die Beschäftigten sind unübersehbar: In Entwicklungsländern ersetzen Maschinen bereits Menschen mit geringsten Gehältern, und in den Industrieländern übernehmen Maschinen einfache Dienstleistungstätigkeiten und Kopfarbeiten, deren Wegfall lange Zeit als technisch oder ökonomisch unvorstellbar galt. Ein Ingenieur und Betriebsrat bei den Ford-Werken in Köln spricht von einer »Taylorisierung der Kopfarbeit«, also der Umgestaltung anspruchsvoller Tätigkeiten nach dem Prinzip des Fließbandes. Um die verbleibenden Tätigkeiten für menschliche Gehirne und Hände werden immer mehr Menschen konkurrieren, zu härteren Bedingungen. Denn Tätigkeiten lassen sich ebenfalls dank der Technik immer besser standardisieren, zerteilen und weltweit ausschreiben. So steigt der Druck auf die Arbeitenden, dafür sorgen die Gesetze von Angebot und Nachfrage. Man braucht kein Prophet zu sein, um vorherzusagen, dass sich das Kräfteverhältnis zwischen Kapital und Arbeit noch weiter zugunsten der Unternehmen verschieben wird, wenn sich gesellschaftlich nichts ändert. Das Nachsehen wird ein großer Teil derjenigen Menschen haben, die auf

Erwerbsarbeit angewiesen sind, ob als Lohnarbeiter oder einzelne Selbstständige – und das ist fast jeder von uns. Sozial abgesicherte Jobs werden im Laufe des 21. Jahrhunderts ein rares Gut, wenn sich gesellschaftlich nichts ändert.

Das Kapital hat fraglos die Oberhand über die Gestaltung der Arbeitswelt gewonnen. Und seine Interessen werden vor allem von den großen Anlegern und grenzüberschreitend tätigen Konzernen bestimmt, den großen Gewinnern der vergangenen dreißig Jahre: Die größten Konzerne haben seit 1989 ihre Gewinne mehr als verfünffacht. Die Unternehmen und deren Eigentümer schneiden sich heute ein wesentlich größeres Stück aus dem in Europa und den USA erwirtschafteten Kuchen als noch Ende der 1970er-Jahre. Der Anteil der Arbeitenden ist entsprechend gesunken. Die Antwort auf die Frage, ob sich diese Entwicklung fortsetzt, ist maßgeblich abhängig davon, welche Gegenkräfte es gibt. Da sind die freien Gewerkschaften, traditionell der Anwalt für die Anliegen der Beschäftigten. Sie befinden sich global im Gegenwind und müssen sich mancherorts sogar massiver staatlicher Repressionen erwehren, wie eine Untersuchung von 141 Staaten zeigt: In sechs von zehn dieser Länder gibt es keine Tarifverhandlungen, in sieben von zehn Ländern sind Streiks verboten, und in fast jedem zweiten Land gibt es willkürliche Verhaftungen von Gewerkschaftern. Die Gewerkschaften verlieren aber vor allem auch an Einfluss, weil es immer weniger Menschen für notwendig erachten, sich gewerkschaftlich zu organisieren. Die Gewerkschaften versuchen, mit neuen Methoden wieder mehr an Einfluss zu gewinnen.

Ein verhältnismäßig junger Akteur auf der internationalen Bühne in Sachen Arbeitsrechte sind NGOs (nichtstaatliche Organisationen), die seit den 1990er-Jahren ungeahnte Wirkungsmacht entfaltet haben. Sie spielen heute eine maßgebliche Rolle bei der Aufklärung über Missstände in der Arbeitswelt, wie die »Kampagne für Saubere Kleidung« bei der Produktion von Textilien. NGOs versuchen, die globalen Arbeitsverhältnisse maßgeblich zu verbessern, etwa durch den Kampf für existenzsichernde Mindestlöhne oder gegen unfaire Handelsabkommen sowie mit Klagen gegen Konzerne.

Die Staaten waren maßgeblich daran beteiligt, dass sich das Kräfteverhältnis zugunsten der Konzerne verschieben konnte. Regierungen haben vielerorts die Arbeitsverhältnisse entrechtlicht oder die Wirtschaft grenzenlos liberalisiert. Begonnen hatte der Druck auf die Arbeitsstandards in Entwicklungsländern, heute ist dies auch in alten Industrieländern zu beobachten. In Spanien, Portugal oder Griechenland galten Arbeitsstandards in der Finanz- und Eurokrise eben nicht als Errungenschaft, sondern als Standortnachteil. Regierungen haben den Konzernen auch dabei geholfen, ihre Investitionen verbindlich durch zahlreiche Abkommen abzusichern und mit harten Durchsetzungsmechanismen zu versehen. Dagegen ist die Gewährleistung elementarer Arbeits- und Menschenrechte in der Welt der Wirtschaft erschreckend unverbindlich geblieben.

In Deutschland ist die Zahl der Arbeitslosen in den vergangenen Jahren deutlich gesunken, aus dem europäischen Ausland, aus Nordafrika und dem Mittleren Osten kamen sogar unzählige Menschen hierher, in der Hoffnung auf Arbeit und auf der Suche nach Schutz vor Krieg und Verfolgung. Wer jedoch glaubt, dass die hiesigen Beschäftigten von dem Abwärtstrend nicht tangiert seien, unterliegt einer gefährlichen Illusion. Deutschland gehörte mit der Agenda 2010 sogar zu den Vorreitern beim Abbau von Arbeits- und Sozialstandards in Europa und verdankt seine Wettbewerbsfähigkeit nicht zuletzt auch niedrigen Löhnen bei einem Großteil der Beschäftigten. In Deutschland gilt übrigens bereits jedes vierte Beschäftigungsverhältnis als prekär, also als schlecht bezahlt und unsicher. Unter siebzehn erfassten EU-Ländern gibt es nur in Litauen einen höheren Anteil an Geringverdienern als in Deutschland.[4] Weltweit sind sogar drei von vier Beschäftigungsverhältnissen instabil, haben die Betroffenen keine oder nur kurzfristige Arbeitsverträge.[5]Das Wirtschaftswachstum der zurückliegenden Jahre hat in Deutschland übrigens keinesfalls die Billigjobs beseitigt, und jeder zweite Arbeitnehmer erlebte hierzulande, wie seine Löhne in den vergangenen fünfzehn Jahren an Kaufkraft verloren.[6] Obwohl die Wirtschaft brummt, fordern Wirtschaftsvertreter eine Abschaffung des Achtstundentags und Flexibilisierung des Arbeitsalltags.[7] Ein weiterer Abbau von Arbeitsstandards ist vorprogrammiert, wenn sich der politische Status quo nicht ändert. Die Nachfrage nach »Made in Germany« wird irgendwann sinken, und dann wird die Debatte über die Verbesserung der Wettbewerbsfähigkeit des deutschen Standorts wieder auf die Tagesordnung kommen.

Im Laufe des zwanzigsten Jahrhunderts hatten sich die Arbeitsbedingungen für die Menschen in den früh industrialisierten Ländern deutlich verbessert, also vor allem in Europa und Nordamerika. Es schien nur eine Frage der Zeit zu sein, bis sich parallel zum wirtschaftlichen Fortschritt auch andernorts die Verhältnisse in der Arbeitswelt verbessern würden. Tatsächlich hat sich die Situation für einen Teil der Menschen verbessert, vor allem in den Schwellenländern. Gleichzeitig hungern jedoch noch achthundert Millionen weltweit und in den traditionellen Industrieländern befinden sich viele Menschen in einer sozialen Abwärtsspirale. Die Verschlechterung

---

[4] Laut einer Studie des Instituts für Arbeitsmarkt- und Berufsforschung zufolge verdiente im Jahr 2010 knapp ein Viertel aller Beschäftigten in Deutschland weniger als 9,54 Euro brutto pro Stunde, das sind mehr als sieben Millionen Menschen.

[5] Zahlen der ILO nach der *Welt* vom 19.5.15.

[6] Marcel Fratzscher, *Verteilungskampf. Warum Deutschland immer ungleicher wird*, München 2016, S. 11.

[7] Vgl. *Angriff auf den Achtstundentag*, Faz.net vom 19.12.2015.

von Arbeitsbedingungen ist jedoch kein Naturgesetz, und es gibt eine Menge Ansatzpunkte für diejenigen, die handeln wollen – sie sind Thema zum Schluss. So viel sei aber schon verraten: Akzeptable Arbeits- und Sozialstandards und eine angemessene Bezahlung aller Beschäftigten, ob in Entwicklungsländern oder bei uns in Europa, nutzen am Ende des Tages allen Menschen und erhöhen auch den wirtschaftlichen Wohlstand. Sie sind aber nur gemeinsam zu erreichen. Ohne eine grenzüberschreitende Solidarität wird sich die Lage der Arbeitenden verschlechtern. Es reicht nicht, die Verantwortung auf die Politiker, Gewerkschaften oder NGOs abzuschieben, jeder Einzelne ist gefragt.

Kapitel 1: Wie wir arbeiten

»Sich zu Tode zu arbeiten ist die einzig gesellschaftlich anerkannte Form des Selbstmordes.«

Johann Freudenreich,
Karikaturist und Gerichtsreporter[8]

Jeden Tag sterben im Durchschnitt 6.400 Menschen auf der Welt durch einen Unfall am Arbeitsplatz oder an einer berufsbedingten Krankheit. Damit kommen bei der Arbeit mehr Menschen ums Leben als durch Krieg und Terror. Jährlich sind es laut der Internationalen Organisation für Arbeit 2,3 Millionen Menschen.[9] Möglicherweise liegt die Zahl sogar noch weit über den offiziellen Angaben, denn die globalen Produktionsnetze sind verästelt und beginnen oder enden oft dort, wo niemand hinschaut. Viele Tote, Verkrüppelte und Verletzte bleiben namenlos und ungezählt. Es sind die verschütteten Arbeiter, die in den Minen im Kongo seltene Metalle aus dem Boden holen, oder die verunglückten Kinder, die auf den Kakaoplantagen in Westafrika arbeiten, oder die Männer, die an den Stränden Asiens Schiffe mit bloßen Händen zerlegen und sich dabei Gliedmaßen abreißen, oder die Jugendlichen, die auf den Mülldeponien Afrikas den Elektroschrott zerlegen und beim Verbrennen des Plastiks hochgiftiges Dioxin einat-

[8] Das Zitat wird Freudenreich zugeschrieben; ob er es wirklich gesagt hat, lässt sich aber nicht belegen.

[9] www.ilo.org/berlin/presseinformationen/WCMS_364077/lang--de/index.htm.

men. Für diese und die meisten anderen Toten muss niemand Verantwortung übernehmen. Dafür gäbe es oft auch gar keine gesetzliche Handhabe, geschweige denn jemanden, der klagt. Anders ist dies im Falle des Brandes der Textilfabrik Ali Enterprises, wo die Opfer nicht in der Anonymität blieben.

Angehörige und überlebende Arbeiter haben sich zusammengetan und stellen vor Gerichten die Frage nach der Verantwortung, in Pakistan, aber auch in Deutschland. Denn hier sitzt der Auftraggeber der Unglücksfabrik, der deutsche Textildiscounter KiK. Auf diese Weise werden Anfang und Ende einer der vielen globalen Lieferketten sichtbar.

Unterstützt werden die Betroffenen von der Menschenrechtsorganisation European Center for Constitutional and Human Rights, kurz ECCHR. Die Organisation stellte gemeinsam mit medico international im März 2015 in einer Berliner Fabriketage die Klage von vier pakistanischen Opfern des Brandes gegen den Discounter KiK vor. Nach Unglücken bei den fernen Lieferanten unseres Konsums geht es hierzulande meist um Selbstverpflichtungen der Unternehmen, verantwortungsvoll einkaufende Konsumenten und neue Gesetze – aber eine Klage Betroffener aus den Ländern im Süden gegen einen Konzern im Norden wegen der Verhältnisse bei dessen Zulieferer ist etwas Neues. In einem Prozess könnte Rechtsgeschichte geschrieben werden. »Das hat es noch nie gegeben in der Bundesrepublik Deutschland«, sagt Uwe Kekeritz, Entwicklungspolitiker der Grünen bei einem Gespräch in seinem Büro im Deutschen Bundestag. Insofern sei es von höchstem Interesse für »unsere Konzerne«, weil die dann damit rechnen müssten, dass sie ebenfalls belangt werden könnten. Zu Redaktionsschluss Mitte Juni 2016 hatte das Landgericht Dortmund noch keine Entscheidung getroffen.

Anlässe für Klagen gäbe es genug. Denn Konzerne verstoßen regelmäßig gegen Arbeits- und Menschenrechte, was diverse Skandale zeigen, bei denen unter anderem die Menschenrechte auf körperliche Unversehrtheit, Vereinigungsfreiheit oder auf gleichen Lohn für gleiche Arbeit missachtet werden.[10] Einen Hinweis auf das Ausmaß liefert eine Studie der Universität Maastricht. Forscher haben 1.800 öffentlich zugängliche Beschwerden über Menschenrechtsverletzungen von Unternehmen aus einem Zweijahreszeitraum analysiert. Spitzenreiter mit 511 Beschwerden waren Firmen aus den USA. Dann folgten Großbritannien (198), Kanada (110) und China (94). Firmen aus Deutschland belegten mit 87 Beschwerden Platz fünf in diesem Negativranking. Überproportional betroffen sind Großbritannien und Kanada, weil dort besonders viele Konzerne ihren Sitz haben, die im Bergbau tätig sind. Die Branche war Spitzenreiter bei den von den Forschern erfassten Fällen von Menschenrechtsverletzungen. In jeweils 45 Prozent der Fälle wurde den Konzernen angekreidet, die Rechte von Arbeitnehmern oder von Angehörigen indigener Bevölkerungen verletzt zu haben. In den restlichen Fällen sahen die Beschwerdeführer die Menschenrechte von Verbrauchern verletzt.[11]

KiK ist übrigens beileibe kein Einzelfall – jede fünfte von den Forschern berücksichtigte Beschwerde betraf den Handel, ein Resultat der verästelten Beschaffungsketten in der globalen Wirtschaft, an deren Anfängen häufig die Menschenrechte verletzt werden, wie bei den Arbeitern, die bei dem KiK-Zulieferer Jeans genäht haben.[12]

---

[10] Siehe Artikel 3, 20 und 23 der Allgemeinen Erklärung der Menschenrechte.

[11] »Company Responses to Human Rights Reports: An Empirical Analysis, Menno T. Kamminga«, Maastricht University – Faculty of Law, February 2, 2015, *Business and Human Rights Journal*, vol. 1, issue 1, pp. 95–110, 2016, siehe auch: *Injustice Incorporated. Corporate Abuses and the HumanRright to Remedy*, Hrsg. Amnesty International, März 2014.

[12] Bericht 2014, *Globales Wirtschaften und Menschenrechte. Deutschland auf dem Prüfstand*, Hrsg. Germanwatch und Misereor, S. 10.

Im Juli 2015 fliege ich nach Pakistan. Als Erstes bin ich dort mit Nasir Mansoor verabredet, dem stellvertretenden Generalsekretär der National Trade Union Federation, eines kleinen Dachverbandes von Gewerkschaften. Er spielt eine wichtige Rolle bei der Organisation der Kläger. Mansoor führt mich an einen Ort, wo das Unglück bis heute präsent ist, in die Leitzentrale für Krankenwagen der Hilfsorganisation EDHI in Karatschi. Dort nehmen Mitarbeiter Notfälle entgegen und alarmieren einen der Sanitäter, die mit ihren Fahrzeugen über die Stadt verteilt sind, die etwa so groß ist wie das Saarland. Schreckensnachrichten sind hier Alltag. An den Anruf am frühen Abend des 11. September 2012 erinnert sich Muhammad Azeem trotzdem haargenau. Um 18.10 Uhr sei der Alarm eingegangen, die Textilfabrik Ali Enterprises im Stadtviertel Baldia Town No. 2 brenne. Sie schickten drei Krankenwagen los. Als Azeem und seinen Kollegen klar wurde, was für ein Inferno in der Fabrik tobte, alarmierten sie weitere Sanitäter. Und dann hörten sie in der Leitzentrale über Funk das Unfassbare: Viele Arbeiter seien in dem brennenden Gebäude eingeschlossen, es gebe nur einen offenen Notausgang, und fast alle Fenster seien mit Eisenstangen vergittert. Rettungsmannschaften könnten nicht hinein und Arbeiter nicht heraus.

Muhammad Hanif gehörte zu den eingeschlossenen Arbeitern, die verzweifelt an den Eisengittern rüttelten. Nun, fast drei Jahre später, steht Hanif vor der ausgebrannten Ruine, wo er früher gemeinsam mit Hunderten Arbeitern nähte. Mit neun Jahren hätten ihn seine Eltern in eine Fabrik geschickt, erzählt er, weil sie nicht einmal das Geld für seine Schulbücher gehabt hätten. Statt schreiben und lesen lernte er nähen – wie viele hier. Ein bis zwei Monate entfernte er Fäden von den Kleidern – der Job für die Anfänger. Dann wechselte er an die Nähmaschine.

Oft habe er die ganze Woche in der Fabrik verbracht, sei erst sonntags früh um drei Uhr nach Hause gegangen, um wenigstens einmal in der Woche auszuschlafen. Montags morgens stand er dann wieder in der Fabrik auf der Matte, um Textilien zu nähen. Den Brand hat er nur um Haaresbreite überlebt, weil es ihm schließlich gemeinsam mit einigen Kollegen gelang, einen Teil der Lüftungsanlage aus der Wand zu reißen. Sie zwängten sich durch das Mauerloch und sprangen ins Freie.

Zwei Tage loderten die Flammen in der Fabrik. Dann bargen die Rettungsmannschaften die Leichen und machten einen grausigen Fund. Im Keller hatte sich das ganze Löschwasser gesammelt und war durch das Feuer erhitzt worden. All die Menschen, die im Untergeschoss Zuflucht gesucht hatten, waren regelrecht gekocht worden. Von den toten Körpern konnte man die Haut abziehen wie einen Socken vom Fuß, erzählt Azeem schaudernd. Einige Tote konnten selbst mit einem DNA-Test nicht identifiziert werden. Die Sanitäter haben sie gemeinsam anonym bestattet. 259 Menschen kamen bei dem schwersten Brand in der Industriegeschichte Pakistans zu Tode.[13]

Niemand weiß genau, wie viele Menschen in Karatschi, der größten Industriemetropole des Landes, leben. Schätzungen schwanken zwischen 20 und 23,5 Millionen Einwohnern. Menschen flüchten oft aus dem unsicheren Grenzgebiet zu Afghanistan in die Industriestadt am Meer, in der Hoffnung auf Arbeit und ein friedlicheres Leben. Was einiges aussagt, denn Karatschi gehört selbst zu den gefährlichsten Städten der Welt. Mansoor fährt mit mir in das ursprünglich für Militärangehörige errichtete Viertel Defence. Hier wohnt der Rechtsanwalt Faisal Siddiqi. Beide Männer könnten nicht gegensätzlicher sein: Mansoor, der überzeugte Kommunist, der einem aus scharfen Augen anblickt und tra-

---

[13] *Dawn*, 5.8.2014.

Wer verdient was?
So setzt sich der Preis eines T-Shirts zusammen

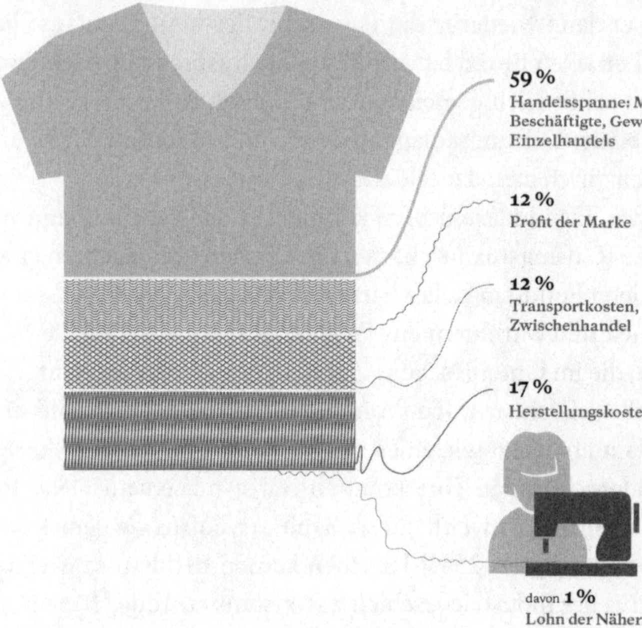

Quelle: Fair Wear Foundation

Grafik Nordsonne Identiy/ Brot für die Welt

ditionelle Kleidung trägt, weite Stoffhosen und lange Hemden. Und Siddiqi, der aus einer vornehmen Familie stammt, in Cambridge studiert hat, an der London School of Economics Vorträge hält und eine gehörige Portion Humor hat. Beide eint der Kampf für bessere Lebensbedingungen der Armen und Arbeiter. Die Reaktion der pakistanischen Gesellschaft auf das schwerste Industrieunglück des Landes schockierte sie gleichermaßen. »Nichts geschah, niemanden interessierte es«, empört sich Siddiqi . Die öffentliche Reaktion nach dem Brand von Ali Enterprises sei so gewesen, als ob fünf Menschen gestorben wären. Der Menschenrechtsanwalt macht dafür die generelle Kultur in Pakistan verantwortlich, die teilweise gegen Arbeiter und generell gegen Arme gerichtet sei. Was ihn besonders empört: Das Feuer allein hätte niemals so viele Menschen getötet. Es gebe schließlich grundlegende Sicherheitsmaßnahmen, die seit den 1930er-Jahren bekannt seien: Man verschließt die Türen einer Fabrik nicht von außen, man installiert Feuermelder und führt Brandschutzübungen durch. Auslöser war vor mehr als hundert Jahren der Brand der Textilfabrik Triangle Shirtwaist Company in New York. 1911 starben hier 145 Beschäftigte, vor allem junge Mädchen aus europäischen Einwandererfamilien. Die Fabrikbesitzer hatten die Türen verschlossen, um zu verhindern, dass die miserabel entlohnten Arbeiterinnen Waren mitnehmen.[14] Deswegen steckten sie in der Falle, als das Feuer ausbrach. Regierungen erließen, zunächst in Europa und Nordamerika, Regeln zum Schutz der Beschäftigten im Brandfall, die heute im Prinzip in vielen anderen Ländern gelten, auch in Pakistan. Hätte man solche Regeln bei Ali Enterprises eingehalten, dann wären möglicherweise dreißig oder vierzig Leute umgekommen, sagt Siddiqi, vielleicht auch fünfzig Leute, »259 Menschen wären niemals getötet worden«.

Menschen machen Fehler, schätzen eine Situation falsch ein oder vergessen abzuschließen. Deswegen lassen sich Gefahren auch beim Wirtschaften nicht völlig ausschließen. Welcher umfassender Schutz jedoch möglich ist, zeigt ein Blick nach Deutschland, dessen ökonomisches Rückgrat bis heute die Industrie ist. Von 1958 bis 2014 sank die

---

[14] vgl: http://trianglefire.ilr.cornell.edu/story/introduction.html

Zahl der Arbeitsunfälle je 1.000 Vollzeitbeschäftigte von jährlich 141 auf nur noch 22. Bei der Erwerbsarbeit starben 2013 nur noch 386 Menschen, das sind zwanzig Mal weniger als bei der Hausarbeit, mit 8.675 Unfalltoten.[15] Sichere Arbeitsbedingungen sind das Resultat findiger Ingenieure, politischer Vorgaben, von Kontrollen und Anreizmechanismen. Bestes Beispiel ist die gesetzliche Unfallversicherung in Deutschland, welche bei Unfällen von Arbeitnehmern unter anderem für die Kosten der Behandlung aufkommt. Die Höhe des Beitrags, den nur Arbeitgeber zahlen, hängt ab von der Belegschaftsgröße und dem Unfallrisiko. Entsprechend gibt es neben der rechtlichen Verpflichtung auch einen ökonomischen Anreiz für ein Unternehmen zu Verbesserungen.

Was dies praktisch bedeutet, erlebte ich im Jahr 2000 bei einer Reportage über Arbeitssicherheit im Zementwerk von Dyckerhoff in Wiesbaden. Selbstbewusst zeigte ein Betriebsrat vor der Kantine auf eine elektronische Anzeige, die dem Werk eine stolze Bilanz attestierte: Es war seit 1.246 Tagen unfallfrei. Bevor die Firmenleitung das Programm zur Beseitigung von Gefahren eingeleitet hatte, waren auf dem Werksgelände noch vierzehn Arbeiter jährlich verunglückt. Zu viel hatte das Management befunden und gemeinsam mit Betriebsräten und Vertretern der Betriebskrankenkasse die Ursachen analysiert und die Abläufe verbessert. Teilweise waren es ganz einfache Maßnahmen, die halfen, die Arbeit sicherer zu gestalten: So reinigte nun öfter jemand die Werkswege von Gesteinsbrocken, weil sich dort immer wieder Arbeiter den Fuß umgeknickt hatten. Aber das Management investierte auch in die Gesundheit der Arbeiter und schaffte beispielsweise einen Automaten an, der die Zementsäcke auf die individuelle Körper-

---

[15] Statistisches Bundesamt.

größe eines Arbeiters anhob, was deren Rücken schonte.[16] Bis heute wurde dem Werk wiederholt ein hoher Arbeitsschutz von der Berufsgenossenschaft attestiert.[17]

Und wenn ein Beschäftigter in Deutschland trotzdem verunglückt, wird er medizinisch hervorragend versorgt, unter anderem in berufsgenossenschaftlichen Kliniken. In der Unfallklinik im bayerischen Murnau erlebte ich 1996, wie einem Verkehrsopfer – erstmals überhaupt weltweit – ein menschliches Kniegelenk eines Verstorbenen transplantiert wurde.[18]

Aber auch hierzulande liegt einiges im Argen. Gesundheitsgefahren für Arbeitende werden bisweilen heruntergespielt. Deswegen gibt es heute in Deutschland mehr Todesfälle infolge von Asbest als durch Arbeitsunfälle. 1.292 Asbesttote verzeichnet die Statistik der Deutschen Gesetzlichen Unfallversicherung (DGUV) für das Jahr 2010, für das die jüngsten Zahlen vorliegen. Erfasst sind nur die anerkannten Fälle von beruflich bedingten Erkrankungen. Seit 1978 gab es demnach mehr als 26.000 Asbesttote in Deutschland. Weltweit sterben jährlich mehr als 100.000 Menschen an den Folgen einer Asbesterkrankung.[19] Wie konnte das geschehen? Schon die Griechen hatten den Baustoff in der Antike verwendet, der als Wunderfaser galt, weil er fest, hitze- und säurebeständig ist. Ärzte entdeckten im Jahr 1900 die Gesundheitsgefahren von Asbest und erkannten später, dass dafür die messerscharfen Kristalle des Asbests verantwortlich waren, die Krebs verursachten. Aber die Industrie spielte das Gesundheitsrisiko jahrzehntelang herunter, wollte auf die Geschäfte mit der Wunderfaser nicht verzichten. Asbest

---

16 *Wiesbadener Kurier*, 17.2.2000.

17 www.dyckerhoff.com/online/de/Home/Regionen/Deutschland/WerkstandorteZement/Amneburg/documento224.html.

18 Ich habe darüber damals einen Bericht für die Orthopädischen Nachrichten verfasst.

19 Bundesanstalt für Arbeitsschutz und Arbeitsmedizin, Nationales Asbestprofil, Dresden 2015.

wurde weiterhin in großem Ausmaß in Häusern, Fabriken und Büros verbaut, aber auch für Bremsbeläge und Dichtungen bei Autos eingesetzt und fand Verwendung für Getränkefilter oder Zahnpasta. Verboten wurde Asbest in Deutschland erst im Jahr 1993, also mehr als neunzig Jahre, nachdem Ärzte dessen Gefahr für die Gesundheit erkannt hatten. Heute ist der weltweite Handel mit Asbest immer noch erlaubt, und der Baustoff wird vor allem in Entwicklungs- und Schwellenländern weiter verwendet.[20]

Die Frage nach Gefahren wirtschaftlicher Innovationen stellt sich regelmäßig. Aktuell geht es beispielsweise um die Folgen der Nanotechnologie. Es geht um winzige Partikel, etwas größer als Atome und kleiner als Bakterien, die als neue Wundersubstanz gefeiert werden. Sie stecken schon in Sonnencremes, Autolacken oder regenabweisender Kleidung. Forscher haben beobachtet, dass die Winzlinge durch Zellwände schlüpfen können. In Tierversuchen wanderten Nanopartikel bis in den Zellkern und schädigten dort die Erbinformationen. Womöglich entpuppen sich die Winzlinge als Giftzwerge. Betroffen wären davon auch wieder diejenigen, die die Substanzen herstellen. Selbst bei sorgfältigem und vorausschauendem Handeln lassen sich solche Gefahren neuer wirtschaftlicher Verfahren nicht völlig verhindern. Und oft sind die Einschätzungen auch schwierig und eine Frage der Abwägung, weil es beträchtliche Chancen und Risiken gibt.

Der Großteil der Gefahren für Leib und Leben der Beschäftigten resultiert heute jedoch nicht aus technischen Gefahren, sondern aus den gesellschaftlichen Verhältnissen. So müssen die Menschen vielerorts unter lebensgefährlichen Bedingungen arbeiten, die sich leicht beheben ließen. Aber die Umstände

---

[20] www.dguv.de/medien/inhalt/presse/dguv-kompakt/2015/20150610_dguv_kompakt_2015_05_juni_screen.pdf.

werden nicht geändert, weil dann der Gewinn sinken oder sogar die ganze Produktion unprofitabel würde. Das Leben vieler Arbeitender ist verschwindend wenig wert. Historisch ist das eine Konstante. Verglichen mit vorkapitalistischen Zeiten hat es jedoch eine entscheidende Verbesserung gegeben: Anders als damals ist Sklaverei heute nicht mehr erlaubt.

Schlachthaus Karibik

Einer von vier Menschen lebte im 18. Jahrhundert unfrei, als Sklave auf den Plantagen jenseits des Atlantiks oder in der islamischen Welt, als Kriegsgefangener und Schuldknecht in Afrika, als Leibeigener in Osteuropa oder Landarbeiter in Indien. Wer einen Sklaven sein Eigen nannte, durfte ihn ausbeuten, verprügeln, verkaufen, vergewaltigen und umbringen – alles ungestraft. Sklaven galten rechtlich als Ding, genauso wie ein Pferd oder Pflug. Vom 9. bis zum 19. Jahrhundert wurden schätzungsweise 12,5 Millionen Menschen von Afrika nach Asien und auf Inseln im Indischen Ozean verschleppt; weitere 11 bis 12 Millionen Afrikaner wurden vom 15. Jahrhundert bis zum 19. Jahrhundert nach Amerika verschleppt und dort als Sklaven verkauft.[21] Sie arbeiteten häufig auf den Zuckerrohrplantagen. In gleißender Hitze mussten sie die messerscharfen Blätter ernten und danach bis tief in die Nacht den Zucker in den Mühlen verarbeiten, eine gefährliche Arbeit, bei der sie sich oft an dem siedenden Wasser verbrühten oder ihre Hände in den Pressen zerquetschten. Die Karibik war ein »Schlachthaus«, schreibt der Autor Adam Hochschild in *Sprengt die Ketten*. Schließlich bildete sich eine Protestbewegung gegen die Sklaverei, insbesondere in England und den USA. 1807 erklärte

[21] Vgl. *Spiegel Special Afrika. Das umkämpfte Paradies 2/2007.*

das britische Parlament den Sklavenhandel mit britischen und anderen Kolonien für unrechtmäßig und knapp vierzig Jahre später verbot es auch den Besitz von Sklaven. Andere Staaten wie Frankreich folgten, später auch die Vereinigten Staaten von Amerika. Binnen einer Generation wurde Sklavenhandel und Sklaverei in weiten Teilen der Welt auf Druck einer sozialen Bewegung abgeschafft. »Die Sklaverei«, schreibt der Historiker Jürgen Osterhammel, »wurde nicht beseitigt, weil sie dem wirtschaftlichen Fortschritt im Wege stand, sondern weil sie politisch und moralisch nicht mehr länger zu verteidigen war.«[22]

Anstelle der gebundenen Arbeit für einen Feudalherren trat im Kapitalismus die freie Arbeit des Lohnarbeiters. Das war ein Akt der Befreiung, weil ein Lohnarbeiter – anders als ein Sklave oder Leibeigener – ein Arbeitsverhältnis »eingehen und kündigen« kann.[23] Selbst Karl Marx, der schärfste Kritiker des Kapitalismus, sah in der entstehenden Lohnarbeit einen wichtigen Fortschritt aufgrund des Freiheitsgewinns des Einzelnen. Allerdings brachte die Verbreitung der kapitalistischen Wirtschaftsweise, die Ende des 15. Jahrhunderts in der Landwirtschaft in Europa eingesetzt hatte, zunächst elendige Bedingungen für die Arbeiter, die fast alle rücksichtslos ausgebeutet wurden.

Die Großgrundbesitzer erhöhten ihre Gewinnmarge, indem sie die Produktionskosten drückten, was nur möglich war, wenn sie Landarbeiter und Pächter gnadenlos ausbeuteten, wie die englischen Landlords in den irischen Kolonien. Die Feudalherren exportierten sogar Getreide, während die eigenen Pächter verhungerten. Das kapitalistische »Prinzip« wurde aus der Landwirtschaft im 18. Jahrhundert dann »auf die technische

---

[22] Jürgen Osterhammel, *Sklaverei und die Zivilisation des Westens*, München 2000, S. 54.

[23] Jürgen Kocka, *Arbeit im Kapitalismus. Lange Linien der historischen Entwicklung*, bpb 19.8.2015.

Produktion übertragen«, schreibt der Ökonom Gerhard Scherhorn. Die Anlagen hätten meist großbürgerlichen Fabrikanten gehört, die von dem Ertrag den abhängigen Arbeitern nur einen kärglichen Teil abgaben und sie ausbeuteten.[24] Kinder- und Frauenarbeit, 16-Stunden-Tage und 6-Tage-Woche waren die Regel. Mancher verpflichtete sich sogar vertraglich zu Arbeitsverhältnissen, die denen der Sklaverei ziemlich ähnlich waren. Dazu zählten die chinesischen Kulis, die als Wanderarbeiter auf javanischen Plantagen schufteten. Brutal ausgebeutet wurden die Menschen zu Zeiten des Frühkapitalismus nicht nur in Plantagen, sondern auch in Bergwerken und Fabriken.

Menschen sollten »acht Stunden arbeiten, acht Stunden schlafen und acht Stunden Freizeit und Erholung« haben, forderte der walisische Unternehmer Robert Owen (1771–1851). Für die meisten seiner Zeitgenossen galt eine solche Forderung als utopisch. Aber der Achtstundentag wurde zu einer Kernforderung der Arbeiterbewegung, formuliert beim Kongress der Internationalen Arbeiter-Assoziation in Genf 1866. Und bald wurde er verwirklicht. In Deutschland führte die Degussa als erstes Unternehmen 1884 den Achtstundentag ein. Bei der Konferenz der Internationalen Arbeitsorganisation *(ILO)* in Philadelphia 1944 steckten die Delegierten der Weltgemeinschaft sogar das ehrgeizige Ziel, »Arbeit mit menschlichem Antlitz« zu schaffen.[25] Selbst dies schien bald in die Realität umsetzbar, angesichts der Fortschritte für Arbeitende vielerorts, ob in den Ländern des real existierenden Sozialismus, teilweise auch in den jungen Ländern, die von den Ko-

---

[24] Gerhard Scherhorn, *Gleiche Chancen für das Kapital.* Vortrag im Symposium »Kapitalismus gezähmt? Pro und contra Neoliberalismus« des Club of Vienan am 22. Januar 2004.

[25] Vgl. Reiner Hoffmann, »Gestaltungsanforderungen an die Arbeit der Zukunft: Elf Thesen« in: *Arbeit der Zukunft*, Frankfurt, 2015,S. 12.

lonialmächten in die Unabhängigkeit entlassen worden waren, vor allem jedoch in den westlichen Industrieländern. Der Kapitalismus schien gezähmt, besonders gute Zeiten brachen für die Beschäftigten in Europa und Nordamerika an.

In den 1960er-Jahren konnten sich gewöhnliche Arbeiter und Angestellte einen Lebensstil leisten, der eine Generation zuvor wohlhabenden Bürgern vorbehalten war, mit Auto, Kühlschrank und einer Urlaubsreise ans Mittelmeer. Die Beschäftigten erlebten Jahre von Wohlstand und Sicherheit. Es ging ihnen besser, als sie es jemals für möglich gehalten hätten, und sie hatten allen Grund, mit Zuversicht nach vorn zu blicken: Unumkehrbar schien die humanere Gestaltung der Arbeitswelt. Paradigmatisch ist die Geschichte von einer neuen Autofabrik, die Volvo 1974 im schwedischen Kalmar eröffnete.

Ein kurzer Glücksmoment: Schwedische Traumfabrik

In der Blütezeit des europäischen Wohlfahrtsstaates sollten sich die Menschen nicht mehr dem Takt der Maschinen fügen, sondern die Maschinen wurden an die Bedürfnisse der Menschen angepasst. Das bedeutete eine Revolution in der Arbeitsorganisation, denn Maschinen gaben seit Beginn der Industrialisierung die Arbeitsabläufe in den Fabriken vor, verschärft seit der Einführung des Fließbandes Anfang des 20. Jahrhunderts in den Autowerken von Ford.

Wer am Fließband arbeitet, fühlt sich oft zu einem Automaten degradiert, weil von ihm nur wenige Handgriffe gefordert sind, die er immer und immer wieder auszuüben hat. Der Frust der Beschäftigten über diese monotone Arbeit störte die Unternehmen wenig, solange sie ausreichend Arbeitswillige fanden. Anfang der 1970er-Jahre bestand in einigen europäischen Ländern jedoch Vollbeschäftigung, auch in Schweden, und es gab attraktivere Jobs als am Fließband. Volvo mochte mit durchschnittlich 2.000 D-Mark die höchsten Löhne in der europäischen Automobilindustrie zahlen, die Arbeiter kündigten trotzdem in Scharen. Jeder Dritte verließ jährlich das Unternehmen, und der Krankenstand war dermaßen hoch, dass der Autobauer fünfzehn Prozent mehr Leute einstellen musste, als er für die eigentliche Arbeit brauchte. Eine Umfrage brachte Klarheit über die Ursachen: »Die Leute verlassen uns, weil sie keine Befriedigung in ihrer Arbeit finden«, sagte Volvo-Chef Pehr Gyllenhammar und forderte, man müsse die Industrie dem Menschen anpassen und nicht umgekehrt.[26] In den weltweiten Autozentren zwischen Detroit und Turin gab es überall Frust der Arbeiter über das laufende Band, flackerten Streiks auf, gab es sogar Sabotageakte. Bei Volvo zog die Firmenleitung radikale Konsequenzen.

Die Manager und Gewerkschafter entwarfen gemeinsam mit Architekten eine völlig neue Fabrik, ohne Fließband. Sie versuchten, die heimelige Atmosphäre einer Werkstatt auf die Fabrik zu übertragen, indem sie abgegrenzte Werkstattbereiche schufen, in denen Gruppen von fünfzehn bis fünfundzwanzig Leuten Montagearbeiten durchführten. Ihnen richtete sie sogar jeweils einen eigenen Entspannungsraum und eine Sauna ein. Damit möglichst viele Mitarbeiter statt unter grellen Neonröhren im Tageslicht arbeiten konnten, wurde der Bau mit vielen Wänden und Ecken ausgestattet. Volvo zahlte für diese Art Fabrik einen Aufpreis von zehn Prozent.[27] Das Experiment hatte den gewünschten Erfolg: Der Autobauer fand nun genügend qualifiziertes Personal, Krankenquote und Kündigungen sanken rapide.

Das Experiment wurde populär und beeinflusste die Industrie und Politik in Europa. So legte die Bundesregierung ein

---

[26] *Spiegel*, 10.7.1972.
[27] *Spiegel*, 10.7.1972.

Forschungsprogramm zur »Humanisierung der Arbeit« auf. Die Geschichte von der Fabrik in Kalmar klingt heute fast wie ein Märchen aus Tausendundeiner Nacht.

Solche paradiesischen Zustände herrschen heute allenfalls im Silicon Valley oder der City von London und in den boomenden Zentren der globalen Ökonomie. Die Unternehmen statten die begehrten Programmierer und Banker mit komfortabelsten Arbeitsbedingungen und üppigen Gehältern aus. Doch für das Gros der Beschäftigten ist es härter geworden, und viele gehen auf dem Arbeitsmarkt leer aus. Die Frage nach guter Arbeit spielt längst wieder eine untergeordnete Rolle, es geht für die meisten darum, überhaupt eine Arbeit zu haben. Die Verhältnisse haben sich mit der Globalisierung und der technischen Entwicklung drastisch gewandelt und die Schutzrechte der Arbeitnehmer werden löchriger.

Nach dem Zusammenbruch des sozialistischen Ostblocks und marktwirtschaftlicher Reformen in China strömten rund eine Milliarde Menschen auf den globalen Arbeitsmarkt. Arbeitnehmer aus Polen, Russland, Ungarn und vor allem China konkurrierten nun mit denen des wohlhabenderen Westens. China wurde mit seinen Heerscharen von Arbeitskräften zur Werkbank der Welt. Viele Beschäftigte im Westen gerieten gegenüber den Unternehmen in die Defensive angesichts der tatsächlichen und angedrohten Verlagerung ihrer Jobs in Billiglohnländer. Das Verhältnis zwischen Arbeitgebern und Beschäftigten glich fortan einem Kartenspiel, bei dem ein Spieler in jeder Runde alle Trümpfe in der Hand hält. Entsprechend stieg der Anteil der Eigentümer der Unternehmen am Erwirtschafteten in den entwickelten Industrieländern, und derjenige der Arbeitenden sank drastisch, seit 1980 im Durchschnitt der OECD-Staaten um zehn Prozentpunkte.[28] In Deutsch-

[28] www.boeckler.de/pdf/p_wsi_report_10_2013.

land betrug die Lohnquote 2014 noch 67,9 Prozent.[29] Viele Beschäftigte mussten sogar Reallohnverluste hinnehmen und mehr arbeiten, um dies zu kompensieren. Besonders krass verlief diese Entwicklung in den USA. Viele Menschen sind dort trotz mehrerer Jobs arm. Working Poor, die arbeitenden Armen, hat sich für sie als Begriff eingeprägt.

Aber auch in Deutschland gilt jedes vierte Beschäftigungsverhältnis als prekär, also gering bezahlt und unsicher. Betroffen sind vor allem Menschen mit Teilzeit-, Minijobs oder Kettenverträgen, also als atypisch bezeichneter Beschäftigungsverhältnisse.[30] Auch manche gut Ausgebildete müssen solche Konditionen hinnehmen. Beim Vergleich von 17 EU-Ländern wies nur Litauen einen höheren Anteil an Geringverdienern auf als Deutschland.[31] Auch deswegen hat sich Europas größte Volkswirtschaft in der Rangliste der Wettbewerbsfähigkeit des »World Economic Forum« seit dem Jahr 2005 von Rang 15 auf Rang 4 vorgearbeitet. Vor Deutschland liegen jetzt nur noch die Schweiz, Singapur und die Vereinigten Staaten.[32]

Weitsichtig war die Prognose des Soziologen Ulrich Beck in den 1990er-Jahren, der von dem »Risikoregime« der Arbeit sprach, das zu einer Auflösung aller »Basisselbstverständlichkeiten im Zentrum der Erwerbsgesellschaft« führen würde.[33] Viele Menschen erleben dies hautnah. Viele wissen nicht mehr, ob und wie sie auf ihrem Job oder ihrer Qualifikation eine Zu-

---

[29] http://de.statista.com/statistik/daten/studie/30461/umfrage/hoehe-der-lohnquote-in-deutschland/.

[30] Nicht jedes atypische Beschäftigungsverhältnis ist prekär, beispielsweise wenn jemand in der Arztpraxis seines Partners einen Minijob ausübt.

[31] Niedriglohnbeschäftigung kann man nicht automatisch mit Einkommensarmut gleichsetzen. Denn die Armutsgefährdung hängt nicht nur vom individuellen Bruttolohn, sondern auch von anderen Einkünften wie der Wirkung des Steuer- und Transfersystems oder dem familiären Kontext ab.

[32] http://reports.webforum.org/global-competitiveness-report-2015-2016/competitiveness-rankings/ abgerufen am 10.5.2016.

[33] Zitiert nach *SZ* vom 16.8.2011.

kunft aufbauen können. Jeder ist ein potenzieller Arbeitsloser. Früher ertrugen Arbeitgeber oft Mitarbeiter, die langsamer oder schussliger waren, heute vermeidet man deren Einstellung oder sortiert sie, so bald wie möglich, aus.

Arbeiten bis zum Umfallen

Unternehmensberater und Controller durchforsten ständig die Abläufe auf der Suche nach Effizienzpotenzialen, wie es auf Neudeutsch heißt. Die Arbeit muss immer schneller und mit weniger Personal erledigt werden, immer enger werden die Produktivitätsschrauben angezogen. Das halten sogar kerngesunde Beschäftigte irgendwann nicht mehr aus. So wie Kenichi Uchino. 106 Überstunden innerhalb eines Monats hatte der Dreißigjährige in dem Toyota-Werk Tsutsumi gemacht, dann bekam er einen Herzinfarkt. Das ist nichts Ungewöhnliches in Japan, wo Ärzte für solche plötzlichen Todesfälle gesunder Menschen am Arbeitsplatz sogar einen eigenen Begriff erfunden haben: Karoshi, was so viel bedeutet wie »Arbeiten bis zum Umfallen«. Die Betroffenen sterben gewöhnlich an Gehirnblutung, Herzinfarkt oder Schlaganfall. Es gibt Karoshi-Ratgeber und Karoshi-Hotlines, und mehr als vierzig Kliniken haben sich in Japan auf Karoshi-Gefährdete spezialisiert, so groß ist der Bedarf.[34]

Doch Arbeiten bis zum Umfallen ist kein exotisches Phänomen, sondern kommt auch andernorts vor. Und manche Beschäftigte nehmen sich aus lauter Verzweiflung das Leben, wie die Selbstmordserie bei der France Telekom zeigte. Nachdem sich in den Jahren 2008 und 2009 drei Dutzend Mitarbeiter umgebracht hatten, stellte die Gewerbeaufsicht in einem Untersuchungsbericht fest, Unternehmenschef Didier Lombard und

---

[34] Christoph Neidhart, »Schuften bis zum Tod«, in der SZ vom 17. Mai 2010.

andere Topmanager hätten Beschäftigte mit unlauteren Methoden derart unter Druck gesetzt, dass unmittelbare Gefahr für das Leben der Beschäftigten bestand. Außerdem habe das Management die Warnungen von Gewerkschaften, Betriebsärzten und Krankenkassen in den Wind geschlagen.[35] Selbst mancher Spitzenmanager sieht keinen anderen Ausweg mehr als den Freitod wie Pierre Wauthier. Der Finanzchef der Zurich-Versicherung schrieb in einem Abschiedsbrief vom Druck des Verwaltungsrates.[36] In Deutschland warnen Krankenkassen und Gewerkschaften vor den Folgen des steigenden Arbeitsdrucks. So verzeichnen Krankenkassen einen Anstieg psychosozialer Belastungen bei Beschäftigten in einem »alarmierenden Ausmaß«. Zeitdruck, Störungen des Arbeitsablaufs und ein eingeschränkter Entscheidungsspielraum seien wesentliche Faktoren, die psychische Erkrankungen wie Depressionen begünstigten.[37]

Innerhalb von einer Generation haben sich die Fehlzeiten am Arbeitsplatz wegen psychischer Erkrankungen, von knapp einem halben Tag im Jahr 1976 auf 2,6 Fehltage im Jahr 2013 verfünffacht. Eine wesentliche Ursache sind Erschöpfungsdepressionen, besser bekannt als Burnout. Darunter leiden, anders als das öffentliche Bild vermuten lässt, übrigens keinesfalls Topmanager besonders häufig, sondern gewöhnliche Beschäftigte, vor allem Callcenter-Agenten und Altenpfleger.[38] Das größte Risiko besteht allerdings bei denjenigen, die ihren Job verlieren. Bis zu vierzig Prozent der Hartz-IV-Empfänger sind psychisch krank.[39] Fatalerweise haben viele Men-

---

[35] *Spiegel*, 5.7.2012.

[36] Zeit, 7/2014

[37] *Psychische Erkrankungen am Arbeitsplatz*, Hrsg. Dachverband Gemeindepsychatrie und Barmer GEK, 2014, S. 6.

[38] Wissenschaftliches Institut der AOK, Pressemitteilung vom 19.4.2011: Burnout auf dem Vormarsch.

[39] www.aerztezeitung.de/medizin/krankheiten/neuro-psychiatrische_krankheiten/depressionen/article/849595/jeder-dritte-betroffen-hartz-iv-kranke-psyche.html

schen die Ideologie des immerwährenden Wettbewerbs dermaßen verinnerlicht, dass sie sich allein die Schuld am Verlust ihres Arbeitsplatzes geben und nicht die Verhältnisse dafür verantwortlich machen. Der Druck auf die Beschäftigten wird weiter steigen, durch den Vormarsch der Algorithmen und Roboter sowie eine immer stärkere Globalisierung und die steigende Konkurrenz auf dem Arbeitsmarkt.

Gut in Erinnerung geblieben ist mir auch die Arbeiterin, die bei der Firma Puky im Akkord Kinderfahrräder und Roller zusammengebaut hatte. Irgendwann konnte sie nicht mehr, ein Arzt wies sie in eine Klinik ein. Als sie sich erholt hatte, bekam sie einen Arbeitsplatz in einer Werkstatt für psychisch Kranke in Wuppertal. Als ich sie dort kennenlernte, schraubte sie dort wieder Puky-Fahrzeuge zusammen. Was für eine Ironie! Zur Steigerung der Wettbewerbsfähigkeit verfahren diverse Firmen nach dem gleichen Muster und lagern Arbeiten in Behindertenwerkstätten aus.[40]

Der Wert der Arbeit: Eine schwierige Frage

Eine beliebte Partyfrage: »Und was machen Sie?« Beim geselligen Zusammensein ist die Frage nach der beruflichen Tätigkeit oft ein erster Anknüpfungspunkt für ein Gespräch. Manchmal hat man sogar den Eindruck, es drehe sich heute alles um die Arbeit. Früher war das anders: Unsere Vorfahren assoziierten mit Arbeit Mühsal und Strapazen und keinesfalls Wertschätzung. Die Einstellung zur Arbeit änderte sich in Europa erst gravierend im 17. Jahrhundert, während der Aufklärung und Reformation: Nun sahen die Menschen Arbeit als einen von Gott vorgeschriebenen Selbstzweck des

---

[40] *SZ*, 9.9.2006

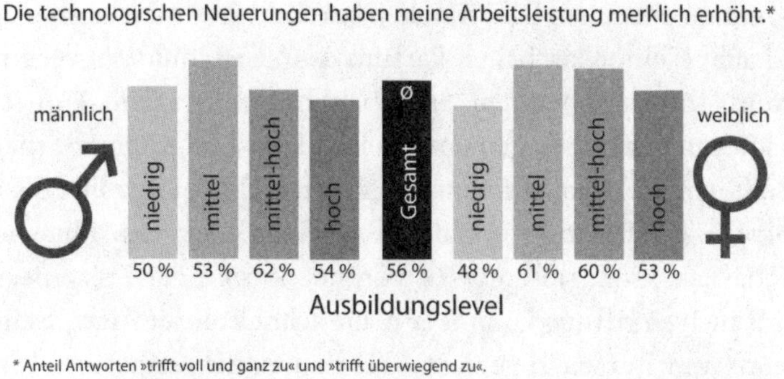

Die technologischen Neuerungen haben meine Arbeitsleistung merklich erhöht. Quelle: *Werkheft 01 Digitalisierung der Arbeitswelt*, S. 62, Hg. Bundesministeriumfür Arbeit und Soziales.

Lebens an. Heute dürfte Gottgefälligkeit als Motivation für die wenigsten Arbeitenden eine Rolle spielen. Aber die Art der Arbeit entscheidet maßgeblich über unseren Platz in der Gesellschaft. Wer einen gut bezahlten Job hat, der kann Urlaub machen und sich interessante Hobbys leisten. Für Sozialprestige sorgen auch spannende Tätigkeiten selbst, sie bieten nicht nur Gesprächsstoff auf einer Party, sondern helfen auch bei einem sinnerfüllten Leben. Im globalen Maßstab sind solche Jobs jedoch ein Luxusgut, das nur wenigen vergönnt ist. Die meisten Menschen arbeiten noch immer aus der blanken Notwendigkeit heraus.

»Ohne Job muss ich hungern«, sagt schlicht der Näher Muhammad Hanif, als wir uns in Karatschi darüber unterhalten, warum er und die anderen sich eigentlich nicht in der Fabrik Ali Enterprises gegen Missstände zur Wehr gesetzt hatten. Und dann erzählt Hanif von der ganz gewöhnlichen Arbeitsorganisation in seinem Land und ihren verheerenden Konsequenzen. Wie er arbeitet die Mehrheit in den Fabriken als Leiharbeiter. Wer protestiere, den werfe der Arbeitsvermittler raus.

Hanif und seine Frau treffe ich in der Wohnung seiner Eltern.

Auf einem einsamen Board stehen ein Teddybär mit rotem Hut und acht kleine Fläschchen Parfüm. Hanif erzählt von seinem Traum, Tänzer zu werden. Stolz berichtet er von dem Auftritt im lokalen Fernsehen gemeinsam mit Amir und Rabar. Barbar Cheif Dance Group nennen sich die drei. Er gibt mir ihre Visitenkarte, alle drei tragen auf dem Foto einen schwarzen Hut wie Michael Jackson, sein großes Vorbild. Wegen der Folgen seiner Rauchvergiftung kommt er heute schnell außer Atem. Sein Traum vom Tanzen ist geplatzt. Das ist aber die geringste Sorge seiner Frau, deren Vater und Onkel bei dem Fabrikbrand ebenfalls umgekommen sind. Alle hier hätten jedes Mal Angst, wenn ihre Angehörigen in die Fabrik gingen, Angst vor einem neuen Unfall. Hanif leidet zeitweise unter Lähmungserscheinungen in Armen und Beinen, trotzdem näht er wieder in Textilfabriken. Nur, wenn ihn seine neuen Kollegen ausdrücklich fragen, erzählt er von dem Brand. Über sein Engagement in der Opfervereinigung und die Klage in Deutschland schweigt er jedoch. Zu groß ist seine Angst, als Unruhestifter zu gelten und seinen Job zu verlieren. Der Willkür von Fabrikanten und Arbeitsverleihern ist übrigens jeder ausgeliefert, der auf einem wenig oder unregulierten Arbeitsmarkt tätig ist.

Bei einem Markt denken die meisten Menschen an einen Wochenmarkt, wo Händler ihre Angebote machen und die Kunden kaufen, wenn sie mit der Qualität und dem Preis einer Ware einverstanden sind. Ihre Entscheidung für einen Kaufvertrag treffen beide Seiten frei. Der Arbeitsmarkt funktioniert nach anderen Gesetzmäßigkeiten, er ist ein untypischer Markt und durch ein Machtgefälle zwischen Arbeitgeber und Arbeitnehmern gekennzeichnet. Das beschrieb Adam Smith, der Begründer der Nationalökonomie, schon 1776: »In Auseinandersetzungen können die Unternehmer viel länger durchhalten. Ein Grundbesitzer, Landwirt, Fabrikbetreiber oder Kaufmann könnte auch ohne Arbeiter in der Regel ein oder zwei Jahre von den Vorräten leben, die er bereits angehäuft hat. Viele Arbeiter können sich nicht einmal eine Woche ernähren, wenige würden einen Monat und fast niemand würde ein Jahr durchhalten, wenn sie keine Stelle hätten. Langfristig mag der Arbeiter für den Unternehmer genauso wichtig sein wie der Unternehmer für den Arbeiter; aber diese Abhängigkeit ist nicht so unmittelbar.«[41] All diejenigen, die bereit und gezwungen sind, ihre Arbeitskraft zu verkaufen, aber keinen Käufer finden, nannte Marx die »Industrielle Reservearmee«.

Es gibt Konstellationen, in denen ein einzelner Arbeitsuchender für sich gute Bedingungen vereinbaren kann. Aber das ist selten, zumal die Arbeitgeber ein großes Interesse daran haben, Knappheiten bei einzelnen Berufen schnell zu beseitigen. Sie tun eine Menge dafür, dass sich möglichst nie ein Engpass an Bewerbern auftut, damit sie selbst wieder am längeren Hebel sitzen und sich zwischen Kandidaten entscheiden können. Man sollte auch dies im Hinterkopf haben, wenn sich Manager zu Flüchtlingen äußern. »Die meisten Flüchtlinge sind jung, gut ausgebildet und hoch motiviert. Genau solche Leute suchen wir doch«, warb Daimler-Chef Dieter Zetsche, als viele Kriegsflüchtlinge in Deutschland ankamen.[42] Daimler gehört zu den Firmen, die sich qualifizierte Flüchtlinge herauspicken können, weil sie begehrte Jobs bieten. Auch andere Firmen werden auf der Suche nach Beschäftigten für einfachere Tätigkeiten fündig, wie beispielsweise die Textilfirma Trigema. Ihr Inhaber Wolfgang Grupp hatte im Februar 2016 bereits einen pakistanischen Flüchtling als Näher eingestellt und erwartet sechs Syrer, die bald in seinem Betrieb anfangen sollen.[43] Ein Fabrikant wie Grupp ist aber nicht repräsentativ. Gerade die Textilpro-

---

[41] Adam Smith, *An Inquiry into the Nature and Causes of the Wealth of the Nations*, Oxford 2008, S. 65 (Erstausgabe 1776).

[42] *Spiegel*, 6.9.2015.

[43] *Menschen bei Maischberger*, 17.2.2016.

duktion, bei der vor allem einfache Tätigkeiten erledigt werden, ist aus Westeuropa längst fast komplett abgewandert.

Niemand sollte auch die ständigen Klagen über einen Ingenieursmangel zu wichtig nehmen. Tatsächlich gibt es hierzulande mehr als 30.000 arbeitslose Ingenieure, und selbst qualifizierter Nachwuchs findet oft keine Stelle. Von einer Strategie der Unternehmer spricht der Statistikprofessor Gerd Bosbach. »Die Arbeitgeber machen eine Kampagne, um mehr Leute ins Studium zu locken, damit sie anschließend aus einem Heer gut Ausgebildeter wählen können.«[44]

Beschäftigte müssen sich gewöhnlich zusammenschließen, um einem Arbeitgeber auf Augenhöhe begegnen und faire Arbeitsverträge abschließen zu können. Gewerkschaften sind ja gerade deswegen erfolgreich, weil sie den Wettbewerb der Arbeiter untereinander ausschalten und verhindern, dass ein Beschäftigter seine Arbeitskraft zum Dumpinglohn verkauft. Solche Arbeitskartelle sind notwendig, um die strukturelle Überlegenheit der Arbeitgeber zu brechen. Die Lage der Arbeitnehmer konnte sich deswegen in den früh industrialisierten Ländern erst bessern, als die Staaten Gewerkschaften erlaubten. Da stiegen die Reallöhne an. Dieser elementare Mechanismus wird heute von vielen ignoriert, fatalerweise auch von den Beschäftigten selbst, die sich nicht mehr gewerkschaftlich organisieren und dadurch ihre eigene Position als Arbeitnehmer schwächen. Aber auch die Politik hat in vielen Ländern die Macht der Gewerkschaften eingeschränkt, selbst in Europa, verstärkt seit der Finanzkrise, was später noch ausführlich thematisiert wird.

---

[44] *SZ*, 10.3.2014.

Wenn Arbeitgeberträume wahr werden: Stundenlöhner in England

Heute arbeiten Menschen in Europa teils wieder unter Bedingungen, die ihre Eltern für überwunden geglaubt hatten. Manche müssen sich einem unglaublichen Diktat ihrer Arbeitergeber unterordnen, etwa die Beschäftigten mit den Null-Stunden-Verträgen in England. Wie einst ihre Vorfahren an den Werkstoren der Fabriken im Manchester des 19. Jahrhunderts stehen sie auf Abruf bereit. Sie arbeiten exakt nach den Zeitwünschen des Arbeitgebers und werden auch nur dafür entlohnt. Wenn es keine Arbeit gibt, bleiben sie zu Hause, ohne Lohn. Oft erfahren solche Beschäftigte erst am gleichen Tag, ob sie arbeiten sollen oder nicht, was es für sie extrem schwierig macht, weitere Arbeiten anzunehmen. »Zero hour contracts« (Null-Stunden-Arbeitsverträge) heißen diese Arbeitsverträge für moderne Tagelöhner in Großbritannien. Es ist kein Randphänomen: Etwa 1,8 Millionen solcher Arbeitsverträge gibt es laut amtlichen Schätzungen bereits.

Für Arbeitgeber ist es ein neoliberaler Traum, für die Beschäftigten, die häufig mit mehreren Jobs jonglieren, um ihren Lebensunterhalt zu bestreiten, ein Albtraum. Solche Stundenlöhner beschäftigt bereits jedes zweite Unternehmen aus den Branchen Tourismus, Einzelhandel und Gastronomie, aber auch im staatlichen Gesundheitsdienst NHS und an Universitäten schuften sie. Selbst die königliche Familie beschäftigt bisweilen im Buckingham Palace Null-Stunden-Tagelöhner.[45] Bei Gastronomieketten wie McDonalds arbeiten auf der Insel neun von zehn Beschäftigten unter solchen Bedingungen, was jedoch nur durch Mithilfe der britischen Politik möglich ist.

---

[45] www.theguardian.com/money/2013/jul/30/buckingham-palace-zero-hours-contracts/, abgerufen am 10.5.2016.

Sie hat die entsprechenden gesetzlichen Grundlagen geschaffen und übt Druck auf den Einzelnen aus. Lehnt ein Arbeitsloser einen solchen Vertrag ab, riskiert er die Kürzung seiner staatlichen Unterstützung.[46]

Solche fragwürdigen Arbeitsverträge sind in anderen EU-Ländern noch nicht erlaubt. Aber vielerorts müssen in Europa Beschäftigte für weniger Geld als ihre Vorgänger arbeiten und mit weniger Schutzrechten auskommen. Die Politiker verkaufen diese Änderungen meist unter den Schlagworten einer Flexibilisierung, die notwendig sei, zur Steigerung der Wettbewerbsfähigkeit gegenüber anderen Standorten. Mit ein wenig Fantasie kann man sich ausmalen, dass solche Formen der modernen Ausbeutung auch in anderen europäischen Ländern Alltag werden könnten, nach der nächsten Wirtschaftskrise. Das Beispiel aus England zeigt aber auch, dass die Weltkarte der Arbeitsbedingungen und materiellen Teilhabe der Beschäftigten an den Früchten der Arbeit unübersichtlich geworden ist. Man kann nicht mehr von dem globalen Norden im Sinne generell besserer Arbeitsbedingungen und vom globalen Süden im Sinne generell schlechterer Arbeitsverhältnisse sprechen. Heute finden sich in der globalen Arbeitswelt überall Formen der Ausbeutung, selbst in der deutschen Provinz.

Ausbeutung in der deutschen Provinz

Szymon Kowalski[47], ein Hüne von Mann, war beim Frühstück. Er saß an einem wackligen Holztisch in einer schäbigen Küche mit großflächigen Wasserschäden an der Decke, nagte Hühnerbeine ab, trank schwarzen Kaffee und rauchte Zigaret-

---

[46] Marcus Theurer: *»Am Nullpunkt des Arbeitsmarktes«*, in FAZ. 20.4.2015..

[47] Name geändert

ten der polnischen Marke Mocne. Im Flur des zweistöckigen Backsteinbaus, der zur ehemaligen Kaserne Quakenbrück gehörte, stapelte sich überall Müll. In dem Gebäude in der Stettiner Straße wohnten außer ihm noch etwa zwanzig Polen und im Nebengebäude Ungarn, die jedoch schnell verschwanden, als sie mich kommen sahen. Kowalski hatte die Nase voll von seinem Job als Schlachter bei dem Großbetrieb D&S, wollte noch am gleichen Tag zu seiner Familie nach Polen aufbrechen, und deswegen redete er mit mir und meinem polnischen Übersetzer, trotz wiederholter Einschüchterungsversuche von Vorarbeitern, die den Schlachtern jeglichen Kontakt zu Journalisten verboten hatten. Er arbeite sechs Nachtschichten, regelmäßig mehr als fünfzehn Stunden, sagte er. Erlaubt sind in Deutschland Arbeitszeiten von höchstens zehn Stunden am Stück. Aber es ist schwer für die amtlichen Kontrolleure, Missstände aufzudecken, zumal Arbeitskräftevermittler oder Firmen die Beschäftigten immer wieder unter Druck setzen, die Kontrolleure anzulügen. Da unterscheiden sich die Verhältnisse zwischen einer Näherin in Bangladesch nicht von dem osteuropäischen Schlachter in der deutschen Provinz. In beiden Fällen erzählen die Arbeiter den amtlichen Kontrolleuren, was ihnen Vorgesetzte hinsichtlich Bezahlung und Arbeitszeit vorgegeben haben, so groß ist ihre Angst vor dem Verlust des Jobs.

Kowalski gehörte zu den ausländischen Beschäftigten, die in der hiesigen Fleischwirtschaft Schweine zerteilen, Rinderfilets zurechtschneiden und Hühnerschenkel verpacken, dafür aber nur einen Bruchteil des Geldes verdienen, welches ein deutscher Schlachter erhält. Möglich macht diese Form der modernen Ausbeutung der Werkvertrag, der eigentlich für die Erbringung einzelner Leistungen gedacht ist, beispielsweise für die Herstellung eines Möbelstücks, Kunstwerks oder Zahnersatzes.

Die osteuropäischen Arbeitskräfte sind in der Regel bei Firmen in ihrem Heimatland angestellt. Hier hatte auch Kowalski einen Vertrag unterschrieben, den er mir zeigte, ebenso wie seine Lohnabrechnung. Demnach bekam er für etwa 300 Stunden Akkordarbeit etwa 950 Euro ausgezahlt, das macht 3,17 Euro je Stunde. Seine Abrechnung war auf Deutsch verfasst, weshalb er sie nicht lesen konnte. Wofür der Subunternehmer regelmäßig mehr als 100 Euro abzog, konnte er sich nicht erklären.[48] Mancher seiner Kollegen arbeite sogar für 1,70 Euro Stundenlohn. Häufig bereicherten sich die Verleihfirmen auch noch bei der Vermietung von Unterkünften. Da wurden auch schon einmal 40 bis 60 Personen auf 250 Quadratmetern untergebracht. Die Firma D&S dürfe Arbeitszeiten der ausländischen Arbeiter gar nicht kontrollieren, weil sonst der Eindruck von Scheinselbstständigkeit entstehen könne, sagte der Anwalt Joachim Bernd, der den Schlachtbetrieb beriet. So sehe es das Gesetz vor. Die D&S-Geschäftsführung war damals nicht zu sprechen.

Die Nachfrage der Fleischkonzerne nach Werkvertragsarbeitern ist groß, entsprechend sank der Anteil der sozialversicherungspflichtig Beschäftigten zwischen 2000 und 2012 von 175.007 Arbeitern auf 142.313 – gleichzeitig stiegen die Umsätze um mehr als zwei Drittel auf 36,7 Milliarden Euro. Das Geschäft der Fleischindustrie in Deutschland boomt, auch weil das Zerlegen unglaublich billig geworden ist und offenbar so profitabel ist, dass selbst Rockerbanden wie Gremium MC, Hells Angels und Bandidos zwischenzeitlich im Leiharbeitergeschäft mitmischten.

»Die große Masse der Verstöße wird nicht verfolgt«, kritisiert Matthias Brümmer, Geschäftsführer der Gewerkschaft Nahrung, Genuss, Gaststätten (NGG) in Oldenburg und Kenner der Szene. Arbeitgeber, Bundesregierung und auch die meisten kommunalen Behörden redeten von »Einzelfällen«

---

[48] Caspar Dohmen: *»Ausbeutung im Fleischtopf«*, *SZ*, 18.5.2007.

und dem »bösen Subunternehmen. Alle wollen etwas ändern, aber es ändert sich nichts.«[49]

Deutschland schadet mit diesem Sozialdumping auch Arbeitnehmern in den Nachbarländern. Dort gingen reihenweise reguläre Jobs auf den Schlachthöfen verloren, allein in Dänemark zwei von drei Jobs. Denn die Firmen verlagerten Arbeiten nach Deutschland, wegen der niedrigen Löhne. Reihenweise verloren regulär Beschäftigte ihren Job auch in Frankreich, den Niederlanden oder Belgien, dessen Regierung sich wegen der Dumpinglöhne in Deutschland sogar bei der EU-Kommission beschwerte und forderte, Brüssel müsse »den unwürdigen Praktiken« ein Ende machen.[50]

Acht Jahre nachdem ich Kowalski getroffen hatte und in denen es erheblichen öffentlichen Druck wegen der Missstände auf den Schlachthöfen gegeben hatte, legten einige Fleischkonzerne im Herbst 2015 eine Selbstverpflichtung vor: Tönnies, Vion, Heidemark, Wiesenhof, Danish Crown und Westfleisch. Sie wollen demnach unter anderem den Anteil der angestellten Schlachter erhöhen und den Betriebsräten weitreichende Einblicke in die Beschäftigungsverhältnisse von Leih- und Werkvertragsarbeitern gewähren. Für deren Arbeit und Unterbringung sollten Mindeststandards gelten. Die zuständige Gewerkschaft Nahrung Genuss und Gaststätten sprach von einem »richtigen Schritt in die richtige Richtung«.[51] Im Frühjahr 2016 machte sich jedoch Ernüchterung breit. Gewerkschafter Brümmer hält die Selbstverpflichtung für gescheitert. Die Arbeitgeber widersprachen.[52]

---

[49] Matthias Brümmer, *Sozialdumping in der deutschen Fleischindustrie, Lohnsklaven machen deutsches Fleisch konkurrenzlos billig*, Kritischer Agrarbericht 2014, Hrsg. AgrarBündnis e.V.

[50] Else Simantke und Jahel Mietke: *»Dumpingstandort Deutschland«*, Tagesspiegel, 21.3.2013.

[51] Anne Kunze, *Gabriel greift durch*, Zeit, 24.9.2015.

[52] *Fleischbranche: Selbstverpflichtung ohne Wirkung?* NDR.de, 17.3.2016.

Selbstverpflichtungen sind das Instrument, mit dem Unternehmen gerne reagieren, wenn die Kritik auf ihr Verhalten ein Ausmaß annimmt, das sie meinen nicht mehr ignorieren zu können. Der Ansatz der Freiwilligkeit entspricht auch dem vorherrschenden politischen Zeitgeist. Verbindliche Regeln für Unternehmen gelten demnach als Gift für deren Wettbewerbsfähigkeit und damit unseren Wohlstand. Im Verlaufe des Buches wird der Aspekt der Freiwilligkeit noch ausführlich behandelt.

Organisierte Verantwortungslosigkeit

Als Königsweg für Konzerne zur Steigerung des eigenen Profits gilt heute die Zerlegung der Wirtschaftstätigkeit in Wertschöpfungsketten und Auslagerung von Arbeit. Vor einem halben Jahrhundert erledigten Industrieunternehmen fast alle Schritte der Produktion noch unter dem eigenen Dach. Deswegen entstanden riesige Fabriklandschaften, ob in Manchester, Detroit oder Ludwigshafen. Schon damals nutzten Unternehmen die Vorteile eines globalen Marktes, aber anders als heute. Sie gründeten Verkaufsniederlassungen und, wenn sie in der Ferne produzieren wollten, gründeten sie gewöhnlich Tochterfirmen, für die sie verantwortlich waren. Heute hat sich eine Produktionsweise etabliert, bei der ein Großteil der Tätigkeiten an andere Firmen abgegeben wird, die ebenso verfahren. So entstehen lange Lieferketten bei der Beschaffung und Produktion. Die Herren dieser Netze sind die Konzerne, die am Ende die fertigen Produkte unter ihrem Namen verkaufen, also die Apples, Daimlers und H&Ms dieser Welt. Der Siegeszug dieser Wirtschaftsweise wirkte sich extrem auf die Arbeitenden aus, weil die Konzerne nicht nur Produktion abgaben, sondern auch Verantwortung. Gleichzeitig machen sie jedoch Vorgaben in Hinsicht auf Preise und Produktivität, welche die Art und Weise des Arbeitens entlang der Produktionskette prägen. Aufschlussreich ist hier das Konzept der gläsernen Fabrik.

»Dräxlmaier gehört zu den hundert Top-Automobilzulieferern. Seit über fünfzig Jahren entwickelt das Familienunternehmen Lösungen für individuelle Mobilität. Moderne Bordnetzsysteme, komplexe Elektrik und Elektronikkomponenten sowie elegantes Interieur«, wirbt das Familienunternehmen in einem Imagefilm. Der Automobilzulieferer mit Hauptsitz im niederbayerischen Vilsbiburg ist mit mehr als tausend eigenen Lieferanten ein Paradebeispiel für ein Unternehmen mit vernetzten Liefernetzen. Das sei komplex, jeden könne man nicht kennen, sagt Georg Barfuß. Er hat eine berufliche Doppelrolle, arbeitet drei Tage die Woche bei Dräxlmaier als Leiter Unternehmensverantwortung und lehrt in der restlichen Zeit an der Fachhochschule Ingolstadt zum gleichen Thema. Die Firma gilt als Technologieschmiede. Dort bestellt neben den Herstellern von Luxusautos wie Mercedes, BMW und Audi auch der US-Konzern Tesla Teile für seine schnittigen und umweltfreundlichen Fahrzeuge mit Elektromotor.

»Wir müssen jedes Jahr Kostenreduktionen liefern, bei gleicher Qualität, und dann führt das dazu, dass wir die Lieferketten global machen«, sagt Barfuß. »Da gibt es den schönen Satz: Je weiter im Osten, desto niedriger die Kosten.« Inzwischen sei man in Ländern wie Moldawien angekommen. Aber auch im Südwesten lässt sich das testen, möchte man hinzufügen, etwa in Tunesien und Ägypten. Man habe nur den Lohnkostenvorteil gesehen und versucht, die Qualität zu halten, sagt Barfuß, aber die ganzen Risiken, die man sich mit den global verteilten Lieferketten einkauft, habe man am Anfang gar nicht zur Kenntnis genommen. »Da war nur das kurzfristige Positive, günstig, günstig, günstig.« Inzwischen denke man um.

Aber es gibt Zwänge: Denn die Autokonzerne machen Druck, unter anderem indem, sie die Kosten ihrer Zulieferer teilweise vergleichen, ob für Löhne oder Transport. Dafür verlangen sie bisweilen sogar Einblick in Geschäftsgeheimnisse. Gläserne Kalkulation nenne sich dies, sagt Barfuß. Die Daten verschiedener Zulieferer speisten Unternehmen in eine virtuelle Fabrik, aus der sie dann die Vorgaben für den einzelnen Lieferanten ableiteten. Diese können Zulieferer häufig jedoch nur erfüllen, indem sie ihrerseits den Kostendruck an einen anderen Lieferanten weitergeben. Das Spiel wiederholt sich gewöhnlich einige Male. Bei Autoteilen sind es meist fünf bis fünfzehn Schritte. Die Letzten beißen bei diesem System die Hunde, also die Firmen, die ganz am Anfang der Produktionskette stehen. Sie kommen häufig nur über die Runden, indem sie Beschäftigte ausbeuten, so wie die Textilfabrik Florenzi in El Salvador, bei der Isabel Mengivar arbeitet.

Die Arbeiterin wohnt in einem mit Wellblech bedeckten Einraumhaus mit Lehmboden in einem Viertel der Hauptstadt San Salvador, welches von Banden beherrscht wird. Mengivar hat in dem Raum Leinen gespannt, Stoffe darübergehängt und so winzige Bereiche abgetrennt, für Küche, Schlafen oder Essen. Sie bringt ihre fünf Kinder allein durch. Den Mindestlohn von 211 Dollar, der unter der Armutsgrenze liegt, bekommt sie nur, wenn sie keinen Arbeitstag in der Fabrik fehlt. Wenn die Kinder schlafen, sitzt sie oft noch bis tief in die Nacht an der uralten Triumph-Nähmaschine und fertigt Kleider für Nachbarn. Trotzdem langt das Geld oft nicht. Mengivar wartet deswegen jedes Mal sehnsüchtig auf die Auszahlung des kargen Lohns. Häufig vergeblich, weil der Betrieb oft unpünktlich zahlt. Florenzi hat eine Zeit lang auch Produkte für Puma genäht. Die Firma bekam die Aufträge nicht direkt von Puma, sondern ein offizieller Puma-Zulieferer reichte die Order einfach weiter. Darauf verweist das Unternehmen in einer

Stellungnahme und wäscht seine Hände in Unschuld.[53] Ein vorzeigbarer Zulieferer greift auf prekäre Sublieferanten zurück. Das gehört zum System der heutigen Wirtschaft. Denn nur so können häufig die Gewinne erzielt werden, welche die Aktionäre der Markenkonzerne fordern, die am Ende der Produktionskette sitzen und einen unverhältnismäßig großen Anteil der Wertschöpfung für sich vereinnahmen.

»Mein Körper ist müde«, sagt Mengivar an einem Tag im Februar 2015. Und dann sei da der Druck von den jüngeren Kolleginnen, »die beschimpfen mich, wenn ich zu langsam bin«. Der Zwist steckt im System: Eine Gruppe kann ihren Bonus nur erreichen, wenn alle schnell arbeiten. Jeder hier braucht sein Geld, um seine Familien durchzubringen, und da steigt der Druck auf die Schwächeren, zu denen Mengivar mittlerweile trotz ihrer Routine zählt. Sie müsse noch fünf Jahre durchhalten, dann wären ihre Kinder aus dem Gröbsten raus. Aber sie ist herzkrank und hat ein Nierenleiden, wie viele Näherinnen, die bei der Arbeit zu wenig trinken und zu selten auf die Toilette gehen. Erst gestern habe ihr die Ärztin gesagt, sie müsse sich operieren lassen, erzählt sie. »Aber das kommt nicht infrage, ich muss doch Geld verdienen.« Jammern ist nicht ihre Sache – sie beißt lächelnd die Zähne zusammen.

Mengivar steht im Lohngefüge der salvadorianischen Textilindustrie nicht einmal an unterster Stelle. Da sind die Bordadoras, Heimstickerinnen wie Ines Coella oder Maria Carmen Millendes, deren von Hornhaut überzogene Fingerkuppen ihre heikle Arbeit bezeugen. Zwei Dollar bekommen sie je Kleid, auf das sie bisweilen sechzehn Stunden lang bunte Muster sticken: Prinzessinnen, Elefanten oder Rosen. Sie verdienen nur etwa ein Drittel von dem, was Isabel nach Hause bringt. Bei ihnen müssen regelmäßig auch andere Famili-

---

[53] Firmenschreiben vom 5.2.2015.

enmitglieder und Kinder mit anfassen, um das notwendige Pensum zu schaffen. Und wenn die Vertreterin der Maquila die Kleider abholt und tatsächliche oder vermeintliche Fehler beanstandet, erhalten sie sogar noch weniger Lohn als vereinbart. Widerspruch ist zwecklos! Selbst die brutalste Form der menschlichen Ausbeutung, die Sklaverei, findet sich heute noch, wenn man die Beschaffungsketten von Konzernen bis zu ihrem Anfang zurückverfolgt, in europäischen Fertiggerichten oder amerikanischen Autos.

Sklavenarbeit für Fertiggerichte

Auf Trawlern vor der Küste Thailands werden Menschen an Schiffsbesitzer verschachert und gegen ihren Willen auf den Booten festgehalten. Weil einigen Männern die Flucht gelang und Reporter des *Guardian* sie aufspürten, wissen wir von Zwanzigstundenchichten, Schlägen, Folter und sogar Hinrichtungen auf den Schiffen.[54] Wir kennen auch die Schicksale von verzweifelten Fischern, die die ausbeuterischen Arbeitsbedingungen und die Perspektivlosigkeit nicht mehr ertrugen und über Bord in den Tod sprangen. Die versklavten Fischer stammen meist aus Myanmar und Kambodscha, also Ländern, in denen die Armut grassiert. Sie fielen auf Vermittler herein, die ihnen im reicheren Thailand Jobs in Fabriken oder auf Baustellen versprochen hatten, sie stattdessen jedoch als Sklaven verhökerten, an die Kapitäne der »Geisterschiffe«, wie im Volksmund die modernen Sklavengaleeren genannt werden.

Solche Arbeiter auf den Geisterschiffen bilden das erste

---

[54] Umfassende Recherchen gibt es zu dem Thema auch von der US-Nachrichtenagentur AP, die dafür den Pulitzer-Preis für »Dienst an der Öffentlichkeit« gewonnen hat.

Glied der Wertschöpfungskette, die bei Fertiggerichten mit Garnelen auf dem Teller bei uns in Europa enden kann. Denn der Beifang der Geisterschiffe wird regelmäßig zu Fischmehl verarbeitet, welches unter anderem in Zuchtanlagen an Garnelen verfüttert wird, welche viele Verbraucher bei uns schätzen. Der *Guardian* verfolgte die Lieferkette von den Sklavenbooten bis zum weltweit größten Garnelenproduzenten CP Foods zurück, der große Handelskonzerne wie Tesco oder Walmart mit Garnelen beliefert. Solche Garnelen wurden wohl auch in Deutschland weiterverarbeitet, bei der Firma Apetito, deren Waren auch bei Aldi Nord landeten, als sogenannte Spaghettinester. Als die Missstände bekannt wurden, reagierten die Konzerne entsetzt. CP Foods räumte Versäumnisse ein. Aldi Nord nahm das Gericht aus dem Regal, und Apetito erklärte, dass die betreffenden Artikel nicht mehr produziert würden und sich nur noch Restmengen im Verkauf befänden.[55]

Auch Autos für den nordamerikanischen Käufer sind nicht zuletzt deswegen günstiger, weil am Anfang der Herstellungskette Sklavenarbeit steht, die Menschen im brasilianischen Mato Grosso do Sul erbringen, wo sie in infernalischer Hitze Holzkohle brennen. Abnehmer sind die Stahlwerke in Minas Gerais, deren Stahl wiederum mexikanische Automobilzulieferer kaufen, deren Produkte wiederum in die USA und Kanada geliefert werden.[56]

Zu haben sind die Sklaven für thailändische Trawler übrigens für etwa 300 Euro. Etwa 230 Euro einschließlich Transportkosten bezahlen Plantagenbesitzer heutzutage für Kindersklaven, die auf westafrikanischen Kakaoplantagen arbeiten.[57] Und auf Haiti kann man eine Hausbedienstete be-

[55] *The Guardian*, 10.6.2014, *SZ*, 13.6.2014, Firmenangaben vom 20.6.2016.
[56] *Zeit*, 22. März 2001, editiert am 7.9.2013.
[57] Miki Mistrati, *Schmutzige Schokolade*, TV-Dokumentation, 2010.

reits für 50 Euro kaufen.[58] Die Preise für moderne Sklaven sind heutzutage so gering, weil die Kriminellen die Menschen meist nicht verschleppen müssen, sondern mit falschen Versprechungen aus der Armut in die Sklaverei locken.

Moderne Sklaven werden von ihren Besitzern oft wie »Wegwerfware« behandelt, die entsorgt wird, wenn sie verbraucht ist. Rasantes Bevölkerungswachstum, ein korruptes Staatswesen und wirtschaftliche Umbrüche nennt der Soziologe Kevin Bales in seinem Buch *Die moderne Sklaverei* als wichtigste Ursachen für die neue Sklaverei. De jure ist die Sklaverei zwar längst abgeschafft und formal endete sie 1970 mit der Abschaffung in Oman. Tatsächlich gibt es jedoch in der heutigen Zeit mehr Sklaven, als seinerzeit von Afrika nach Amerika verschleppt wurden. Die australische Walk Free Foundation, eine der besten Quellen für das Thema, geht in ihrem Global Slavery Index (GSI) für 2016 von 45,8 Millionen Menschen aus, die von Menschenhandel, Sklaverei oder anderen Formen der Zwangsarbeit betroffen sind. So hoch war die absolute Zahl der Sklaven noch nie. Die Internationale Arbeitsorganisation kommt aufgrund einer anderen Schätzmethode auf 20,9 Millionen Betroffene. Sklaven sind rechtlos. Sie schuften auf Feldern oder Baustellen, putzen Häuser oder werden zur Prostitution gezwungen. Die Betroffenen werden meist mit Gewalt oder subtileren Mitteln wie Täuschung, Schulden oder dem Entzug von Ausweispapieren in Zwangsjobs gepresst.

Die Sklaverei hat sich der Illegalität angepasst und existiert am Anfang des 21. Jahrhunderts auch mitten in Europa, vor allem was Zwangsprostitution anbelangt, aber auch in anderen Bereichen. So sorgte in England 2011 der Fall von vierund-

---

[58] E. Benjamin Skinner, Menschenhandel. Sklaverei im 21. Jahrhundert, Köln 2008, S. 13.

zwanzig Männern für Aufsehen, die von Polizisten in heruntergekommenen Gartenhäuschen, Campingwagen und Pferdeanhängern gefunden wurden. Die Polizisten nahmen vier Männer und eine Frau fest. Sie hatten die Männer meist in Obdachlosenunterkünften oder bei Armenspeisungen angesprochen und ihnen 80 Pfund täglich versprochen. Als sie im Camp ankamen, nahmen sie ihnen die Handys weg. Sie fuhren sie täglich zur Arbeit, wo sie Straßen bauen und andere Tagelöhnerjobs verrichten mussten, zwölf Stunden täglich, sechsTage die Woche. Lohn bekamen sie keinen.[59]

Angesichts der Missstände im eigenen Land sah sich die britische Regierung 2015 veranlasst, ein Gesetz gegen moderne Sklaverei zu verabschieden, wie zuvor schon Kalifornien. Im gleichen Jahr führte die englische Regierung auch eine kleine Änderung der Null-Stunden-Verträge durch, weil Unternehmen ihren Beschäftigten vertraglich verboten hatten, solche Verträge für mehrere Firmen abzuschließen. Die Firmen verlangten von den Beschäftigten also eine völlige Unterwerfung unter ihr Flexibilitätsdiktat. Solche Klauseln verbot die Regierung – aber ansonsten beließ sie es bei den Arbeitsverträgen, einer modernen Form der Ausbeutung.

Die Unverantwortlichkeit des Kapitals wurde übrigens vom Mainstream der Wirtschaftswissenschaft lange Zeit verteidigt. Die Rücksichtnahme auf ökologische und soziale Aspekte des Lebens wurde als Altruismus abgetan, der im Wirtschaftsleben nichts zu suchen habe. »Die soziale Aufgabe eines Unternehmens ist es, Gewinne zu machen. Je höher der Gewinn ist, desto sozialer verhält sich das Unternehmen«, sagte der Ökonom und neoliberale Vordenker Milton Friedman von der Chicago School. Soziale Verantwortlichkeit könne nur akzeptiert werden, wenn sie als »Fassade« der Imagepfle-

---

[59] Carsten Volkery: »Sklavenhalter im Wohnwagen«, *Spiegel*, 12.9.2011.

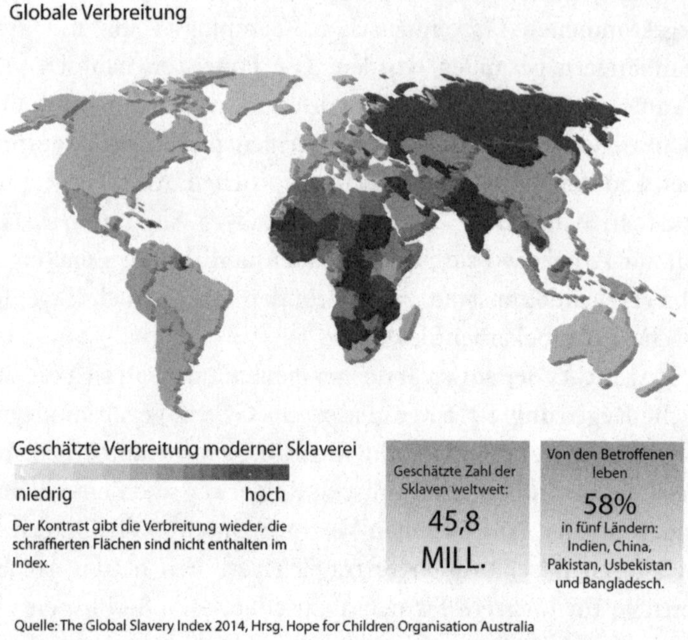

Sklaverei-Index
Quelle: asstets.globalslaveryindex.org/downloads/Global+Slavery+Index+2016.pdf.

ge diene. Gute Absichten seien, wie hübsche Frauen, verkaufsfördernd.[60] Wer auf Verständnis, Einsicht oder anderes Verhalten der Unternehmen hoffe, habe nicht verstanden, was eine AG, eine GmbH, ein Investmentfonds oder andere Formen von Kapitalgesellschaften seien, Vehikel zum Geldverdienen.[61] Mittlerweile gibt es auch vernehmbare andere Positio-

[60] Vgl. Joel Bakan, *Das Ende der Konzerne. Die selbstzerstörerische Kraft von Unternehmen*, München–Wien, 2005, S. 47.

[61] Vgl. Gerhard Schick, *Machtwirtschaft Nein Danke! Für eine Wirtschaft, die uns allen dient*, Frankfurt 2014, S. 63

nen. Doch was das Primat des Kapitals bedeutet, bekommen immer mehr Menschen zu spüren, denen die Maschinen ihre Jobs abnehmen.

Maschinen ersetzen Menschen

Europas größtes Stahlwerk erstreckt sich auf einer Fläche von 9,5 Quadratkilometern im Duisburger Norden. Wer zwischen den Hochöfen und durch die Werkhallen läuft, wundert sich, wie wenig Arbeiter er trifft. Von einem Leitstand aus steuern einige wenige Spezialisten die vollautomatische Walzproduktion. Sie blicken hinunter in die Halle, in der Maschinen aus glühenden Rohstahlblöcken Blech walzen. Ein Beschäftigter in diesem zu Thyssen-Krupp gehörenden Stahlwerk hat im Jahr 1894 rechnerisch 75,8 Tonnen produziert, 1994/95 waren es 333 und heute sind es 721 Tonnen.[62] Entsprechend konnte die Firma ihre Beschäftigtenzahl drastisch reduzieren.

Wie hier in der Stahlindustrie denken vielerorts Betriebe darüber nach, wie sie mittels Technik den Einsatz von Arbeitskräften senken können. Die Ergebnisse in den westlichen Industrieländern sind atemberaubend. Jeder Arbeitende erwirtschaftet heute das Vielfache dessen, was seine Vorgänger Anfang des 20. Jahrhunderts geschafft haben. Und der Prozess geht weiter: Die Produktivität je Erwerbstätigem erhöhte sich in Deutschland jährlich seit 1991 im Schnitt um etwa ein Prozent, entsprechend kann man mit einem um ein Prozent verminderten Zeitaufwand die gleiche Menge an Gütern herstel-

---

[62] Angaben Thyssen-Krupp vom 20.5.2016. Die Produktion je Mitarbeiter hängt allerdings nicht nur vom technischen Fortschritt ab, sondern auch von der Auslastung der Anlagen.

len oder bei unverändertem Zeitaufwand ein Prozent mehr an Gütern produzieren, dann wächst die Wirtschaft.[63]

Es ist grandios, wenn Maschinen dem Menschen öde, stressige oder gefährliche Tätigkeiten abnehmen, wenn durch Automatisation die Produktivität der Wirtschaft steigt und die Gefahr von Unfällen sinkt. Volkswirtschaftlich betrachtet ist es zweifellos ein Fortschritt, wenn Arbeiten von Maschinen übernommen werden und auf diese Weise stumpfsinnige Arbeiten verschwinden wie die der Treidler, die mit ihren Pferden früher Lastenkähne an den Flüssen stromaufwärts zogen und deren Arbeit nach der Erfindung des Schiffsmotors niemand mehr brauchte. Menschen konnten jetzt Aufgaben erledigen, die bisher liegen geblieben waren, oder weniger arbeiten. Aber für den Einzelnen bedeutet der technische Fortschritt häufig den Verlust seines Jobs und einen gesellschaftlichen Abstieg.

John Maynard Keynes, der große britische Ökonom, beschrieb 1930 als Erster technologisch bedingte Arbeitslosigkeit: Sie entstehe, »weil unsere Entdeckung von Mitteln zur Einsparung von Arbeit schneller voranschreitet als unsere Fähigkeit, neue Verwendung für Arbeit zu finden«. Keynes sah deswegen eine rosige Zukunft für die Menschen voraus: Sie könnten befreit von den wirtschaftlichen Nöten endlich ihren wahren Interessen und Begabungen nachgehen.[64] Viele Optimisten folgten. Der französische Sozialwissenschaftler Jean Fourastié beschrieb 1949 eine Gesellschaft mit Wohlstand und ein Leben in Annehmlichkeit für alle, und der österreichische Sozialphilosoph André Gorz zeichnete in den 1970er-Jahren in *Wege ins Paradies* das Bild einer Gesellschaft, in der es dank der Um-

---

[63] Siehe: http://de.statista.com/statistik/daten/studie/161496/umfrage/produktivitaetsaenderungen-pro-kopf-in-deutschland/

[64] John Maynard Keynes, Essay: Wirtschaftliche Möglichkeiten unserer Enkel, 1930/ abgerufen unter www.sokratischer-marktplatz.de/pdf/Text_Keynes_Enkelkinder.pdf.

wälzungen durch Mikrotechnologie ausreicht, wenn jeder Einzelne 20.000 Stunden in seinem Leben für Lohnarbeit aufwendet, was etwa zehn Jahren Vollerwerbsarbeit entspricht. Vom »Ende der Arbeit« spricht bis heute der amerikanische Ökonom Jeremy Rifkin, der sein gleichnamiges Buch bereits im Jahr 1995 vorlegte. So, wie das Industriezeitalter in den USA das Ende der Sklaverei bewirkt habe, werde das Informationszeitalter das Aus für die massenhafte Lohnarbeit bedeuten. Winkt uns allen dank der Automatisierungsdividende mehr freie Zeit, in der wir uns um unsere Familien kümmern, Hobbys nachgehen oder schlicht Muße erleben können?

Theoretisch spricht nichts gegen eine Welt, in der Maschinen alle Güter und Dienstleistungen bereitstellen und in der sich die Maschinen auch noch selbst warten. Vieles, was gestern futuristisch klang, ist heute schon möglich: Solarbetriebene Roboter kümmern sich um alte Menschen, und vollautomatische Anlagen kassieren im Supermarkt. Viele Beschäftigte erwartet damit aber auch jene bittere Erfahrung, die im Laufe der Industriegeschichte viele machen mussten. Ihr Wissen und ihre Erfahrungen fragt niemand mehr nach.

Als der tschechische Literat Josef Čapek 1920 den Begriff vom Roboter[65] als künstlichem Menschen prägte und sein Bruder Karel darüber ein Theaterstück schrieb, waren Roboter noch ein Geschöpf der Fantasie.[66] Vierzig Jahre später übernahmen Roboter aber bereits erste Aufgaben in der industriellen Massenfertigung. Unimate hieß der Roboter, den General Motors in US-Fabriken einsetzte. Der Roboter entnahm heiße Gussteile aus Gießereimaschinen und schweißte Karosserieteile

---

[65] Der Begriff Roboter entstand in Anlehnung an das tschechische Wort robota für Arbeit oder Zwangsarbeit.

[66] Vgl. Geschichte der Robotik, *Standard* 5.1.2015.

zusammen. Die Maschinen mit Greifarmen wurden immer leistungsfähiger und vielseitiger einsetzbar. Ende der 1970er-Jahre warb der japanische Roboterhersteller Kawasaki bereits in Anzeigen »The unmanned Factory – Happiness for Everyone«. Und der *Spiegel* titelte: »Fortschritt macht arbeitslos. Die Computerrevolution«.

Wissenschaftler stritten über die Folgen, auch Wolfgang Streeck, der damals am Massachusetts Institute of Technology forschte. Die Ingenieure seien überzeugt gewesen, dass jetzt die menschenleere Fabrik komme. Die Soziologen hätten dagegen darauf gepocht, dass die Folgen für die Beschäftigten von den sozialen Randbedingungen abhingen. Tatsächlich bemühten sich Unternehmen vor allem in den USA um die menschenleere Fabrik. Aber vor allem, weil die Maschinen Fehler machten, erfüllte sich diese Vision nicht. Aber die Maschinen lernen ständig dazu.

Wer wissen will, was heute produktionstechnisch möglich ist, der muss mit Karl Anton sprechen, dem Produktionschef der europäischen Ford-Werke, der sich in Echtzeit auf seinem Computer den Überblick über die Abläufe in Autofabriken wie Köln, Saarlouis oder Valencia verschaffen und in das Geschehen eingreifen kann. Als Anton nach seinem Studium der Automatisierungstechnik 1983 im Kölner Werk anfing, galt er manchen Kollegen als ein Nerd. Aber er und all die anderen Automatisierungsexperten sorgten dafür, dass Maschinen den Menschen immer mehr Arbeit abnahmen. 1983 bauten hier 12.000 Leute in der Fahrzeugfertigung jährlich 200.000 Autos. Heute fertigen 4.000 Leute in der Fahrzeugfertigung 400.000 Wagen – ein Drittel der Belegschaft produziert heute die doppelte Menge Autos.

Anton führt mich über das weitläufige Firmengelände im Kölner Norden. Hier herrscht kein Gewusel von Arbeitern mehr wie auf alten Fotos. Dank technologischer Fortschritte könnte künftig selbst der Transport von Teilen zwischen Lager und Halle automatisiert werden, erzählt Anton und berichtet begeistert von dem ersten automatischen Gabelstapler, der neuerdings im Werk in Saarlouis Teppichrollen transportiert. Wir stoppen auf einen Parkplatz und gehen in die Haupthalle, wo der Fiesta vom Band läuft, alle dreiunddreißig Sekunden einer. Mit einem Elektromobil geht es durch die Halle. Konzentriert arbeiten Menschen hier neben programmierten Maschinen, die beispielsweise vollautomatisch Fenster in die Karosserie einsetzen.

Roboter sind günstig und ermüden nie. Auf fünf Euro veranschlagen Experten die Ausgaben für eine Roboterstunde in Europa. Zum Vergleich: Die Arbeitsstunde eines Beschäftigten veranschlagen Branchenkenner in der deutschen Industrie auf etwa 45 Euro und mehr und in China mit weniger als zehn Euro. Und der Preisverfall ist dank technischem Fortschritt enorm: Kostete ein Industrieroboter 1995 im Schnitt noch 182.000 Dollar waren es 2014 nur noch 133.000 Dollar, und 2025 erwarten Experten einen Preis von 103.000 Dollar je Exemplar.[67] Der Einsatz von Robotern rechnet sich damit immer öfter, selbst für kleinere Betriebe. Außerdem sind längst auch kleine und günstige Roboter auf dem Vormarsch, welche den Beschäftigten Arbeit abnehmen – sie stapeln dann Kisten im Getränkeshop oder der Fabrikhalle. Solche Assistenzroboter werden viele menschliche Tätigkeiten übernehmen.

Maschinen machen vielerorts menschliche Arbeitskraft überflüssig. Regierungen, Wagniskapitalgeber und große Unternehmen investieren in mehreren Ländern massiv in neue Forschungsprojekte. Im weltweiten Wettbewerb befinden sich vor allem die USA, China, Russland, Japan und Europa. Allein

---

[67] Quellen: BCG; IFR; ABB Group nach Statista 2015.

die EU will im Rahmen des SPARC-Programms 700 Millionen Euro in die Roboterforschung investieren. Ein Konsortium von hundertachtzig europäischen Unternehmen und Forschungsinstituten will weitere 2,1 Milliarden Euro an Forschungsgeldern bis 2020 aufbringen.[68] Allein in China sollen laut Branchenexperten bereits 2017 mehr Roboter im Einsatz sein als in den USA und Europa zusammen. Selbst Billiglöhne schützen nicht vor dem Verlust des Arbeitsplatzes an Maschinen, was ich in Karatschi erlebe, bei der Textilfabrik Rajby Industries.

Mehr als hundert junge Männer waren in einer Fabrikhalle damit beschäftigt, neuen Jeans den gefragten verschlissenen Look zu verpassen. Einige ziehen die Hosen über einen Dummy aus Gummi, den sie mit einem Kompressor mit Luft füllen. Dann bearbeiten die Arbeiter die Hosen mit Schmirgelwerkzeug. Andere traktieren den Stoff mit Bohrern oder drücken mit Kunststoffschalen Streifen in die Kniekehle der Jeans. Schweiß liegt in der Luft. Die Männer arbeiten in zwei Schichten, Tag und Nacht. Sie verdienen für lokale Verhältnisse gut, etwa 250 Dollar pro Monat, knapp das Doppelte des gesetzlichen Mindestlohns. Ihre Tage hier in der Halle sind aber gezählt.

»Wir fangen in den nächsten Wochen mit dem Einsatz von Lasergeräten an«, sagt Muhammad Tufail Rajwani, Generalmanager beim Werk von Rajby Industries. Die Firma werde fünfzehn bis zwanzig Maschinen kaufen, die jeweils etwa 2.000 Stücke am Tag schafften. Statt hundert junger Männer werden dann nur noch einige Maschinenbediener in der Halle gebraucht. Mir kommt der Werbetrailer des Roboterherstellers Kuka in den Kopf, den ich einige Monate zuvor auf der Hannover Messe gesehen habe, den inszenierten Wettkampf eines Menschen mit einer Maschine: Die deutsche Tischtennislegende Timo Boll spielt gegen einen Roboter. Boll gewinnt

---

[68] http://europa.eu/rapid/press-release_IP-14-619_de.htm.

das Match, aber nur mit Mühe und Not. In der Realität verlieren immer mehr Menschen das Rennen mit den Maschinen, die sich innerhalb eines Jahrhunderts von einer fixen Idee zum Albtraum für Lohnabhängige entwickeln könnten.

Gegen die Maschinen begehrten schon zu Anfang der industriellen Revolution die Weber in England auf. Ihr Anführer Ned Ludd war der Überzeugung, wenn sie die Maschinen zerstörten, würden ihre Löhne wieder steigen. Die Bewegung hatte großen Zulauf. Die Regierung ließ das Militär gegen die verzweifelten Weber aufmarschieren. Tatsächlich erwies sich die Mechanisierung der Textilindustrie als segensreich für die einfachen Menschen. Die maschinell hergestellte Baumwollkleidung wurde zu einem billigen Massenprodukt, weswegen immer mehr Menschen Lumpen gegen neue Kleider tauschten. Es entstanden auch mehr neue Jobs, als durch den technischen Fortschritt verloren gingen. Arbeiter wechselten erst von der Landwirtschaft in die Industrie, später von der Industrie in den Dienstleistungsbereich. Szenarien einer menschenleeren Wirtschaft erwiesen sich ein um das andere Mal als falsch. Aber jetzt droht vielleicht doch ein Ende der bisherigen, stets ambivalenten Entwicklung, weil die Algorithmen und Roboter immer rasanter Fortschritte machen und neben Händen auch immer mehr Gehirne überflüssig machen, gleichzeitig jedoch weltweit die Nachfrage nach Arbeit steigt, weil die Bevölkerung wächst und viele Menschen vom Land in die Städte drängen und dort Arbeit suchen.

Laut Oxford-Forschern ist jeder zweite Beruf in USA in den nächsten zwanzig Jahren durch Technik bedroht.[69] Ähnliche Prognosen gibt es für Deutschland.[70] Ein Viertel der Produk-

---

[69] Frey, Carl Benedikt und Osborne Michael A., The Future of Employment: How susceptible are jobs to computerisation? Oxford September 17, 2013.

[70] www.ing-diba.de/pdf/ueber-uns/presse/publikationen/ing-diba-economic-research-die-roboter-kommen.pdf.

tion läuft hier bereits hoch- oder vollautomatisiert ab, schätzt das Fraunhofer Institut für Arbeitswissenschaft. Der Computerspezialist Martin Ford hält einen Punkt in der technologischen Entwicklung für vorstellbar, »an dem die menschliche Arbeit für die Produktion keine Rolle mehr spielt«. Er erwartete im Laufe des 21. Jahrhunderts eine Arbeitslosenrate von 75 Prozent.[71] Auch renommierte Ökonomen teilen nicht mehr den Optimismus ihrer Zunft, die mehrheitlich davon ausgeht, dass auch künftig ausreichend neue Jobs entstehen werden. So erwarten die beiden MIT-Forscher Erik Brynjolfsson und Andrew McAfee soziale und wirtschaftliche Umwälzungen, wie sie die Menschen während der ersten industriellen Revolution erlebten. Das Gros der Menschen gehört zu den Verlierern. Für manche gehe es dabei um die Frage, »ob sie überleben können«, warnt der Wirtschaftsnobelpreisträger Robert Shiller in einem SZ-Interview.[72] Denn künftig werden viele Arbeiten automatisiert, selbst im Dienstleistungsbereich, der lange Zeit als Auffangbecken für all die Arbeitskräfte diente, die in der Landwirtschaft und Industrie ihre Arbeit verloren. Wer sich umschaut, bemerkt dies – wie auf französischen Autobahnen, wo fast alle Kassiererinnen aus den Mautstationen an den Autobahnen verschwunden sind und Autofahrer jetzt an Automaten bezahlen.

Tim Anderson, als Fernsehkoch in England bekannt, hat sein Wissen mit einem Computer geteilt. Er hat sich beim Kochen einen Datenhandschuh angezogen. Die Daten waren die Grundlage für ein Software-Programm, nach dem Roboter kochen lernten. Weltpremiere hatte die vollautomatische Küche der englischen Firma Shadow Robots 2015 auf der Hannover Messe. Zwei Moderatoren erklärten den Zuschauern die vollautomatische Küche, in der zwei Roboterarme wirbeln. Die Zutaten

---

71 Interview *Book TV*, abgerufen am 21.8.2015.

72 *SZ*, 4.4.2015.

für eine Tomaten-Krabben-Suppe musste noch ein Mensch auf kleine Markierungen in der Arbeitsfläche stellen. Den Rest erledigte die vollautomatische Küche dann allein. Jeder Roboterarm hat vierundzwanzig Gelenke, zwanzig Motoren, und die Greiffinger rühren sanft den Löffel oder bedienen genau den Pürierstab. Eine Welle von Kündigungen droht nicht nur in den Großküchen, sondern auch hinter dem Lenkrad.

Wenn Wolfgang Bernhard, Manager bei Mercedes, über die Zukunft von Lkws spricht, redet er viel über intelligente Fahrzeuge, die sich in Kolonnen fahrerlos auf den Autobahnen fortbewegen können. Wenn der Brummifahrer erst einmal seine Hände freihabe, könne er in der Fahrerkabine Buchungen vornehmen, sich um die Disposition kümmern oder sonstige Büroarbeiten erledigen.[73] Das klingt toll. Aber die neue Lkw-Welt könnte auch ohne Fahrer auskommen. Dann wären Fahrzeuge computergesteuert über das Straßennetz unterwegs und erledigten gleichzeitig auch noch automatisch die gewünschten Büroarbeiten. Die Liste der vom Aussterben bedrohten Jobs ist lang, selbst die Jobs in den Hamburger-Ketten finden sich darauf. Denn Firmen arbeiten an einer vollautomatischen Version des Hamburger-Bräters. Und in Japan werden schon heute Roboter in der Pflege eingesetzt, für die körperliche Betreuung oder als maschinelle Gesprächspartner. Was funktioniert und sich rechnet, wird seinen Weg auch in deutsche Altenheime und Krankenhäuser finden – auch wenn dies eine grauenhafte Vorstellung ist.

Software hat auch bereits Kopfarbeiter verdrängt, die sich lange Zeit vor der maschinellen Konkurrenz sicher wähnten, bestärkt durch Experten. Im amerikanischen Rechtssystem spielen Präzedenzfälle eine wichtige Rolle. Früher suchten junge Anwälte in den Archiven die passenden Prozesse. Heute er-

[73] Thomas Fromm, *Automobil Weltformel*, *SZ*, 14.2.2015.

ledigen dies Programme auf einen Klick. Auch ein Großteil des Börsenhandels erledigen heutzutage Computer vollautomatisch unter sich statt Händler auf dem Börsenparkett. Auf der roten Liste der aussterbenden Berufe stehen alle Tätigkeiten, bei denen Routine eine wichtige Rolle spielt. Viele Jobs verschwinden, und die verbliebenen werden sich anders als bisher auf der Welt verteilen, ebenfalls wegen technischer Änderungen.

Schon heute verlagern bis zu 400 deutsche Firmen jährlich ihre Produktion zurück in die Heimat.[74] Dazu gehörten der Spielzeughersteller Steiff, der Kettensägenfabrikant Stihl und der Haushaltswarenproduzent Fackelmann. Für hiesige Beschäftigte bedeutet dies schätzungsweise 8.000 neue Jobs jährlich. Es gibt sogar Anzeichen für die Rückkehr industrieller Massenproduktion in klassische Industrieländer, in denen es – anders als in Deutschland – zu einer starken Deindustrialisierung gekommen war, allen voran die USA. Unter den Rückkehrern sind Hersteller von Stahl, Haushaltselektronik und Möbeln. Die Ursachen sind die – dank der umstrittenen Fracking-Technologie und der weltweit gesunkenen Ölpreise – billige Energie und die Möglichkeiten der Automation sowie die niedrigen Löhne. Zwar liegen die Löhne in den USA im Schnitt noch um das Achtfache über denen in China, ein deutlicher Unterschied.[75] Aber die Produktivität ist in den USA deutlich höher. Mittlerweile kommt es amerikanische Unternehmen nach Ansicht von Branchenkennern nur noch etwa zehn Prozent teurer, Waren in Kalifornien statt in der Volksrepublik China herstellen zu lassen. Bei dieser geringen Differenz entscheiden sich viele Firmen wieder für die Produktion in den USA.

---

[74] www.isi.fraunhofer.de/isi-de/service/presseinfos/2012/pri12-22_rueckverlagerung-produktionsverlagerung.php.

[75] www.welt.de/finanzen/article113617607/USA-gewinnen-einstige-industrielle-Macht-zurueck.html.

Die Verbindung von neuen Technologien und individuell maßgeschneiderten Produkten wird nach Ansicht von Engelbert Westkämper, dem langjährigen Leiter der Fraunhofer Gesellschaft für Produktionstechnik, selbst die Massenfertigung von Waren wie Kleidung, Schuhen oder Elektrogeräten mitten in Europa wieder rentabel machen. In seinem Stuttgarter Büro spreche ich mit ihm über kleine dezentrale und automatische Fabriken, die möglichst nahe bei den Käufern entstehen könnten. An solchen Fabriken forschen Unternehmen und Universitäten längst. So gibt es ein Gemeinschaftsprojekt von Adidas mit den Technischen Universitäten Aachen und München und weiteren Unternehmen. »Speedfactory« nennen sie es. Die Konstrukteure tüfteln an kleinen, weitgehend automatisch arbeitenden Fabriken, in denen Turnschuhe maschinell aus Kunststofffasern gestrickt werden – nach den Wünschen der Kunden. Auf Knopfdruck bestellt, um die Ecke hergestellt und wenig später ausgeliefert. Dieses Konzept könnte funktionieren. Eine erste Pilotanlage steht in Ansbach. Die ersten 500 Paar Laufschuhe sollen hier im Laufe des Jahres 2016 hergestellt werden.[76]

Weltmarktführer bei Textilien waren mehrere Jahrhunderte lang die Inder – mit Millionen von Handwebstühlen. Dank industrieller Webstühle und der Abschottung des eigenen Marktes rissen die Briten die Marktführerschaft für Textilien im 18. Jahrhundert an sich.[77] Seit der Mitte des 20. Jahrhunderts verlagerten sich die Produktionsstätten wieder nach Asien, wegen der geringeren Lohnkosten, die für die in großem Ausmaß manuelle Textilproduktion wichtig sind. Jetzt kehrt die Produktion dank der Automation womöglich in

---

76 www.adidas-group.com/de/medien/newsarchiv/pressemitteilungen/2015/adidas-errichtet-erste-speedfactory-deutschland/

77 Beckert, Sven: King Cotton. Eine Geschichte des globalen Kapitalismus, München 2014, S. 54 ff.

die Industriestaaten zurück, zumindest teilweise. Das sind schlechte Nachrichten für die Menschen in Asien, aber auch keine guten Nachrichten für hiesige Beschäftigte. Denn neue Jobs werden dadurch bei uns nicht in einer nennenswerten Zahl entstehen, welche die hiesigen Verluste durch Roboter & Algorithmen aufwiegen würde. »Die Produktion und die Wertschöpfung mag in Länder wie Deutschland zurückkehren, aber nicht die Jobs. Da sollte sich niemand Illusionen machen«, rät der Ingenieur und Ökonom Bela Galgoczi, der beim Europäischen Forschungsinstitut der Gewerkschaften in Brüssel forscht.

Möglicherweise erlebt Deutschland wegen der Automatisierung der Fabriken sogar eine Sonderkonjunktur. Schließlich muss irgendwer die neuen automatischen Anlagen bauen, und deutsche Firmen gehören zu den gefragten Fabrikausrüstern der Welt. Aber langfristig werden auch bei den Maschinenbauern Jobs verschwinden, spätestens, wenn Maschinen automatisch komplette Maschinen bauen werden. Dafür gebe es weder theoretische noch praktische Hindernisse, hat der Mathematiker und Philosoph Norbert Wiener, Begründer der Kybernetik, bereits 1948 festgestellt.

Wir haben uns daran gewöhnt, dass Maschinen den Menschen die Arbeit abnehmen. Aber neu ist die Geschwindigkeit, in der dies geschieht. Grund dafür ist die Leistungssteigerung in der digitalen Technologie. Die amerikanische Weltraumbehörde NASA benötigte für die erste Mondlandung noch eine Computerleistung, die von einem heutigen Smartphone schon um ein Mehrfaches übertroffen wird. Auf den ersten Mikrochips steckten einige wenige Transistoren, heute passen Milliarden auf die Fläche einer Briefmarke. Die Leistung von Chips, Bandbreite und Computern verdoppelte sich seit der Einführung der Technologie Ende der 1960er-Jahre bislang alle achtzehn bis vierundzwanzig Monate. Entsprechend entwickeln sich auch die Anwendungsmöglichkeiten exponentiell, was das Preis-Leistungs-Verhältnis bei der Schach-Software, PCs oder dem mobilen Telefonieren jedem Laien eindrücklich zeigt.

Wenn es technisch möglich ist, eine Tätigkeit zu automatisieren, bedeutet dies nicht zwangsläufig, dass dies gleich geschieht. Vielmehr wägen Unternehmen die relativen Kosten ab. Auch wenn Toyota im Hochlohnland Japan Autos unter großem Einsatz von Robotern produziert, kann es im Niedriglohnland Pakistan dagegen zunächst noch auf Handarbeit setzen. Angesichts stetig sinkender Preise für Maschinen rechnet es sich jedoch immer öfter betriebswirtschaftlich, auf Maschinen statt auf Menschen zu setzen.

Taylorisierung der Kopfarbeit

Als Ausweg aus technologischer Arbeitslosigkeit priesen Experten stets eine bessere Bildung und Weiterbildung, bisher zu Recht. In Deutschland findet von hundert An- und Ungelernten jeder fünfte keine Arbeit, bei den Akademikern ist es nur jeder vierzigste. Aber das Rezept der Bildung geht häufig nicht mehr auf. Viele junge Akademiker finden in Europa, den USA und selbst in China keinen Arbeitsplatz mehr. Trotzdem werden Experten auch für die nächsten Wellen Arbeitsloser bessere Bildung und Ausbildung empfehlen – ein honoriges, aber aussichtsloses Unterfangen, sollte das Rennen zwischen Technologie und Bildung in die letzte Runde gegangen sein. Mancher lernt bereits die Maschine an, die morgen seinen Job übernimmt. Wer bezahlte Arbeit findet, wird zudem in immer mehr Berufsfeldern mit Menschen rund um die Welt konkurrieren, wegen der technischen Entwicklung. Den Vorgeschmack erleben Beschäftigte vielerorts.

Während eines Rechercheaufenthalts beim Max-Planck-Institut für Gesellschaftsforschung in Köln treffe ich im Frühsommer 2015 Betriebsräte aus örtlichen Metall verarbeitenden Betrieben, unter anderem von Ford, dem Computerhersteller HP, Siemens, dem Automobilzulieferer Visteon oder dem Maschinenbauunternehmen Schütte. Von einer »Taylorisierung der Kopfarbeit« spricht der Ingenieur Hans Lawitzke, Betriebsrat im Kölner Fordwerk. Er beschreibt die fortschreitende Standardisierung und Zerlegung selbst anspruchsvoller Aufgaben in der Forschung und Entwicklung und spricht von einem mutwilligen Akt, der von dem Unternehmen betrieben werde, um die Individuen »entbehrlicher und austauschbarer zu machen«. Gleichzeitig steigt der Wettbewerb zwischen Beschäftigten an verschiedenen Standorten. »Low-Cost-Country-Sourcing heißt das bei uns immer so schön«, sagt Lawitzke und spricht über die Vorgabe bei Ford, ein Viertel der Entwicklungsarbeit nach Indien auszulagern. Das Management wolle Experimente erzwingen und ausprobieren, was gehe. Vor allem jedoch sollten diejenigen, die diese Arbeit in Zukunft für weniger Geld erledigen sollen, die Möglichkeit haben, sie zu lernen.

Auch bei Reparaturen, lange eine Domäne für Spezialisten, bringen neue Technologien gravierende Veränderungen. Wenn eine Maschine in der Produktion irgendwo auf der Welt ausfällt, mussten bislang meist möglichst schnell Servicetechniker anrücken, um die Ausfallzeiten gering zu halten. Dann fliegt der Spezialist nach Brasilien oder China. Weil das teuer ist, begannen Firmen umzudenken. Heute schicken sie schon einmal einen weniger Qualifizierten, der dann über Telefon von einem Spezialisten aus der Zentrale seine Anweisungen bekommt. Künftig brauche vielleicht niemand mehr fahren, und stattdessen könnte ein Arbeiter vor Ort quasi ferngesteuert agieren, indem der Spezialist die passenden Anweisungen in eine »Google-Brille« einspeist, sagt Ford-Betriebsrat Lawitzke. Es reicht dann aus, wenn jemand vor Ort einen Werkzeugschlüssel anpacken kann.[78]

Digitale Tagelöhner

Arbeit wird nicht nur innerhalb von Unternehmen an günstigere Standorte auf dem Globus verteilt, sondern auch aus Kostengründen an andere Firmen herausgegeben. Einer von fünf Arbeitnehmern ist laut der Internationalen Arbeitsorganisation ILO in einer globalen Lieferkette tätig. Dazu zählen die Beschäftigten bei asiatischen Zulieferern für die Modekonzerne oder Computerhersteller, aber immer häufiger auch Solo-Selbstständige. Als Arbeitsvermittler fungieren oft Onlineplattformen, von denen es weltweit etwa zweitausend gibt.[79] Darauf tummelten sich 2014 bereits rund fünfzehn Millionen Freelancer. Laut der Unternehmensberatung McKinsey könnte es 2020 bereits hundertsechzig Millionen solcher Freiberufler geben.[80] Die Digitalisierung ist ein Katalysator für das Outsourcing von Arbeit an digitale Tagelöhner.

»Jeder ist sein eigener Unternehmer, Freiberufler, das hört sich toll an – und so werden einem solche Jobs ja auch schmackhaft gemacht«, sagt Daniel S., mit dem ich mich in einem Café in Berlin Kreuzberg verabredet habe. Er hat schon einmal studiert, in den 1990er-Jahren, Sozialwissenschaften an der Kölner Fachhochschule. Damals kellnerte er in Szenekneipen, später gab er

---

[78] Vgl. Spiegel 21/2016, Die Firma Carl Zeiss hat eine Datenbrille entwickelt, die anderes als Google Glass wie eine normale Hornbrille aussieht. Der Betrachter kann bei den Prototypen Nachrichten oder Bilder sehen.

[79] J.M: Leimeister, S. Zogai, D. Durward, U. Bretschneider, Crowdsourcing als Arbeitsmodell der Zukunft, in: *Arbeit der Zukunft*, Hrsg. Reiner Hoffmann, Claudia Bogedan, Frankfurt 2015. S. 147.

[80] *Berliner Zeitung* 28.4.2015.

Seminare für das Rote Kreuz. Verdient hat er damals mit den Aushilfstätigkeiten deutlich mehr als heute bei Clickworker, wo er zuletzt Produktbeschreibungen für das Onlineauktionshaus Ebay schrieb. Verlangt waren je eintausendfünfhundert Worte und die Berücksichtigung einiger Schlüsselwörter. Dafür gab es fünfzig Euro, ein vergleichsweise lukrativer Job auf der Plattform, sagt er, aber er brauche eben auch einige Stunden dafür. Im Schnitt komme er bei Clickworker auf einen Stundenlohn von fünf bis zehn Euro, sagt er. Im Monat seien es hundert bis zweihundert Euro, ein schönes »Taschengeld«, seinen kompletten Lebensunterhalt auf diese Weise zu bestreiten, das kann er sich nicht vorstellen.[81]

Genau das versuchen jedoch immer mehr Menschen, die sich als digitale Tagelöhner verdingen, oft gut ausgebildete Leute. Allein bei der amerikanischen Plattform TopCoder haben etwa eine Million Software-Entwickler, Mediengestalter und sonstige Spezialisten ihr Profil hinterlegt, mindestens jeder Zweite aus Asien.[82] Auf solchen Plattformen können Unternehmen mit einem offenen Aufruf Aufträge vergeben. Dann erarbeiten viele eine Lösung, aber nur einer wird bisweilen bezahlt.[83] Zweifel an der Rechtmäßigkeit solcher Arbeitsvergaben äußert Thomas Klebe, Leiter des Hugo-Sinzheimer Instituts für Arbeitsrecht: »Die Crowdworker verrichten in diesen Fällen die komplette Arbeit, bekommen dann aber nichts dafür. Betroffene können prüfen lassen, ob sie eine Vergütung einklagen. Es gibt hierzu allerdings noch keine Gerichtsentscheidungen.«[84]

---

[81] *SZ*, 10.7.2013.
[82] www.topcoder.com/, abgerufen am 12.5.2016.
[83] www.isf-muenchen.de/pdf/IBM-Gutachten_E-Mail.pdf.
[84] www.igmetall.de/interview-mit-arbeitsrechtler-thomas-klebe-zum-thema-14335.htm.

Der Schachtürke war eine mechanische Spielmaschine, lange vor der Erfindung des PC. Hinter einer Kommode saß eine Puppe in türkischer Tracht vor einem Schachbrett und gewann ein ums andere Mal gegen menschliche Schachspieler, die gegen sie antraten. Zweifelte ein Zuschauer an der Echtheit der Maschine, zeigte man ihm ein Gewirr aus Zahnrädern, Antrieben und Federn im Inneren der Kommode. Sie dienten jedoch nur als Täuschung, für den kleinwüchsigen Schachmeister, der sich geschickt im Inneren der Maschine verbarg und dafür sorgte, dass die Maschine meistens gewann.

Mechanical Turk hat Amazon-Gründer Jeff Bezos mehr oder weniger geschmackssicher seine Onlineplattform getauft, auf der Kunden Aufträge vergeben können. Mit den Netzarbeitern kommt ein Kunde jedoch nie in Kontakt. Verborgen bleiben die Menschen, die für Centbeträge in einem Webshop die Preise dreier Produkte recherchieren oder sich kurze Filmausschnitte ansehen und zehn Fragen beantworten. Wer in einer Stunde 46 solcher Clips bewertet, verdient umgerechnet 1,29 Euro. Es gibt Crowdworker, die für hochwertige Arbeiten wie das Erstellen von Websites Stundenlöhne von zwanzig bis dreißig Euro erhalten; der durchschnittliche Stundenlohn eines Crowdworkers betrug 2009 jedoch nur 1,06 Euro.[85] Oft haben die Klick-Arbeiter nicht einmal ein Recht auf Bezahlung für ihre geleistete Arbeit, weil Auftraggeber die Bezahlung ohne jede Begründung ablehnen können. »Die deutschen Plattformen sind relativ fair, bei den internationalen ist es jedoch Wilder Westen«, warnt Arbeitsrechtler Klebe.[86]

Neue Unternehmen können die Möglichkeiten der grenzenlosen Unverbindlichkeit bei der Beauftragung von Arbeitenden

---

[85] J. M. Leimeister, S. Zogai, D. Durward, U. Bretschneider, »Crowdsourcing als Arbeitsmodell der Zukunft«, in: *Arbeit der Zukunft*, Hrsg. Reiner Hoffmann, Claudia Bogedan, Frankfurt 2015, S. 154.

[86] *Berliner Zeitung*, 20.4.2015.

besonders leicht ausnutzen, weil sie keine langjährigen Mitarbeiter mit verbrieften Rechten wie Kündigungsschutz oder Urlaubsgeld haben. Das Start-up Airhelp ist ein solches auf der grünen Wiese entstandenes Unternehmen, mit einer cleveren Geschäftsidee: Wer wegen Verspätung seines Fliegers einen Anspruch auf Entschädigung bei der Fluggesellschaft hat, kann diesen – gegen Zahlung einer Provision – über die Firma abwickeln.

Einen großen Teil der damit verbundenen Aufgaben erledigen Algorithmen. Die Arbeit, die für Menschen übrigbleibt, schreibt die Firma über Webanbieter weltweit aus. Wer als freier Mitarbeiter dabei sein will, muss sich erst bewähren. Typisch sind Skype-Calls, bei denen die Firma zwanzig bis dreißig Bewerbern eine präzise Aufgabe stellt. Wenn jemand zu langsam sei oder zu viele Fragen stelle, werde er aus dem Call gekickt, sagte Airhelp-Gründer Henrik Zillmer der *Berliner Zeitung*. Drei bis vier Stunden könne solch eine Probesitzung dauern, bis der richtige freie Mitarbeiter gefunden sei.[87] Die kleine Firma hat ihre Arbeit weltweit verteilt: Die Daten werden in Bangladesch erfasst, die Buchhaltung in Pakistan erledigt und der Vertrieb auf den Philippinen, die Präsentationen werden in Indonesien erstellt und die Programmierung teils in Polen, während Designer aus Rumänien dabei sind und die Marktforschung von Leuten aus Portugal unterstützt wird. Aber die Auftragsvergabe kann die Firma natürlich jederzeit ändern. Verantwortung für die Freiberufler übernehmen die Auftraggeber nicht. Abgesehen von der Zahlung eines Honorars gehen sie keine weiteren Verpflichtungen ein – sie brauchen keine Sozialabgaben zu zahlen und haften auch nicht dafür, wenn sich die Zuarbeiter zu Tode arbeiten.

---

[87] *Berliner Zeitung*, 29.4.2015. Die Unternehmensgeschichte von Airhelp hat der Wirtschaftsredakteur Jonas Rest mit Eva Roth mehrfach in lesenswerten Artikeln aufgezeichnet, die hier in diesen Abschnitt eingeflossen sind.

Es gibt bei diesem Crowdsourcing auch Gewinner, gut qualifizierte Leute, die über das Netz nun Arbeit bekommen. Das bietet auch Chancen für qualifizierte Menschen in Entwicklungsländern.

Planspiele gab es übrigens auch bereits bei IBM, einen erheblichen Teil der Arbeit künftig von einem Heer Freiberufler erledigen zu lassen. Ein Manager des amerikanischen Konzerns schwärmte gegenüber der Zeitschrift *Personel Today*, der Konzern könne mithilfe von Crowdsourcing von seinen 399.000 unbefristet Beschäftigten auf hunderttausend herunterkommen und in großem Ausmaß an Gebäuden, Pensionen und Gesundheit sparen. 2012 schrieb das *Handelsblatt* dann von dem Programm »Liquid«, demzufolge in Deutschland bis zu achttausend der zwanzigtausend Arbeitsplätze bei IBM wegfallen sollten. Allerdings folgten Dementis der Firma. Bert Stach, der in der Gewerkschaft Verdi für Verhandlungen mit IBM zuständig ist, hält das Thema aber für aktuell und IBM beileibe für keinen Einzelfall. Vier Jahre später sieht er jedoch die größere Gefahr für Jobverluste durch Fortschritte bei Computerprogrammen und erzählt von Watson, dem Programm von IBM, welches für Furore sorgte, als es 2011 bei der Quizshow Jeopardy zwei Menschen schlug, die vorher gegen Gegner aus Fleisch und Blut erfolgreich gewesen waren. Angesichts seiner Fortschritte werde Watson manchen Arzt und Call-Center-Agenten und viele weitere Beschäftigte ersetzen, warnt Stach.

Luxusgut Normalarbeitsverhältnis

Wenn eine der neuntausend festen Stellen in einem deutschen Orchester besetzt werden soll, konkurrieren schon bei einem durchschnittlichen Haus zweihundert Kandidaten. Jedes Jahr verlassen eben nicht nur zweitausend Musiker die hiesigen Akademien. Wenn eine der begehrten Stellen besetzt wird, reisen zu den Vorspielen außerdem Musiker aller Herren Länder an, vor allem aus Asien und Osteuropa. Denn für Orchestermusiker gilt schon lange ein globaler Arbeitsmarkt, weil sie alle die gleiche Sprache sprechen, die Noten. Ein Dirigent erzählt mir: Die Phase beginne meist mit einem Vorspiel eines Solokonzerts, das festgelegt werde. Danach werde »gesiebt«. Es folgten dann schwierige Probespielstellen aus Orchesterwerken und Opern, die zum Teil festgelegt, aber auch unangekündigt gespielt werden müssten. »Häufig oder fast immer gibt es dann noch eine dritte Runde. Mein Gott, das ist so grausam, dass selbst schon das Zuhören eine Qual ist. Die Nerven liegen blank. Und die Bewerberzahl ist meist riesig.« Vorgespielt wird hinter einem Vorhang, vor dem die Jury sitzt und entscheidet. Mancher Musiker ist glücklich, wenn er einen Vertrag ergattert, selbst wenn es sich um einen miserabel bezahlten Posten handelt, bei dem er monatlich eintausendfünfhundert Euro verdient und dafür sechs Tage die Woche arbeitet. Ein Großteil der Musiker bekommt jedoch keinen festen Vertrag und muss sich frei durchschlagen.[88]

Zweifellos waren Normalarbeitsverhältnisse nie normal, sondern galten nur für eine Minderheit Beschäftigter für eine relativ kurze historische Phase in den früh industrialisierten Industrieländern. Heute haben weltweit weniger als vier von zehn Beschäftigten einen unbefristeten, sozial abgesicherten Vollzeitjob, in den Industrieländern ist es noch etwa jeder Zweite, im Rest der Welt dagegen nur jeder Fünfte.[89] Und im Schnitt dürften es nicht mehr, sondern weniger werden. Betrug das Verhältnis von Normalarbeitsverhältnis zu sogenannten atypischen Beschäftigungsverhältnissen (unter anderem Teilzeit-

---

[88] *Spiegel.de* 30.11.2014.

[89] *Bericht über globale Beschäftigung und gesellschaftliche Entwicklungen 2015: Die dynamische Natur von Arbeitsplätzen*, ILO-Papier, abgerufen am 20. Mai 2015.

und Kurzzeitbeschäftigung, befristet und geringfügig Beschäftigte wie Minijobber, Leiharbeiter) in der alten Bundesrepublik Deutschland Ende der 1980er Jahre fünf zu eins, sind es heute nur noch etwa zwei zu eins.[90] Nicht alle, aber viele atypische Beschäftigungsverhältnisse sind prekär. Und die Aussichten sind düster: Denn Millionen gut bezahlter Jobs, die bislang das Eintrittsticket in die Mittelschicht bedeuteten, werden verschwinden, beispielsweise ein Großteil vergleichsweise gut bezahlter Verwaltungstätigkeiten. Logischerweise wird der Wettbewerb um verbleibende Vollzeitstellen heftiger werden. Vielen wird es ergehen wie den Arbeitern bei US-amerikanischen Automobilkonzernen, deren Löhne in den vergangenen Jahren um ein Fünftel gefallen sind. Damit dürfte die Mittelschicht weiter bröseln, die in Deutschland innerhalb von zwei Jahrzehnten um gut fünf Prozentpunkte auf einundsechzig Prozent geschrumpft ist[91] und der in den USA erstmals seit 1971 wieder weniger als die Hälfte der Bevölkerung angehören.[92] Das wirtschaftliche und gesellschaftliche Rückgrat der Gesellschaften im Westen wird schwächer, wenn nicht gegengesteuert wird.

Erwerbsarbeit ist bis heute in den westlichen Industrieländern für die allermeisten Menschen der Schlüssel zur gesellschaftlichen Teilhabe. In Deutschland stieg die Zahl der Beschäftigten zuletzt acht Jahre lang, auf die Rekordmarke von mehr als 43 Millionen. Arbeit findet jedoch zunehmend in einem unsicheren Rahmen statt. Betroffen sind vor allem die jungen Menschen. Wer nach 1970 geboren wurde, erlebt beispielsweise eine fünf- bis siebenmal so hohe Einkommensinstabilität

---

90 Laut Statistischem Bundesamt betrug der Anteil der Beschäftigten mit Normalarbeitsverhältnis 2014 68,3 Prozent. www.destatis.de/DE/PresseService/Presse/Pressemitteilungen/2015/08/PD15_301_132.html.

91 www.faz.net/aktuell/wirtschaft/arm-und-reich/diw-korrektur-die-mittelschicht-schrumpft-weniger-als-gedacht-14229984.html.

92 *FAZ*, 16.5.2016.

wie vor 1945 Geborene in diesem Alter.[93] Dabei sind sie so gut ausgebildet wie noch keine Generation zuvor in Deutschland.

Der Druck und die Angst um den Job hat sich jedoch bei vielen gewöhnlichen Beschäftigten erhöht, sie verdienen häufig sogar weniger als früher. Die Lohnspreizung hat in vielen Ländern stark zugenommen, auch in Deutschland. Wer zu dem Zehntel der sozialversicherungspflichtig Beschäftigten mit den geringsten Löhnen gehörte, verlor inflationsbereinigt zwischen 2000 und 2005 zwei Prozent und zwischen 2005 und 2010 weitere sechs Prozent Lohn. Und das summiert sich im Laufe der Zeit zu beträchtlichen Verlusten. Wie viel, bezifferten Forscher des Deutschen Instituts für Wirtschaft: Geringverdiener aus dem Geburtsjahrgang 1950 erreichten bis zum vierzigsten Lebensjahr im Schnitt ein Markteinkommen von 550.000 Euro, 1972 Geborene nur noch 455.000 Euro. Zum Markteinkommen gehört neben dem Bruttoeinkommen auch noch der Arbeitgeberanteil zur gesetzlichen Rentenversicherung. Tatsächlich dürften die Unterschiede sogar noch deutlich größer sein. Denn die Forscher hatten nur männliche Erwerbstätige mit stabilen Arbeitsverträgen berücksichtigt.[94] Die Unsicherheit und niedrige Bezahlung trifft auch viele Solo-Selbstständige, von denen es heute wesentlich mehr gibt als früher, mehr als zwei Millionen. Fast jeder vierte Solo-Selbstständige verdiente weniger als den gesetzlichen Mindestlohn von 8,50 Euro. Betroffen sind kleine Selbstständige wie Friseure und Kioskbetreiber, aber auch Publizisten oder Pflegekräfte. Selbst der Staat honoriert Freiberufler schlecht, ob Kursleiter in der VHS oder Lehrkräfte, die im Auftrag des Bundesamtes für Migration und Flüchtlinge Sprachkurse geben.[95] Der habilitier-

---

93 »Einkommen werden immer unsicherer«, *Böckler Impuls*, Ausgabe 20/2015, abgerufen am 7.1.2016.

94 *SZ*, 25.7.2015.

95 *Berliner Zeitung*, 8. Januar 2015.

te Philosophiedozent Günter Fröhlich hat sogar das Land Bayern verklagt, dem er in einem Spiegel-Online-Interview »Staatssklaverei« vorwirft. Seit Jahren lehre er ohne Entgelt zwei Semesterwochenstunden an der Universität Regensburg. Laut Landeshochschulgesetzen müssten Privatdozenten oder außerplanmäßige Professoren zwar eine bestimmte Stundenzahl unterrichten, hätten aber kein Recht auf eine Vergütung. Wer nicht unterrichte, könne den Titel und das Recht verlieren an einer Hochschule zu unterrichten, was ihm faktisch eine Bewerbung auf eine ordentliche Professur unmöglich mache.[96]

Wer seinen Arbeitsplatz verliert, wird heute bei uns in eine rauere Umwelt entlassen. Wer früher in der Bundesrepublik seinen Arbeitsplatz verlor, konnte gelassener sein. Im Notfall bekam er bis zur Rente Arbeitslosenhilfe ausgezahlt. Niemand konnte gezwungen werden, eine Tätigkeit anzunehmen, die unterhalb seiner Qualifikation lag. Der Staat griff auch immer wieder tief in die öffentlichen Kassen, um den Strukturwandel von Branchen wie der Kohle- und Stahlindustrie im Ruhrgebiet und Saarland oder im Schiffbau an der Küste sozial abzufedern. Das änderte sich schrittweise, endgültig aber mit der Agenda 2010 der rot-grünen Bundesregierung. Seitdem sind Langzeitarbeitslose gezwungen, fast jeden Lohn zu akzeptieren. Seitdem erhalten Arbeitslose gewöhnlich auch nur noch ein Jahr Arbeitslosengeld, selbst, wenn sie über lange Zeiträume Beiträge in die Sozialversicherung eingezahlt haben. Wer dann weiterhin arbeitslos ist, der kann Hartz IV beantragen, aber erst, wenn er alle seine Ersparnisse bis auf einen kärglichen Betrag aufgelöst hat. Je nach Geburtsjahr darf jemand 9.750 bis 10.500 Euro behalten.

---

96 *Spiegel-Online*, 4.5.2016.

Was passiert, wenn die Wirtschaft künftig mehr Menschen entlässt, als sie einstellt, die Polarisierung der Einkommen weiter zunimmt, die Steuereinnahmen sinken und der Spielraum der Staaten sinkt? Was passiert, wenn ein Millionenheer darum buhlt, einen schlecht bezahlten Job als Dienstleister bei der sinkenden Zahl von Vermögenden oder gut bezahlten Experten zu bekommen, ob als Kinderfrau, Gärtner oder Putzfrau? Dann droht eine Refeudalisierung der Gesellschaft, und mit dem sozialen Frieden wäre es endgültig vorbei. Gleichzeitig wäre der wirtschaftliche Abstieg vorprogrammiert, denn Lohnarbeit und damit auch die privaten Ausgaben für Konsum und Investitionen halten die Wirtschaft am Laufen. Wenn ihre Nachfrage schrumpft, schrumpfen die Märkte, Wachstum bleibt aus, und am Ende braucht man niemanden mehr, der produziert – damit gibt es aber dann auch niemanden mehr, der die Gewinne auf das Kapital erwirtschaften kann. Die zentrale Frage ist, wie die Gesellschaften im 21. Jahrhundert den erwirtschafteten Reichtum verteilen werden. Schon heute wäre genügend vorhanden, damit jeder Mensch auf der Erde ein materiell auskömmliches Leben führen kann: Je Erdenbürger erwirtschaftete die Weltgesellschaft 2014 ein Bruttosozialprodukt von 10.803 Dollar, mehr als doppelt so viel wie 2001.[97]

---

[97] http://de.statista.com/statistik/daten/studie/159806/umfrage/bip-bruttoinlands-produkt-pro-kopf-weltweit/

Kapitel 2: Der Aufstieg der Konzerne

»Verwirklichung der Freiheit bedarf der sozialen Gerechtigkeit. Die Verhältnisse, unter denen der Mensch lebt, dürfen der Freiheit nicht im Wege stehen. Aufgabe der Politik ist es daher, der Not zu wehren, unzumutbare Abhängigkeiten zu beseitigen und die materiellen Bedingungen der Freiheit zu sichern. Die freie Entfaltung der Person wächst auf dem Boden möglichst gerecht verteilter Chancen und Güter. Persönliches Eigentum erweitert den Freiheitsraum des Einzelnen für eine persönliche und eigenverantwortliche Lebensgestaltung.«

Grundsatzprogramm der CDU,
verabschiedet in Ludwigshafen, 1978

Angst bei Amazon

Tief liegende Augen und ein hagerer, zäher Körper – in den Gesichtszügen und dem Habitus von Günter W. spiegelt sich ein hartes Arbeitsleben wider. Er packte auch bei Amazon im Lager an, ohne zu murren. Anfangs habe er in den Vorweihnachtsmonaten sogar jeden Tag gearbeitet, also nach den Schichten von montags bis freitags auch fast jeden Samstag und Sonntag mitangepackt. Sie hätten einen Rekord nach dem anderen aufgestellt, erst 350.000 Pakete, dann die 400.000er-Hürde, »da war man mit dabei«, erzählt der gelernte Dachdecker durchaus stolz. »Bei der Bescherung hast du unter dem Weihnachtsbaum gelegen, der Kleine ist auf dir rumgesprungen, und dann sind dir die Augen zugefallen.«

Unvergessen ist für den Lagerarbeiter der Moment, als Amazon-Gründer Jeff Bezos mit dem Hubschrauber in Bad Hersfeld einschwebte, seine Hände in Farbe tauchte und sich verewigte. *Hands* heißen Beschäftigte bei Amazon, wo es für alles englische Bezeichnungen gibt. Später habe Bezos sich bisweilen von Amerika aus über Lautsprecher in der Halle gemeldet und die Beschäftigten angefeuert. Günter W. war heilfroh gewesen, als er einen Job ergattert hatte im ersten Logistiklager von Amazon in Deutschland, das 1999 in Bad Hersfeld eröffnete, weil die Stadt verkehrsgünstig liegt, ziemlich in der Mitte des Landes, an den beiden Autobahnen A 4 und A 7.

Seine Haltung änderte sich, als sein Arbeitsdruck stieg, sich die Stimmung drehte und erhoffte Lohnerhöhungen ausblieben. Ihm wurde bewusst, dass bei Amazon einzig und allein der Arbeitgeber über die Löhne entscheidet, als Beschäftigte hatten sie dabei ohne Gewerkschaft kein Mitspracherecht. Der Arbeiter, der netto rund 1.500 Euro heimbringt, könnte gut mehr Geld gebrauchen. Über die Runden käme seine dreiköpfige Familie nur, weil seine Frau halbtags in einem Baustoffmarkt putze, erzählt er. Glücklicherweise wohne er vor Ort und brauche nicht täglich von weit her anfahren, wie Kollegen, die aus einem Umkreis von 150 Kilometer kämen. Mancher überlege sich gegen Ende des Monats, ob er sich krankschreiben lassen solle, weil ihm das Geld für das Benzin fehlt, erzählt er.

Günter W. war nicht der Einzige, der sich Gedanken über die Zustände machte. Auf Betriebsversammlungen hätten mehr und mehr Beschäftigte ihrem Unmut Luft gemacht, sagt Christian K., der bei Amazon für die Überprüfung von Fehllieferungen zuständig ist. Beide gehören zu den 20 von ihren Kollegen gewählten Verdi-Vertrauensleuten in FRA1 und FRA3, den beiden Amazon-Lagern, die es mittlerweile im nordhessischen Bad Hersfeld gibt. Christian K. pocht entschieden auf Mitsprachemöglichkeiten der Arbeiter, weil sie es schließlich sind, die die »Leistung erbringen«. Er hat deswegen sogar zu einer Onlinepetition aufgerufen und eine offene Petition an Firmenchef Bezos verfasst: Der Job bei Amazon sei hart. Viele Kollegen fühlten sich als Teil einer Maschine. Die Krankenquote sei hoch, manchmal fehlten mehr als zwanzig Prozent der Belegschaft. Bei Amazon würden alle Arbeitsprozesse nach bestimmten Regeln und an jedem Standort gleich durchgeführt, schreibt er und beklagt, dabei werde keine Rücksicht auf die Unterschiede unter den Menschen genommen. Ein kleinerer Mensch müsse am gleichen Tisch arbeiten wie ein größerer und ein älterer Kollege genauso viel kommissionieren wie ein jüngerer. Er forderte den Amazon-Chef auf, die Mitarbeiterinnen und Mitarbeiter zu respektieren und Verhandlungen mit ihnen auf Augenhöhe zu führen. »Für unsere gute Leistung haben wir das Recht verdient, bei unseren Arbeitsbedingungen mitzubestimmen«, fordert er. Man wolle keine Almosen und stelle auch keine übertriebenen Forderungen.[98]

Streikversammlung in der örtlichen Schilde-Halle. Ein alter Lastenkran an der Decke des Backsteinbaus erinnert daran, dass hier einst Industriearbeiter Maschinen gebaut haben. Jetzt ist es ein Veranstaltungshaus. Rund 500 Amazon-Beschäftigte sitzen an Biertischen, viele tragen gelbe Streikwesten. Verdi-Funktionär Bernhard Schiedrig ermutigt sie, verweist auf die Lohnerhöhung des Onlinehändlers: »Dieser Erfolg ist nicht vom Himmel gefallen, der ist dadurch entstanden, dass ihr aktiv wart.«

Nach aufrüttelnden Kampfreden mit Beifallsstürmen und Trillerpfeifenlärm geht es bei der Streikversammlung darum, wer für einen einwöchigen Streik votiert: Fast alle Hände gehen hoch. Dann sollen sich diejenigen melden, die als Streikposten vor einem der beiden örtlichen Logistikzentren die Kollegen zum Mitmachen beim Streik auffordern wollen. »Bitte gebt mal Handzeichen«, sagt Christian K. Alle Hände

---

[98] www.change.org/p/jeff-bezos-behandeln-sie-die-amazon-mitarbeiter-innen-fair.

bleiben unten. »Leute, das kann es doch nicht sein«, ruft Günter W. Zaghaft heben sich einige Hände. »Eins, zwei, drei, vier, fünf, sechs«, zählt Christian K. mit. »Wir brauchen acht.« Als keine weiteren der rund 500 Streikenden aufzeigen, wird W. sauer: »Das kann doch nicht sein. Leute, wir kämpfen doch alle gemeinsam, da müssen wir doch alle mitziehen.« Angst ist in dem Moment in der Halle spürbar.

Hinter vorgehaltener Hand erzählen einige, warum sie so eingeschüchtert sind, sie berichten über Zeiten ihrer Arbeitslosigkeit, erniedrigende Erfahrungen des Hartz-IV-Bezugs und ihre große Erleichterung, als sie endlich wieder Arbeit fanden, bei Amazon. Klar hätten sie gerne mehr Geld oder Mitbestimmung durch die Gewerkschaft, deswegen sind sie ja auch bei Verdi eingetreten und beteiligen sich bei den Streiks, nichtsdestotrotz wollen sie vor allen Dingen ihren Job behalten.

Theoretisch hätten die weltweit mehr als 230.000 Beschäftigten bei Amazon eine Menge Macht.[99] Wenn sie die Waren nicht in die Regale sortieren, herausholen, verpacken und versenden würden, käme hier schnell alles zum Stillstand. Aber bislang gab es nur an einigen der 29 Standorte in Europa Streiks und die scheinen am Unternehmen abzuperlen. Daran hat auch die breite Berichterstattung in den Medien nichts geändert. Wie will man auch mit einer zu großen Teilen ängstlichen Belegschaft, die verständlicherweise an ihren Jobs hängt, weil sie in strukturschwachen Gegenden lebt und der bei Jobverlust Hartz IV droht, Druck auf einen Arbeitgeber machen, fragt man sich unweigerlich. Bei Streiks hat teilweise jeder Sechste der rund 10.000 Beschäftigten in Deutschland bislang mitgemacht, offensichtlich zu wenig, um das Unternehmen zum Einlenken zu zwingen. Selbst bei den Streiks im Weih-

---

99 Umfasst feste Angestellte und Zeitarbeiter 2014, siehe: www.statista.com/statistics/234488/number-of-amazon-employees/

nachtsgeschäft, also der Hauptsaison, hat es das Unternehmen geschafft, alle Pakete pünktlich vor den Feiertagen zum Kunden zu bringen, was auch daran liegt, dass Arbeit zu Logistikcentern im benachbarten Ausland umgeleitet werden kann und die Manager selbst angepackt haben.

Streikhemmungen haben besonders die befristeten Saisonarbeiter und Leiharbeiter, niemand will sich durch einen Streik die Chance auf eine Festanstellung verbauen. »Die Angst ist berechtigt«, sagt der Gewerkschafter Heiner Reimann, die könne man den Leuten leider nicht nehmen. Zwar dürfe die Teilnahme an einem Streik rechtlich betrachtet keine Nachteile für einen Mitarbeiter haben, aber wer könne das schon kontrollieren? Den Aufbau einer schlagkräftigeren Belegschaft behindert auch die gesellschaftsrechtliche Konstruktion des Konzerns. Weil jedes Logistikzentrum ein eigenständiges Unternehmen ist, können die Beschäftigten keinen Gesamtbetriebsrat für Deutschland gründen, sondern nur einzelne Betriebsräte. Ohne solch ein Gremium tappten die Vertreter der Beschäftigten jedoch oft im Dunkeln, sagt Christian K.: »Wir bekommen keine Einsicht in die Zahlen der Konzernmutter, wir wissen nicht einmal, wie profitabel wir für den Konzern sind als einzelner Standort.« So fehlen den engagierten Arbeitern oftmals Fakten, um Ängste von Kollegen zu entkräften.

Manche Beschäftigte halten die Streiks für falsch und trauen der Gewerkschaft nicht. Mehr als tausend Beschäftigte in Bad Hersfeld und Leipzig hatten sich zwischenzeitlich von Streikaufrufen und Tarifforderungen distanziert, bei Facebook bildeten sich »Pro Amazon« und »Anti-Verdi-Gruppen«. Spricht man Manager darauf an, ob sie solche Aktionen initiieren, verneinen sie. Aber das Unternehmen verbreitet gerne positive Stimmungen, wie auf dem Amazon-Logistikblog das Lied des Rappers Dominic, eigentlich Packwagenfahrer im Lager Pforzheim. »Der schnellste Fortschritt auf der Welt, dank euch konnt' es entstehen. Denn Ihr bringt alles voran, Teamwork ist die Religion, und ich geb euch von der Bühne aus die Motivation«, singt er.[100].

Das Amazon-Auslieferungslager in Leipzig: Von einer Brücke blickt Geschäftsführer Armin Cossmann in die Haupthalle hinunter. Was chaotisch aussehe, sei genau gesteuert, erklärt er, dank der Barcodes, die auf jedem Produkt und jedem Fach angebracht seien. Mitarbeiter sind mit einem Scanner in dem Versandlager unterwegs, um Waren in die Regale, die sich über mehrere Etagen erstrecken, zu bringen oder von dort zu holen. Da kommen einige Kilometer am Tag zusammen. Amazon hat mir den Zutritt zum Lager gestattet, wo ich mich auch allein mit Mitarbeitern unterhalten darf, von denen sich einige hinter vorgehaltener Hand über den Arbeitsdruck und Kontrollen beschweren.

Publik wurde der Fall eines Mitarbeiters, der von einem Vorgesetzten mit sogenannten Inaktivitätskontrollen konfrontiert worden war. Als Inaktivität gelte es bereits, wenn jemand mal eine Minute länger zwischen den Regalen für eine bestimmte Strecke brauche oder kurz mit einem Kollegen rede, sagte Stefan Najda, bei Verdi für den Onlinehandel zuständig. Ihm zufolge sind solche Inaktivitätsprotokolle massenhaft Mitarbeitern an mehreren Amazon-Standorten vorgelegt worden. Das Unternehmen spricht dagegen von einem »absoluten Einzelfall« im Logistiklager in Leipzig.[101] Allerdings gibt es in den USA bereits den von Wissenschaftlern dokumentierten Fall eines nicht namentlich genannten Unternehmens, welches Tätigkeiten und Kundenkontakte aller Vertriebsmitarbeiter »live erfasst und mit Big-Data-Ansätzen kontinuierlich auswertet«.[102]

---

100 www.amazon-logistikblog.de/2014/08/22/dominics-rap-auf-amazon-pforzheim/.
101 *SZ*, 13. März 2015.
102 Andreas Boes und Tobias Kämpf, »Arbeiten im globalen Informationsraum«, aus:

Die Arbeitsbedingungen bei Amazon werfen eine Menge Fragen auf: Was für eine Arbeitsbelastung darf ein verantwortungsvolles Unternehmen seinen Mitarbeitern zumuten? Wo überschreitet eine Firma rechtliche oder moralische Grenzen? Ist es beispielsweise mit der Menschenwürde zu vereinbaren, wenn Mitarbeiter an den Pranger gestellt werden, die einen Diebstahl im Lager begangen haben? Genau das geschieht bereits in den USA bei Amazon. Auf großen Bildschirmen sehen die Arbeiter dann die Silhouetten ehemaliger Kollegen, die wegen Diebstahls entlassen wurden. Die Arbeiter bekommen auf den Bildern genau erklärt, was ihre Kollegen haben mitgehen lassen und wie viel die Ware wert war und wie der Dieb erwischt worden sei. Manchmal erscheine auch der Hinweis »verhaftet«, berichtete das amerikanische Magazin *Bloomberg Businessweek* im Frühling 2016.[103] Was verspricht sich Amazon davon, will ich wissen. Die Frage beantwortet Amazon Deutschland nicht inhaltlich, sondern schreibt: »In Deutschland gibt es das nicht.«

Die Möglichkeiten der Beschäftigten schwinden, sich gegen solches Verhalten des Konzerns zu wehren und gleichzeitig mehr Mitspracherechte zu erreichen. Denn die Firma wird zunehmend unabhängiger von ihren menschlichen *Hands*, dank der Automatisierung. Die treibt Firmenchef Bezos entschieden voran, weswegen er sogar mit Kiva einen Roboterhersteller gekauft hat, damit Amazon bevorzugt elektronische Arbeitskräfte erhält. Mehr als 15.000 dieser flachen Roboter sind bereits in den USA im praktischen Einsatz und mehr als 3.000 sind seit vergangenem Jahr in Lagern in Polen und England im Einsatz.[104] Die Maschinen von der Größe eines anständigen Rasenmähers fahren unter ein Regal, heben es an,

---

Werkheft 01, Digitalisierung der Arbeitswelt, Hrsg. Bundesministerium für Arbeit und Soziales, März 2016, S. 26.

103 *SZ*, 8.3.2016 und Bloomberg Businessweek 7.3.2016.

104 Martin Gropp, »Amazons Roboter rollen in Europa«, *FAZ*, 19.10.2015.

und bringen es zu einem Beschäftigten, der dann nur noch die gewünschte Ware herausgreifen und verpacken muss. So könnten die Jobs all derer überflüssig werden, die heute noch mit einem Rollregal und Scanner durch das Lager laufen und die Waren einsammeln. Die Produktivität bei dem Vorgang steigt um den Faktor drei. Es ist kein Witz: Noch schützt die Amazon-Beschäftigten in Bad Hersfeld der verlegte Bodenbelag, auf dem können die Roboter nicht so gut umherfahren. Aber in einer neuen Halle könnte man natürlich den optimalen Boden ausrollen. Amazon verweist darauf, dass der Einsatz von Robotern in den betreffenden Logistikzentren bislang nicht zu einem Abbau von Stellen geführt hat. Tatsächlich wächst das Unternehmen noch und benötigt entsprechend Arbeitskräfte. Aber es dürfte nur eine Frage der Zeit sein, bis in gehörigem Ausmaße Jobs wegfallen, so, wie es bei der Automatisierung auch in vielen anderen Branchen schon der Fall war. Das ist eine Frage der betriebswirtschaftlichen Kalkulation und technischer Möglichkeiten, die sich rasant weiterentwickeln. Auch die Verpacker können sich ihrer Jobs nicht sicher sein. Noch fehlt Robotern die notwendige Fingerfertigkeit. Noch werden in der Regel vier Fünftel aller Arbeiten im Logistikbereich manuell getätigt, weswegen die Ansiedlung von Logistikzentren als Chance für wirtschaftsschwache Regionen gilt, um Jobs zu schaffen. Aber Ingenieure und Programmierer arbeiten emsig daran, den Maschinen diese Fähigkeit beizubringen. Es ist nur eine Frage der Zeit, bis es so weit sein wird. Irgendwann werden auch in deutschen Logistikzentren von Amazon Roboter arbeiten, ohne zu murren und Mitbestimmung einzufordern.[105] Und sie werden dann auch genauso bei anderen Logistikunternehmen anpacken.

---

[105] Auf Anfrage teilte Amazon am 22. Mai 2016 mit, dass es für Deutschland aktuell »keine konkreten Ankündigungen« für den Einsatz von Amazon Robotic gibt.

Lieferketten, in denen Menschen und Roboter zusammenarbeiten, würden schon bald »Normalität« sein und »eine noch schnellere wirtschaftliche Warenabwicklung ermöglichen«, sagte Clemens Beckmann, Manager bei der Deutschen Post DHL, anlässlich der Hannover Messe 2016. Dass dies mit einem erheblichen Abbau von menschlichen Jobs und einem noch höheren Arbeitsdruck auf die Beschäftigten einhergehen dürfte, erwähnte er bei der Gelegenheit nicht.[106]

Bislang werden Roboter in Fabriken meist in abgegrenzten Bereichen eingesetzt, um die Menschen vor Unfällen zu schützen. Aber mittlerweile sind die Roboter so weit, dass sie Menschen erkennen und aus dem Weg gehen können. Sie werden deswegen aus den »Käfigen« freigelassen, was deren Einsatzmöglichkeiten drastisch erhöht.

Ob Maschinen oder Menschen in einem Logistikzentrum, einer Fabrik oder einem Kaufhaus arbeiten, folgt übrigens ausschließlich betriebswirtschaftlicher Logik. Sobald sich der Einsatz von Robotern rechnet und eine Firma über die notwendigen Investitionsmittel verfügt, wird sie die Roboter oder Algorithmen einsetzen. Wer glaubt, er könne die Maschinenkonkurrenz durch seine Lohnzurückhaltung oder Fügsamkeit aufhalten, der irrt. Beschäftigte können die Entwicklung allenfalls verlangsamen. Dank der technischen Entwicklung verschiebt sich das Kräfteverhältnis weiter zugunsten der Konzerne.

---

106 Pressemitteilung »Roboter verändern die Logisitik«, Deutsche Post DHL, 14.3.2016.

Amazon gehört zu den Internetkonzernen, die am Anfang des 21. Jahrhunderts einen kometenhaften Aufstieg erlebt haben. Andere sind das soziale Netzwerk Facebook oder der Google-Mutterkonzern Alphabet. Aber auch die Geschäfte der klassischen Konzerne aus Finanz, Handel und Industrie laufen glänzend. Die großen grenzüberschreitend tätigen Konzerne sind fraglos die großen Gewinner der Globalisierung, die Ende der 1980er-Jahre einen enormen Schub bekam, ausgelöst durch die Öffnung neuer Märkte nach dem Ende des real existierenden Sozialismus, des globalen Sieges des Kapitalismus, der Liberalisierung der Märkte sowie bahnbrechender technischer Neuerungen wie dem Computer und dem Internet.

Ablesen kann man die goldenen Zeiten für Konzerne an der Wertentwicklung wichtiger Börsenbarometer: So stieg der Deutsche Aktienindex zwischen 1989 und 2015 fast um mehr als das Sechsfache und der amerikanische Dow Jones um mehr als das Siebenfache. Und die Gewinne der Riesen sprudelten kräftig: Laut der Unternehmensberatung McKinsey hat sich der Profit der größten 30.000 Konzerne seit 1989 verfünffacht, nach Abzug von Steuern und Zinsen für Kredite. Ihre Umsätze haben sich im gleichen Zeitraum von 56 auf 130 Billionen Dollar mehr als verdoppelt.[107] Zum Vergleich: Das ist mehr als doppelt so viel Geld, wie die größten sieben Industriestaaten – darunter die USA, Deutschland und Japan jährlich ausgeben. Wenn sich der Umsatz verdoppelt und der Gewinn in der gleichen Zeit jedoch verfünffacht hat, müssen die Kosten der Konzerne drastisch gesunken sein, ganz nach der betriebswirtschaftlichen Gleichung: Umsatz – Kosten = Gewinn.

---

[107] McKinsey Global Institute, *Playing to win: The new global Competition for Corporate profits*, September 2015.

Tatsächlich sind die Kosten dramatisch gesunken, wesentlich durch den technischen Fortschritt. Wer 1930 von London aus in New York drei Minuten telefonierte, zahlte 245 US-Dollar, 1990 waren es noch 30 US-Dollar und 2005 nur noch 30 Cent – ein Preisnachlass von 99,98 Prozent. Und dank der Internettelefonie sind die Preise noch weiter gefallen. Und die Transportkosten sind gesunken, weil die Ingenieure immer größere Schiffe bauten und das System der Container erfanden, die heute auf Schiffen, Bahn oder Lkws transportiert werden können. Für Schiffsfracht zahlen Unternehmen deswegen heute 65 Prozent weniger als vor 70 Jahren, für Luftfracht sogar 88 Prozent. Vom Verkaufspreis eines Fernsehers aus Asien entfallen gerade einmal 1,4 Prozent auf den Transport.[108] Angesichts gravierender Überkapazitäten transportierten manche Reedereien 2015 phasenweise sogar auf der Route Asien und Europa kostenlos Container, um dann wenigstens noch am Landtransport der Boxen zu und von den Häfen zu verdienen.[109]

Es gebe einen tiefen »Trieb zur Beseitigung von Konkurrenz und zur Erwerbung von Monopolstellungen überall und zu allen Zeiten«, warnte der Ökonom Walter Eucken in seinem in den 1950er-Jahren erschienenen Klassiker *Grundsätze der Wirtschaftspolitik*.[110] Am Anfang des 21. Jahrhunderts vollzieht sich die Machtkonzentration bei Konzernen in einem erschreckenden Ausmaß. Denn das Internet begünstigt im globalisierten Markt enorm die Bildung von Monopolen, was die Marktdominanz von Facebook, Google oder Amazon zeigt. Eine Machtballung gibt es aber auch in den klassischen Wirt-

---

[108] bpb: »Transport und Kommunikationskosten«, Artikel vom 3.3.2010, abgerufen am 13.5.2016.

[109] *Welt* regional, 24.2.2016.

[110] Walter Eucken, *Grundsätze der Wirtschaftspolitik*, 6. Auflage, Tübingen 1990, S. 31.

schaftsbereichen Handel, Finanzen und Industrie. Zum Beispiel wickeln die drei Bergbaufirmen Vale, Rio Tinto und BHP Biliton 57 Prozent des weltweiten Eisenerzhandels ab und Chiquita mit Dole Foods die Hälfte des weltweiten Bananenhandels, am Geschäft mit patentrechtlich geschütztem Saatgut haben Monsanto, DuPont und Syngenta einen Marktanteil von 53 Prozent.[111] Der Wettbewerb hat ab-, die Marktmacht der großen Konzerne zugenommen.

Heute kontrollieren international tätige Konzerne zwei Drittel des Welthandels und stellen mittlerweile – gemessen an der Wirtschaftsleistung – viele Staaten in den Schatten. Von den weltweit 100 größten wirtschaftlichen Einheiten sind 63 Staaten und bereits 37 Konzerne.[112] Das Verhältnis verschiebt sich weiter zugunsten der Konzerne, vor allem weil durch Fusionen immer größere Konzerne entstehen. Noch nie gab es so viele Elefantenhochzeiten wie 2015, wie die Fusion eh schon großer Konzerne gern genannt wird. So schluckte der Brauerei-Riese Anheuser-Busch den Konkurrenten SAB-Miller für 117,4 Milliarden Euro – er verkauft jetzt weltweit jedes fünfte Bier. Und die beiden US-Konzerne Dow Chemical und DuPont fusionierten zum weltgrößten Chemiekonzern. Insgesamt übernahmen Unternehmen in dem Jahr in zehn Fällen Konkurrenten mit einem Umsatz von mehr als 50 Milliarden Euro und in 69 Fällen von mehr als 10 Milliarden Euro.[113]

Die Politik bietet dem Treiben keinen Einhalt, weder national noch international. Paradigmatisch war die Genehmigung von Wirtschaftsminister Sigmar Gabriel (SPD) im Frühjahr 2016 für die Übernahme der Supermärkte von Kaisers Tengelmann durch den Marktführer Edeka, gegen den Widerstand

---

[111] www.weltagrarbericht.de/themen-des-weltagrarberichts/saatgut-und-patente-auf-leben.html.

[112] www.tni.org/files/download/state_of_power-6feb14.pdf.

[113] *Handelsblatt Online*, 29.12.2015.

von Bundeskartellamt und Monopolkommission. Denn schon vorher teilten sich in Deutschland vier Supermarktketten und Discounter (Edeka, Rewe, Aldi und die Schwarz-Gruppe mit Lidl und Kaufland) rund 85 Prozent des Marktes. Und Edeka war mit Abstand der größte Einzelhändler. Das Bundeskartellamt bezeichnete den Zustand als »besorgniserregend«.[114] Die Macht der Einzelhändler schadet vielen: den Kunden, weil wenige Unternehmen das Angebot diktieren, den Zulieferern und Landwirten, die von dem Einzelhandel unter Druck gesetzt werden. Wer sich die Machtverhältnisse auf diesem und vielen anderen Märkten vorstellen will, der sollte an ein Champagnerglas denken. Den Fuß bilden viele Produzenten, den schlanken Hals symbolisieren wenige Konzerne und den Kelch viele Verbraucher. Die Konzerne sind die Herren des Halses.

Warum lassen die Staaten die Konzerne gewähren? Das hat wesentlich etwas mit einer veränderten Bewertung von Konzernmacht durch Regierungen zu tun. Beeinflusst von der neoliberalen Logik haben viele umgedacht, wenn es um die Bewertung des Nutzens von Unternehmen für den Wohlstand einer Gesellschaft geht. Der britische Politikwissenschaftler Colin Crouch beschreibt diese Wende treffend in seinem Buch *Das befremdliche Überleben des Neoliberalismus*: Der Wettbewerb wurde nicht mehr als ein Prozess betrachtet, der eine Vielfalt konkurrierender Anbieter, nahezu perfekte Märkte und reichhaltige Wahlfreiheit für die Konsumenten garantieren sollte. Stattdessen sollten »Gesetzgeber und Ökonomen den Markt ergebnisorientiert betrachten«. An die Stelle der liberalen Idee der Wahlfreiheit der Konsumenten, die durch eine Vielzahl von konkurrierenden Anbietern gewährleistet werden sollte, sei also die »paternalistische Sorge« um deren gesamten Wohlstand getreten. Demzufolge profitierten

[114] *FAZ*, 24.9.2014

Verbraucher vor allem von sinkenden Preisen, »die natürlich eher von Großkonzernen als von kleinen und mittleren Unternehmen gewährleistet werden können«.[115] Der Nutzen für die Verbraucher ist zweifelhaft. Schließlich ist der Preis von Produkten nur eine Sache, das Angebot oder die Qualität von Produkten aber eine andere.

Es gibt heute etwa 82.000 grenzüberschreitend tätige Konzerne mit mehr als 800.000 Tochterunternehmen, die Millionen Zulieferer beauftragen, von denen wiederum viele Arbeiten in den informellen Sektor abgeben.[116] Wahrhaft mächtig ist jedoch nur eine überschaubare Zahl von Unternehmen, was Forscher der renommierten Eidgenössischen Technischen Hochschule Zürich herausgefunden haben.[117] Aus einer Datenbank mit 30 Millionen Wirtschaftsakteuren identifizierten sie eine »Supereinheit« von 147 Unternehmen, die fast 40 Prozent aller weltweiten Unternehmenswerte kontrollieren, den Kern der »Machtwirtschaft«, wie der grüne Finanzpolitiker Gerhard Schick schreibt. Und diese 147 Unternehmen stehen nicht einmal in Konkurrenz zueinander, sondern sind selbst wiederum miteinander verflochten[118]. Unter den 50 am meisten verknüpften Firmen sind 48 Banken, Hedgefonds oder andere Finanzkonzerne. Hier manifestiert sich die Macht der Finanzmärkte.

Roger Altman, ein ehemaliger Mitarbeiter im britischen Schatzamt, warnte bereits 2011 in der *Financial Times*, dass die Finanzmärkte eine »globale Superregierung« seien, welche die

---

[115] Colin Crouch, *Das befremdliche Überleben des Neoliberalismus*, Berlin, 2011, S. 38 f.

[116] Melanie Coni-Zimmer – Annegret Flohr: *Transnationale Unternehmen: Problemverursacher und Lösungspartner?* ApuZ, 30.12.2013.

[117] Stefania Vitali, James B. Glattfelder and Stefano Battiston, *The network of global corporate control*, 28.7.2011: abrufbar unter: http://arxiv.org/PS_cache/arxiv/pdf/1107/1107.5728v1.pdf.

[118] Gerhard Schick, *Machtwirtschaft – nein danke*, Frankfurt 2014, S. 52 f.

Macht hätten, fest verwurzelte Regime zu verdrängen.[119] Zwei Jahre später bemerkte er, dass nicht Angela Merkel oder andere politische Führer Italiens, Spaniens und Griechenlands Austerität vorangetrieben hätten, sondern die privaten Geldgeber. Die Märkte seien im 21. Jahrhundert machtvoller als jede Regierung, schrieb Altmann.[120] Die Finanzmärkte werden häufig als anonym dargestellt. Aber die Hedgefonds, Banken, Fonds gehören jemandem, genauso wie alle anderen Unternehmen. Am häufigsten sind es Privatpersonen, bisweilen aber auch die Allgemeinheit, das gilt auch für große Konzerne. 1.796 der 2.000 größten Konzerne gehören Privatpersonen, die restlichen 204 sind in Staatsbesitz. In China sind von den börsennotierten Firmen sogar 80 Prozent in Staatsbesitz, in Russland 60 Prozent und in Brasilien knapp 35 Prozent.[121] In Staatshand sind unter anderem die zehn größten Firmen im Öl- und Gassektor, die drei Viertel der Weltölreserven halten. Der Anteil von Staatskonzernen unter den 500 umsatzstärksten börsennotierten Unternehmen ist von 9 Prozent im Jahr 2005 auf 23 Prozent 2014 gestiegen.[122]

Wer Menschen ausbeutet, übt in irgendeiner Form Zwang aus. In vorkapitalistischen Gesellschaften erfolgte dieser Zwang meistens direkt und unter Anwendung oder Androhung von Gewalt, wie bei den Sklaven oder Leibeigenen. In der Frühzeit des Kapitalismus beuteten die meisten Unternehmer ihre Beschäftigten hemmungslos aus. Oft stellten sie in den Fabriken und Bergwerken mit den Frauen und Kindern diejenigen ein, die sich am wenigsten wehren konnten. Mit Blick auf diese Epo-

---

119 www.ft.com/intl/cms/s/0/890161ac-1b69-11e1-85f8-00144feabdc0.html.
120 www.ft.com/intl/cms/s/0/36e9369a-b7d7-11e2-9f1a-00144feabdc0.html.
121 www.tni.org/files/download/state_of_power-6feb14.pdf, S. 46.
122 State-owned enterprises: *Catalysts for public value creation?*, Studie PriceWaterhouseCoopers, 2015.

che schreibt der Ökonom Walter Eucken (in dem ihm eigenen Understatement): »Nachfragemonopole auf Arbeitsmärkten haben wesentlich zur Entstehung der sozialen Frage beigetragen.« Heute stimmen Menschen miserablen Arbeitsbedingungen und Hungerlöhnen häufig vertraglich zu. Die Ausbeutung wird damit juristisch verleugnet. Überhaupt sei im Kapitalismus die Ausbeutung »über eine Reihe von Verschleierungsmaßnahmen vermittelt«, schreiben die Soziologen Luc Boltanski und Ève Chiapello in *Der neue Geist des Kapitalismus*. Die Ausbeutung sei »systemischer Natur«. Wer beispielsweise als Einkäufer für einen Konzern in Asien Mode, Spielzeug oder Haushaltswaren beschaffe, sei selten mit der Person identisch, die am meisten von seiner Handlung profitiere, also dem Besitzer.

Die Missstände an den Anfängen der Beschaffungsketten sind offensichtlich. Man kennt die Bilder von den Menschen, die in den Minen des Kongo nach seltenen Erden für Smartphones suchen. Wir kennen die Berichte von Näherinnen aus asiatischen Sweatshops oder verzweifelten Kleinbauern. Trotzdem bedarf es oft einer detektivischen Arbeit, bis jemand für diese Ausbeutung verantwortlich gemacht werden kann. Denn dafür müssen die Zwischenglieder aufgedeckt werden. Oft bemühen sich Beteiligte, die Zusammenhänge zu verschleiern.

Wie das praktisch geschieht, davon haben mir Usman, Amuser und Muhammad erzählt, die zeit ihres Lebens für Textilfabriken in Karatschi gearbeitet haben, zuletzt für FKN Textile, einem Lieferanten von Rashed Textile. Sie können nicht sagen, für welche Marken sie unter erbärmlichen Bedingungen genäht haben. Denn die fertigen Kleidungsstücke seien zuletzt in einen abgetrennten Bereich auf dem Fabrikgelände transportiert worden, zu dem nur wenige Vertraute des Eigentümers Zugang gehabt hätten. Diese hätten dann die Labels der Auftraggeber eingenäht, bevor die Waren weggebracht worden seien.

Das Gesetz des Dschungels

»Wissen Sie, ich bin ein kleiner Vogel im Dschungel. Ob ich lebe oder sterbe, interessiert niemanden«, beschreibt der indische Fabrikant Anil Tibrewal seine Stellung als Rädchen im globalen Textilgeschäft. Der Unternehmer, salopp gekleidet mit hellbrauner Baumwollhose, schwarzem Polohemd und Mokassins, hat sich im Dschungel der Globalisierung behauptet. Er hatte 1988 sein Geschäft mit einem 2.000-Dollar-Kredit gegründet und baute später eine eigene Fabrik. Sie liegt in Gurgaon, einer Satellitenstadt, dreißig Kilometer südlich der Hauptstadt Delhi.

Im Eingangsflur der Fabrik hängen Titelseiten von Zeitungen mit Weltereignissen: die Wahl Barack Obamas zum ersten schwarzen Präsidenten der USA, der Fall der Berliner Mauer. Auf vier Etagen arbeiten in dem Gebäude 1.000 der 60 Millionen Menschen, die irgendwo auf der Welt in der Textilwirtschaft tätig sind. Manchmal schaffen sie es auch auf die Titelseiten der Zeitungen, wegen trauriger Anlässe, wie am 23. April 2013. An dem Tag fiel in Bangladesch der neunstöckige Gebäudekomplex Rana Plaza in sich zusammen. Mehr als 1.100 Menschen starben. Am Pranger standen zu Recht die unverantwortlichen Besitzer, die ihre Beschäftigten auch dann noch in die Fabrik getrieben hatten, als Risse im Mauerwerk bereits ein Unglück ankündigten. Die Unternehmer rechtfertigten ihr Verhalten mit dem Termindruck ihrer Auftraggeber. Tatsächlich stehen wenigen Handels- und Modekonzernen unzählige Textilfabriken zur Auswahl.

Je größer die Marktmacht eines Konzerns ist, umso stärker kann er den Lieferanten die Preise und Lieferbedingungen diktieren. Walmart, der größte Einzelhändler der Welt, hat laut Branchenkennern mehr als 60.000 Zulieferer, da sind die meisten austauschbar, gleichzeitig aber bereit, aufgrund der großen Absatzmöglichkeiten alle Bedingungen zu akzeptieren. Walmart bezahlt einen Lieferanten gewöhnlich erst, wenn das Produkt an der Kasse verkauft wird, und fordert, gegebenenfalls auch sonntags beliefert zu werden oder die Vertriebszentren geografisch nahe an Walmarts anzusiedeln. 98 Prozent der Ware müsse nach Bestellung innerhalb von neun Tagen im Regal liegen, Lebensmittel nach maximal 72 Stunden. Wenn ein Hersteller sich den Regeln Walmarts nicht unterwerfe, scheide er als Zulieferer schnell aus, schreibt der Wissenschaftler Heiner Könen. Gleiches gelte für die Zulieferer, die bei den Bewertungen zu schlecht abschneiden.[123] Manche Lieferanten verschaffen sich Luft, indem sie eigenen Druck an Sublieferanten weitergeben. Aber am Ende der Kette stehen irgendwo die Betriebe und deren Beschäftigte, die den Druck aushalten müssen. Wie die Kinder, die in Bangladesch unter unsäglichen Bedingungen Leder gerben und tagtäglich mit giftigem Chrom hantieren. Oder die Mädchen, die im südindischen Bundesstaat Tamil Nadu in den Spinnereien arbeiten. Das traurige Schicksal von 86 Mädchen richtet den Blick auf die unsäglichen Arbeitsbedingungen in dortigen Textilbetrieben. Ihre Leichen seien allesamt in Unterkünften von Spinnereien gefunden worden, sagt Mary Viyakula von der Nichtregierungsorganisation (NGO) Save bei einem Gespräch im Mai 2016 in Berlin. Sechs hätten angeblich Selbstmord begangen, nachdem sie vergewaltigt worden seien. Gründe für den Tod der anderen hätten die Behörden nicht genannt. Für die Aktivisten war es schon schwierig genug, überhaupt von diesen Todesfällen zu erfahren und Licht in die Arbeitsbedingungen zu bringen. 14- bis 18-jährige Mädchen würden gewöhnlich für drei Jahre angeworben und erhielten einen Lohn weit unter dem gesetzlichen Mindestlohn für

[123] Heiner Könen, *Das System Walmart*, Hans-Böckler-Stiftung, Arbeitspapier 20, Düsseldorf 2000, S. 18.

Lehrlinge. Sie schufteten »zwölf Stunden am Tag, sieben Tage die Woche«, sagte die Wissenschaftlerin Anibel Ferus-Comelo, die gerade eine Studie zu dem Thema verfasst hat.[124] Solche moderne Sklaverei ist in den südindischen Spinnereien weit verbreitet, die in der global vernetzten Textilindustrie eine wichtige Rolle spielen. Indien hat die zweitgrößte Spinnereiindustrie, 60 Prozent der dortigen Betriebe liegen in Tamil Nadu. Dort arbeiten schätzungsweise 400.000 Beschäftigte, etwa ein Drittel junge Mädchen, die von dem »Camp-Labour-System« betroffen sind, sich also nur in den Fabriken und den oft illegal errichteten Unterkünften aufhalten dürfen, und denen häufig selbst der Kontakt zu ihren Familien verboten wird.

Mit dem »Moral and Health Act« wollte die englische Regierung ausbeuterische Zustände in den Baumwoll- und Schafwollfabriken bereits 1802 beseitigen. Inspektoren durften nun jede Fabrik aufsuchen. 150 Jahre später, Mitte des 20. Jahrhunderts, waren die Arbeiter auch in der Textilindustrie in den früh industrialisierten Ländern wie England oder Deutschland bessergestellt, dank gesetzlicher und tariflicher Errungenschaften wie der Fünftagewoche oder Urlaubs- und Krankengeld. Jetzt wanderte die Textilherstellung in Regionen ab, wo die Unternehmen solche Errungenschaften nicht bezahlen mussten. Zunächst durften die Entwicklungsländer nur in begrenztem Umfang Kleidung in die Industrieländer exportieren. Es galten Quoten, welche Industrieländer festgelegt hatten, um die eigene Textilindustrie gegen die aufkommende Billigkonkurrenz zu schützen. Laut dem Multifaserabkommen von 1974 wurden jährlich Quoten vereinbart für den Export von Textilien und Bekleidung aus Entwicklungsländern in Industrieländer. Als das

---

[124] Anibel Ferus-Comelo: *Die moderne Form der Sklaverei in indischen Spinnereien*, Studie im Auftrag von CIVIDEP-India und Femnet, 2016.

Abkommen 2004 auslief, war kein Halten mehr. Jetzt verlagerten viele Firmen ihre Textilherstellung komplett in die Billiglohnländer. Für die Menschen im Süden war das eigentlich ein Segen. Denn dort wurden dringend neue Arbeitsplätze für die wachsende Bevölkerung benötigt, zumal viele Menschen auf dem Land ihre Existenzgrundlage verloren und in die Städte drängten – bis heute. Die wahren Gewinner sind jedoch nicht die Entwicklungsländer oder Beschäftigten, sondern die Unternehmen. »Es geht nicht um Länder, sondern um Unternehmen, die von der Liberalisierung insofern profitieren, als sie für ihre Investitionsentscheidungen nicht mehr das Quotensystem berücksichtigen müssen, und die aufgrund der gewachsenen Konkurrenz von fallenden Stückpreisen profitieren können«, schreiben die beiden Textilexpertinnen Sabine Ferenschild und Julia Schneidewind.[125]

Auftraggeber tauschen heute regelmäßig Lieferanten aus, sie ziehen in andere Länder weiter und wechseln den Kontinent, wenn es sich rechnet. Einzelne Centbeträge je Kleidungsstück machen den entscheidenden Unterschied aus. Man spricht von einer Karawane in der Textilindustrie: Sie wanderte in den 1980er-Jahren nach Mittel- und Südamerika und in den 1990er-Jahren vor allem nach China, in den 2000er-Jahren gab es immer mehr Order für Bangladesch, später dann für Vietnam und Kambodscha, und jüngst stieg Myanmar auf. Neuerdings mischt im Standortmonopoly Afrika zaghaft mit, vor allem Äthiopien. Ein Teil der Karawane ist bereits wieder in die USA oder nach Europa zurückgekehrt, nicht aus Nostalgie, sondern weil es sich rechnet. Vor allem in Osteuropa sind die Löhne gering. Sie betragen in Rumänien, Bulgarien

---

[125] Sabine Ferenschild, Julia Schneidewind: *Folgen des Freihandels. Das Ende des Welttextilabkommens und die Auswirkungen auf die Beschäftigten.* Eine Studie der Otto Brenner Stiftung, Frankfurt am Main 2016, S. 5.

und der Slowakei nur etwa ein Fünftel des von der »Kampagne für Saubere Kleidung« als notwendig erachteten Existenzlohns, was sogar eine schlechtere Relation ist als in manchem asiatischen Land, insbesondere China.[126]

Die Letzten beißen die Hunde, und das sind in der Textilindustrie neben Fabrikarbeitern in den Spinnereien, Webereien und Nähereien vor allem die Bauern, die die Baumwolle anbauen, den wichtigsten Rohstoff für unsere Bekleidung. Symptomatisch ist die Situation in Indien, einem der großen Anbaugebiete. Jede Stunde bringen sich dort zwei Bauern aus Verzweiflung um, seit 1995 gab es mehr als 300.000 Selbstmorde.[127] Die Bauern sehen oft keinen anderen Ausweg aus ihrer wirtschaftlichen Misere. Oft sind sie hoch verschuldet, weil die Kosten für das von Konzernen hergestellte Saatgut und die Pestizide höher waren als die Ernteerlöse. Sie werden Opfer einer fatalen Allianz geiziger Verbraucher und maßloser Unternehmen, die über ihre Lebensbedingungen entscheiden, weil sie die Preise auf der Angebotsseite (Saatgut und Pestizide) und Nachfrageseite bestimmen. Weil die meisten Kunden nach billiger Kleidung greifen, halten die Einzelhändler ihre Preise unter psychologisch wichtigen Preisgrenzen, wie 4,99 Euro für ein T-Shirt. Damit trotzdem die von den eigenen Besitzern erwarteten Gewinnspannen erhalten bleiben, sparen sie bei der Beschaffung, kaufen billigere Rohstoffe ein. Die Entscheidungen der Manager der Einzelhandelskonzerne schlagen durch, sichtbar in einem Dorf bei der südindischen Stadt Jolarpettai im Frühling 2012.

Für die Kleinbauern und Familien ist es hier unmöglich, von den Erlösen ihrer Baumwolle zu leben, obwohl sie eine gute Qualität hat und mühsam biologisch angebaut wird. Die

---

126 Report. Im Stich gelassen: *Die Armutslöhne der Arbeiterinnen in Kleiderfabriken in Osteuropa und der Türkei*, Clean Cloth Campaign 2014.

127 www.theguardian.com/world/2016/jan/14/india-thousands-of-farmer-suicides-prompt-1bn-crop-insurance-scheme.

Feldarbeit erledigen in diesen Tagen fast nur die Frauen des Dorfes. Die Männer verdingen sich fast alle in den Städten als Bauarbeiter. Die Frauen stehen um vier Uhr morgens auf, kochen, gehen aufs Feld. Und wenn sie abends die Kinder ins Bett gebracht haben, dann rollen sie fast alle für eine lokale Fabrik noch Zigaretten, etwa tausend Stück. Das sind noch einmal drei bis vier Stunden Extraarbeit. Die Bäuerinnen sind an diesem Tag sauer und verzweifelt, weil sie ihre Baumwolle nicht loswerden. Es hat ihnen sogar nichts genutzt, dass sie dem System des fairen Handels beigetreten sind, was für sie wiederum eine Menge Arbeit und Kosten für die Zertifizierung bedeutete. Aber die Nachfrage nach fairer Baumwolle ist deutlich geringer als das Angebot. Und das wird sich auch nicht ändern, solange die Allianz aus Geiz und Gier hält.

Die Wirtschaft braucht Rohstoffe für die Produktion und die Förderung von Öl, Kohle oder Eisenerz, was mit Gefahren für Mensch und Umwelt verbunden sein kann, selbst wenn sich ein Unternehmen tatsächlich verantwortlich verhält. Unsinnig ist es jedoch, wenn gigantische Projekte die ökonomische und natürliche Grundlage vieler Menschen beeinträchtigen und gleichzeitig selbst riesige Verluste produzieren, so wie bei dem Bau des Stahlwerks von Thyssen-Krupp in Brasilien. Erstmals seit dem Zweiten Weltkrieg entschied sich der Konzern, ein ganz neues Hüttenwerk auf der grünen Wiese zu bauen, mit Hochöfen, Kokerei und Tiefseehafen. Als Standort wählte das Management Brasilien, denn dort gibt es Eisenerz, Kohle, billige Arbeitskräfte und der Absatzmarkt USA ist nicht weit, wo der Konzern den Rohstahl weiterverarbeiten und an Automobilkonzerne verkaufen wollte. Ein neun Quadratkilometer großes Gelände in der Bucht von Sepetiba, rund achtzig Kilometer westlich von Rio de Janeiro, wurde dem Unternehmen kostenlos vom brasilianischen Staat zur Verfügung gestellt.

Gesetzlicher Mindestlohn als Prozentzahl eines Existenzlohns

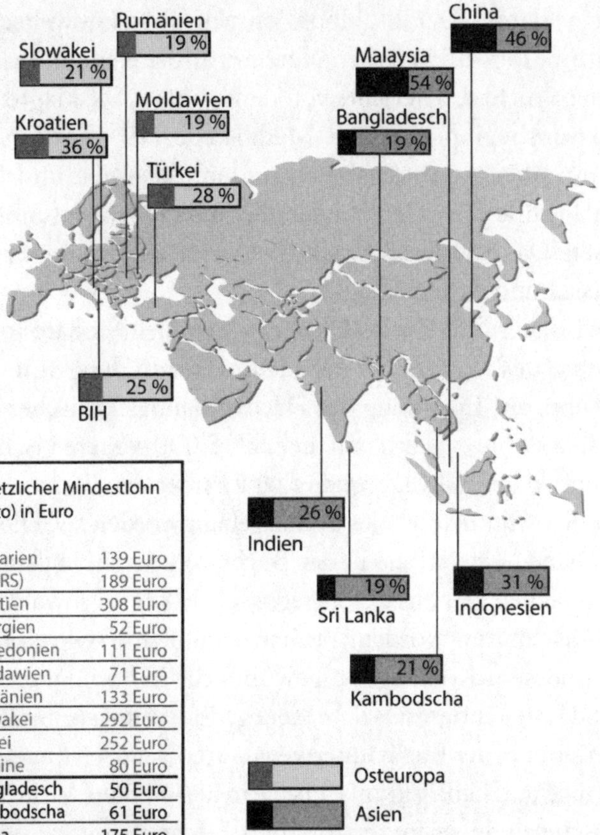

Gesetzlicher Mindestlohn (netto) in Euro	
Bulgarien	139 Euro
BiH (RS)	189 Euro
Kroatien	308 Euro
Georgien	52 Euro
Mazedonien	111 Euro
Moldawien	71 Euro
Rumänien	133 Euro
Slowakei	292 Euro
Türkei	252 Euro
Ukraine	80 Euro
Bangladesch	50 Euro
Kambodscha	61 Euro
China	175 Euro
Indien	52 Euro
Indonesien	82 Euro
Malaysia	196 Euro
Sri Lanka	50 Euro

Quelle: Erklärung von Bern, Clean Clothes Campaign Schweiz; Ostwind-Institut, Entwicklungspolitisches Netzwerk Sachsen ENS, Clean Clothes Campaign Deutschland

Wer Thyssen-Krupp-Chef Ekkehard Schulz bei der Eröffnung 2010 zuhörte, hätte meinen können, alles habe wunderbar geklappt. Der Stahlboss sprach über Umweltschutz, Wachstum, Jobs und großen Nutzen für die Region. Ins Bild passten da nicht die Berichte von Anwohnern. Sie klagten seit Produktionsbeginn erst über Metallstaub, der vom Himmel fiel, dann über Atemwegsbeschwerden, Allergien und Hautausschläge und die vielen Kinder, die nun täglich Nasenbluten bekamen. Das Stahlwerk brachte verpestete Luft und vergiftetes Wasser und Arbeitslosigkeit.

Der Fischer Luis Carlos Oliveira war einige Monate vor der Eröffnung des Werkes bei der Hauptversammlung von Thyssen-Krupp, auf Einladung des Dachverbandes kritischer Aktionäre. Thyssen treibe ihn und mehr als 8.000 weitere Fischer in den Ruin, klagte Oliveira und erzählte über den Tiefseehafen, der für den Abtransport des Stahls gebaut worden sei. Die Baufirmen haben eine Rinne in der Bucht von Sepetiba gerammt und dann einen Pier aus Beton gegossen. Mangrovenwälder seien durchschnitten worden. Früher, erzählt mir Oliveira, hätten er und sein Kompagnon gewöhnlich 700 Kilogramm Fische und Krustentiere aus dem Netz geholt, wenn sie mit ihrem kleinen Boot in der Bucht unterwegs waren. Jetzt verfingen sich nur wenige und häufig kranke Fische in den Netzen. Viele Laich- und Fischgründe seien zerstört und Fische vergiftet worden, weil Kadmium, Zink und Blei beim Ausbaggern des Hafens für Erz, Kohle und Stahl aufgewirbelt worden sei. Schon lange lagerten die Schwermetalle auf dem Grund der Bucht, Hinterlassenschaft einer früheren Firma. Viele Fischer müssten sich nun mit Gelegenheitsjobs durchschlagen, sagte der Fischer.

Kampf hat sein Leben geprägt, erst gegen eine schwere Krankheit, dann – seit seinem 19. Lebensjahr – als Sprecher diverser Vereinigungen, die sich für die Rechte von Fischern einsetzen. Bereits sein Urgroßvater hatte in der Bucht nahe der Hauptstadt Rio de Janeiro gefischt. Er selbst lernte den Beruf von seinem Großvater, da war er neun Jahre alt. Wenig später erkrankte er an Kinderlähmung, seitdem sitzt er im Rollstuhl. Trotzdem robbte er sich stets morgens in sein Boot und fuhr um fünf Uhr früh hinaus. Mit den Erträgen konnte er seine Frau und zwei Kinder gut ernähren. Er sei der erste registrierte körperbehinderte Fischer in Brasilien gewesen, sagt er stolz.

Er lebte und fischte an verschiedenen Orten – im Jahr 2000 kehrte er an seinen Geburtsort zurück. Schon wenig später sprach er mit Fischern darüber, sich zusammenzuschließen. 2005 wurde der Verein registriert, kurz darauf hörten sie von den Plänen für das Stahlwerk. Zu dritt gingen sie zum Haupteingang der Baustelle und baten um ein Informationsgespräch. Es dauerte mehr als ein Jahr, bis sie einen Termin mit den Verantwortlichen bekamen. Da hatte sich die Wasserqualität durch die Baggerarbeiten schon erheblich verschlechtert. Statt über ihre Probleme zu reden, hätten die Manager den neunzig Fischern einen Film über das Stahlwerk und »wie schön alles werden würde« gezeigt – sie hätten die Veranstaltung enttäuscht abgebrochen, sagt Oliveira. Der Bau hat nicht nur gravierende Auswirkungen auf Mensch und Natur gehabt, sondern war auch ein betriebswirtschaftliches Fiasko.

Ursprünglich wollte der Konzern 1,5 Milliarden Euro investieren. Einschließlich Nachbesserungen beliefen sich die Kosten laut Handelsblatt auf mehr als acht Milliarden Euro.[128] Eigentlich wollte der Dax-Konzern besonders günstig bauen und vergab den Auftrag für die Kokerei deswegen an eine chinesische Firma. Das ganze Werk produzierte wenig Stahl, dafür

---

[128] *Handelsblatt Business Briefing Nachhaltiges Investment*, 8.8.2014, Auf Anfrage teilte das Unternehmen am 23.5.2016 mit, dass die Investitionskosten für das Werk 6,2 Milliarden Euro betragen hätten. Hinzu kämen Anlaufkosten, die jedoch nicht beziffert wurden.

aber viel CO_2, Staub und Ascheregen. Die Liste der Vorwürfe war ziemlich lang, die Anwohner, Behörden und Umweltschützer gegen die Bauherren erhoben: Verseuchung der Bucht, Bau in einem Naturschutzgebiet, illegale Rodung von Mangrovenwäldern sowie Umgehung von behördlich angeordneten Baustopps. Stets wies der Konzern die Kritik zurück. Dabei verhängten die Behörden sogar mehrere Millionenstrafen, und die Stadtverwaltung verfügte wegen fehlender Unterlagen zwischendurch sogar die Schließung des Werks. Im Mai 2016 hatte das Werk immer noch keine endgültige Betriebserlaubnis.[129]

Oliveira musste wegen seines Protests gegen den Bau um sein Leben fürchten. Zunächst erhielt er anonyme Anrufe, dann kamen vermummte und bewaffnete Männer vor sein Haus. Vor allem an den 6. Februar 2009 erinnert er sich genau. Er hatte sich mit Gleichgesinnten getroffen, da hielt ein Wagen neben ihm, die getönten Scheiben senkten sich, jemand zeigte ihm eine Waffe. In dieser von mafiösen Milizen beherrschten Gegend ist dies ein unmissverständliches Zeichen: »Du wirst sterben.« Noch am gleichen Tag tauchte Oliveira unter. Später schützte ihn die brasilianische Bundespolizei, seine Aufenthaltsorte wurden geheim gehalten. Thyssen-Krupp hat stets den Vorwurf zurückgewiesen, mit Milizionären zusammenzuarbeiten oder Verbindungen zu solchen zu haben. Dafür gibt es auch keine Belege.[130]

Oliveira lebt bis heute getrennt von seiner Familie, die aus Sicherheitsgründen auch umgezogen ist. Er hat nur noch indirekt Kontakt zu den Fischern seines Heimatdorfes. Als ich ihn traf, hatte er sich sehnlich gewünscht, dass er eines Tages an ei-

---

129 Laut Auskunft des Unternehmens vom 20.5.2016 hat ThyssenKrupp alle Anforderungen erfüllt und wartet die Prüfung der Behörden ab.

130 www.handelsblatt.com/unternehmen/industrie/brasilianische-tochter-tkcsa-thyssen-krupp-im-visier-der-justiz-seite-2/3671034-2.html/ abgerufen am 13.5.2016.

nem anderen Ort wieder als Fischer arbeiten kann. Stattdessen verkauft er heute an einem Strand Softdrinks.

Thyssen-Krupp geriet – auch wegen des Fiaskos rund um das brasilianische Stahlwerk – in eine schwere Krise. Das neue Management wollte das Werk 2013 verkaufen, fand aber keinen Käufer und begann mit einem Sparprogramm, Auslagerungen von Beschäftigten und Stellenabbau, auch daheim in Deutschland.

Moralhindernis Markt

Wie würden Sie handeln, wenn Sie an den Schalthebeln der Macht bei einem Modekonzern sitzen würden, der global aktiv ist? Würden Sie dafür Sorge tragen, dass alle Baumwollbauern in Afrika und Textilarbeiterinnen in den Spinnereien, Gerbereien, Webereien Asien einen existenzsichernden Lohn erhalten? Oder würden Sie die Arbeitskosten drücken, um ihren Gewinn zu erhöhen? Die Wahrscheinlichkeit ist groß, dass Sie die Löhne drücken würden, selbst wenn dies gegen ihre moralischen Überzeugungen verstößt. Denn der Markt mit seinen anonymen Beziehungen fördert unmoralisches Handeln der Beteiligten. Das zeigen Ergebnisse eines Experiments, das der Ökonom Armin Falk mit seiner Kollegin Nora Szech unter mehr als tausend Studenten in Bonn durchgeführt hat. Die Probanden hatten die Wahl: Sie konnten eine Maus töten und dafür zehn Euro kassieren oder ein Mausleben retten, indem sie auf das angebotene Geld verzichten.[131] Fast jeder zweite Proband nahm die zehn Euro und entschied sich damit für den Tod der Maus.

---

[131] Anmerkung: Für das Experiment wurden nur Mäuse verwendet, die von Laboren zur Tötung vorgesehen waren. Wer sich für das Leben einer Maus entschied, rettete in dem Experiment also tatsächlich ein Mausleben.

Bei einem zweiten Versuch mussten Teilnehmer gemeinsam auf einem Markt über das Schicksal einer Maus entscheiden. Sie konnten einen Preis für den Tod der Maus aushandeln – mussten es aber nicht. Jetzt – gemeinsam – entschieden sich siebzig Prozent der Beteiligten für das Geld, also deutlich mehr, als wenn sie allein die Entscheidung trafen. Ein klarer Beleg dafür, dass Menschen auf Märkten unmoralischer handeln. »Wir handeln gegen unsere eigenen Maßstäbe«, sagte Falk. Daher stelle sich die Frage, wo Märkte angemessen sind und wo nicht. »Und wenn wir finden, dass sie angemessen sind, stellt sich die Frage, wie wir sie in einer Art und Weise gestalten, damit die Kluft zwischen dem, was wir eigentlich wollen, und dem, was wir erreichen, möglichst gering ist.«[132] Und diese Anonymität des Marktes wirkt sich in der Realität fatal aus, vor allem seit dem Siegeszug der Shareholder-Value-Ideologie.

Das Diktat der Finanzkennziffer

Der Ökonom John Kenneth Galbraith, ein Pionier der Konzernkritik, prognostizierte in den 1960er-Jahren: Die Gewinne der Industriekonzerne werden wenige Menschen reich, aber viele arm machen. Denn die Produktion werde komplexer und vernetzter werden, weswegen nur noch die technokratische Elite der Unternehmen den Überblick behalten und alle anderen gesellschaftlichen Gruppen übervorteilen werde. Diese Unternehmen würden die Konsumenten durch die Werbung manipulieren und zum Kauf überflüssiger Produkte verführen; sie würden die Politik durch Lobbyarbeit beeinflussen, was zum Verkauf bedenklicher und wenig produktiver Din-

---

[132] Armin Falk, *Markt und Moral*, Institut Ökonomie der Zukunft, Frankfurt 2015, S. 50.

ge führen werde. Die Konzerne würden den Wettbewerb auf dem Markt ebenso untergraben wie die Souveränität des Konsumenten und des Staates auflösen.

Heute leben wir ziemlich genau in der Welt, die Galbraith prognostizierte, vor allem auch, was das Nebeneinander von privatem Reichtum und öffentlicher Armut anbelangt. Da gibt es die blitzende Konzernzentrale neben den maroden Schulen. In einem Punkt irrte sich Galbraith jedoch gewaltig. Nicht mehr die Manager, sondern die Investoren bestimmen heutzutage, wo es langgeht, zumindest bei Kapitalgesellschaften. Paradigmatisch ist das Diktat des Shareholder Value, also jener Finanzkennziffer, die den Gegenwartswert saldierter künftiger Gewinne eines Unternehmens abbildet. Die Shareholder-Value-Ideologie bekam in Deutschland gehörigen Aufwind durch den sogenannten Neuen Markt vor der Jahrtausendwende und hatte sich in Deutschland spätestens 2006 durchgesetzt, als der damalige Deutsche-Bank-Chef Josef Ackermann bei gleicher Gelegenheit eine Verdopplung des Bankgewinns auf 3,8 Milliarden Euro und die Streichung von 6.400 Arbeitsplätzen verkündete. Andere Dax-Konzerne verhielten sich ähnlich: Siemens stieß nun seine Handysparte ab, und der Reifenhersteller Continental schloss seine Fertigung im niedersächsischen Stöcken, obwohl beide Unternehmen Geld damit verdienten, aber eben nicht genug machen.[133] Auch Familienunternehmen verhielten sich auf diese Weise. So übernahm die Familie Schaeffler, Besitzerin der gleichnamigen Firma, ganz in der Manier eines Finanzinvestors feindlich die börsennotierte FAG Kugelfischer und verleibte sich später große Teile des Automobilzulieferers Conti ein. Ins öffentliche gepflegte Bild der Familienunternehmen passte das nicht, ebenso wenig wie das Verhalten im Fall Douglas. Die Gründerfamilie Kreke

---

[133] vgl. Hanno Beck, *Diktatur der Konzerne*, *FAZ*, 12.7.2014. *FAZ*, 17.11.2013.

überließ die große Mehrheit dem amerikanischen Finanzinvestor Advent. Er zerlegte die Firma, verkaufte Teile und gab die Drogeriemarktkette Douglas an den nächsten Finanzinvestor weiter. Der Psychologe Arist von Schlippe, Leiter des Lehrstuhls für Familienunternehmen an der Universität Witten-Herdecke, erzählt, dass ihm einmal ein Familienunternehmer gesagt habe: »Wenn die Kasse nicht stimmt, kannst du dir das ganze Sozialgedöns von der Backe putzen.«[134]

Der Arbeitsalltag von Führungskräften ist unter dem Diktat des Shareholder Value rauer geworden. Was mag wohl in dem Kopf eines gestandenen Managers vor sich gehen, der seinen Terminkalender einem Berater von McKinsey vorlegen muss, der ihm dann anschließend genau erklärt, welche Termine er künftig noch machen und welche er bleiben lassen sollte? Vorstände werden heute auch wesentlich öfter gefeuert als früher. Aber die Manager bekommen dafür reichlich Entschädigung. Die Fixgehälter von Topmanagern sind extrem gestiegen, und sie erhalten üppige Boni. Weil diese an der Höhe des Gewinns ausgerichtet sind, agieren die Manager dem Shareholder Value verpflichtet und blenden regelmäßig die Folgen ihres Handelns für Mensch, Natur oder Gemeinwesen aus.

Da ist der Manager bei einem ehemaligen Familienunternehmen, welches von einem Finanzinvestor aufgekauft worden ist. Er soll eine Liste mit den Schwächsten seines Bereichs anfertigen, den »Minderleistern«, erzählt er, dabei habe er den Bereich doch aufgebaut und nur gute Leute eingestellt. Aber er gehört zu den auserwählten Managern, denen der Finanzinvestor angeboten hat, sich selbst an der Firma zu beteili-

---

[134] Caspar Dohmen, Der entzauberte Mythos Familienunternehmen. Eine Suche nach der Kraft der verwandtschaftlichen Bande, Feature, Deutschlandradio, 23.9.2014.

gen. Nur, wenn der Investor seine Gewinnziele erreicht, erhält der Manager einen gehörigen Batzen Geld. Und deswegen schreibt er natürlich die verlangte Liste der Minderleister.

Häufig handeln Firmenlenker auch in vorauseilendem Gehorsam. Sie warten nicht ab, bis ein Investor das Kommando übernimmt oder ein aggressiver Aktienaufkäufer Druck ausübt. Selbst große börsennotierte Konzerne spalten heute immer wieder Teile des Geschäfts ab und bringen sie getrennt an die Börse. Auf den Druck der Finanzmärkte haben die Konzerne auch mit einer globalen Aufstellung reagiert. Sie versuchen, »selbst einen Ausgleich zwischen den Regionen zu schaffen und die Profite einzustreichen, die ihnen andernfalls die Märkte wegnehmen«.[135]

Der Siegeszug des Shareholder Value hat auch in Europa zu einer Kräfteverschiebung zwischen Kapitalgebern und Beschäftigten geführt, was ein Blick auf die Entwicklung der Lohnquote zeigt: Anfang der 1980er-Jahre betrug der Anteil von Löhnen und Gehältern am Bruttosozialprodukt in den Ländern der heutigen Eurozone im Schnitt 70 Prozent, heute sind es nur noch 60 Prozent.[136] Umgekehrt entwickelte sich die Gewinnquote, die ja spiegelbildlich zu der Lohnquote ist. Kaum etwas erhöht den Shareholder Value übrigens dermaßen wie die Ankündigung des Managements, Mitarbeiter in großem Stil zu entlassen. Möglich ist dies natürlich häufig nur, weil die Arbeit an Zulieferer vergeben werden kann, bei denen die Beschäftigten wesentlich weniger von dem verdienen, was der Auftraggeber ursprünglich in seiner eigenen Fabrik gezahlt hatte. Die Kosten für die einseitige Profitorientierung der Konzerne zahlen häufig Arbeiter, deren Menschenrech-

---

[135] Luc Boltanski und Ève Chiapello, *Der neue Geist des Kapitalismus*, Konstanz 2003, S. 406.

[136] www.boeckler.de/pdf/p_wsi_report_10_2013.

te in den Lieferketten missachtet werden. Selbst bei der Entsorgung von Schrott lässt sich der Shareholder Value auf diese Weise erhöhen, was das Verhalten von Reedereien zeigt.

Schrott vergolden: Schiffe abwracken

Am Strand von Gaddafi übertönt das Getöse von krachendem Stahl das Rauschen des Meeres. Das ist der Arbeitsplatz von Naseeb Gul, 57, der als junger Mann aus den Bergen im Norden des Landes hierher in den Süden von Pakistan gekommen ist. Gul hat damals nur noch daran gedacht, wie er seinen »leeren Magen füllen kann«, erinnert er sich an seine händeringende Suche nach einem Job bei einem der zahlreichen Abwrackbetriebe. Er wollte nur vorübergehend auf dem Schiffsfriedhof von Gadani bleiben, Geld sparen, um sich später eine kleine Existenz in seinem Heimatdorf aufzubauen. Sein Traum platzte. Gul, ein herzlicher und zäher Typ, hat bis heute nichts sparen können – das Geschäft mit der Entsorgung von Tankern, Frachtern und Containerschiffen machen eben andere als die mehr als 10.000 Tagelöhner, die unter lebensgefährlichen Bedingungen hier Schiffe zerlegen. 2014 waren es 111, also mehr als ein Zehntel der 1.026 Schiffe, die Reedereien in dem Jahr weltweit verschrottet haben. Mehr als 60 Prozent entsorgten die Schiffsbesitzer an den Stränden Indiens, Bangladeschs und Pakistans, gemessen an der Tonnage sogar mehr als 70 Prozent. Gut im Geschäft sind auch europäische Reeder, zwei von drei ihrer Schiffe landeten am Ende dort, vornweg griechische Reeder wie Danaos und Euroseas, aber auch deutsche Linien wie Leonhardt & Blumberg, Claus-Peter Offen, aber auch Conti, ein Anbieter von Schifffonds.[137]

---

[137] www.shipbreakingplatform.org/shipbrea_wp2011/wp-content/upoads/2014/02/

Wer als Ausländer die fragwürdigen Zustände in Gadani anschauen will, ist unerwünscht. Polizisten, die an den Zufahrtswegen an mehreren Stellen hintereinander postiert sind, schicken die meisten zurück. Dafür bekämen die Polizisten von den lokalen Unternehmern Geld zugesteckt, erzählen meine beiden Begleiter. Erst einige Tage vorher mussten Rafig Baloch und Nasir Monsoor an dem Posten umkehren, als sie einem japanischen und koreanischen Gewerkschaftskollegen das Areal zeigen wollten. Diesmal haben sie einen größeren Wagen besorgt, mit dem gewöhnlich nur Geschäftsleute hier in der Gegend unterwegs sind, Seiten- und Rückfenster verhängt. Mich übersehen die Polizisten geduckt auf dem Rücksitz. So geht es vorbei an dem Posten und dann durch eine Wüstenlandschaft.

Ein Kamel wandert einsam umher, dann taucht hinter Hügeln der Umriss eines halben Frachtschiffes auf, zum Greifen nah, ziemlich surreal. Ein Schiff in der Wüste – keine Fata Morgana. Denn der Strand von Gadani eignet sich hervorragend für das sogenannte Beaching, das finale Auflaufen eines Schiffs auf das schnell abfallende Ufer. Einige Dutzend halb oder ganz zerfledderte Schiffsleichen liegen an dem elf Kilometer langen Strandabschnitt, der etwa fünfzig Kilometer von der Industriemetropole Karatschi entfernt am Arabischen Meer liegt.

Gul, der zwischen haushohen Bergen von Stahlschrott steht, zieht seine kleine weiße Gebetsmütze vom Kopf, scheitelt mit der Hand sein schlohweißes Haar, eine Narbe wird auf dem Schädel sichtbar. Bei Arbeiten auf einem Schiff sei ihm ein Eisenstück auf den Kopf gefallen; die klaffende Wunde sei mit sieben Stichen genäht worden. Gul hat Glück gehabt – denn regelmäßig sterben hier Arbeiter. Jeder Arbeiter

---

Pressemitteilung-2013-Liste-Schiffverschrottung.pdf/ abgerufen am 13.5.2016.

kennt Geschichten von Toten oder Schwerverletzten. Gul erzählt von dem Arbeiter, der vergangene Woche schwerverletzt auf einem Motorrad in ein Krankenhaus gebracht worden sei, weil es keinen Wagen gab. Andere hatten weniger Glück als Gul.

Mansoor geht in die Hütte der Gewerkschaft am Strand und öffnet die Schublade eines verstaubten Holztisches, nimmt einen Schnellhefter mit Unfallberichten heraus und liest vor: Am 15. Oktober 2011 auf dem Abschnitt Nummer 66 stürzte ein Arbeiter, Mehdi Asan, am Abend vom Schiff herab. Um diese Zeit war es dunkel, sodass der Körper erst am nächsten Tag geborgen wurde. Der Arzt erklärte ihn für tot. Er berichtet, dass die rechte Schulter gebrochen und das rechte Auge völlig zerstört war. Am 8. Dezember – Abschnitt 60 – fiel einem Schweißer, Mahadin, eine große Platte auf den Kopf, er starb vor Ort. Sein Kopf war zerschmettert. Seitenweise geht es weiter, aufgeschrieben von einem Chronisten, den die Gewerkschaft eine Zeit lang bezahlt hatte. Weil ihr das Geld dafür mittlerweile fehlt, bleiben die Toten heute ungezählt.

Unglücke sind vorprogrammiert, weil selbst einfachste Sicherheitsvorrichtungen fehlen, obwohl beispielsweise mit Asbest und gefährlichen Gasen hantiert wird. Weit und breit hat niemand einen Schutzhelm auf, der hier gerade einmal fünfzehn bis dreißig Dollar kostet. »Selbst wenn wir ihn uns selbst kaufen, dürfen wir keinen Helm benutzen«, sagt Gul, »weil wir dann angeblich langsamer arbeiten.« Nur wenige Arbeiter tragen hier Schutzbrillen und kaum jemand feste Schuhe.

Gerade hat ein Kapitän die »Saisaban« mit Volldampf auf den Strand gesetzt. Noch raucht der Schlot des Frachtgutschiffs, dessen Geschichte typisch ist. Auf der japanischen Werft Hiroshima 1986 gebaut, transportierte ein norwegischer Reeder auf der »Saisaban« zunächst Holz. Das Schiff wechselte mehrfach den Besitzer, zuletzt gehörte sie der kleinen Reederei Mallah Ship Management Company.[138] Die griechische Reederei scheint sich auf den Kauf alter Schiffe spezialisiert zu haben – laut Datenbank der NGO Shipbreaking Platform besaß sie bislang überhaupt erst zwölf Schiffe, von denen acht bereits in Südasien verschrottet worden sind. Dorthin gelangen die meisten Schiffe über die sogenannten Cash Buyer. Zwei Konzerne aus zwei autokratischen Ländern dominieren das globale Geschäft: WIRANA aus Singapur und GMS aus Dubai. Sie kaufen den Reedereien ihre Schiffe ab und geben sie weiter an die Abwrackbetriebe, abhängig von den lokalen Stahlpreisen und Währungskursen. Für die Reeder hat diese Variante den großen Vorteil, dass sie beim Verkauf sofort aus der Verantwortung für die Entsorgung des Schiffes sind. »Top-Dollar-Ansatz« heißt dieses Verfahren, bei dem derjenige den Zuschlag von der Reederei bekommt, der den höchsten Preis bietet. Weil die Cash Buyer außerhalb der EU ihren Sitz haben, greifen die im Weltmaßstab gemessenen strengeren europäischen Gesetze für die Entsorgung der Schiffe nicht, selbst wenn die Cash Buyer die Schiffe gleich nach dem Kauf zum Verschrotten nach Südostasien steuern.

»Erfahrung, Sinn für Kontinuität, Augenmaß für das ökonomisch Mögliche und Menschenkenntnis«, wirbt die Reederei H. Vogemann GmbH & Company KG auf ihrer Homepage für ihr Geschäft. Die 1886 gegründete Traditionsreederei residiert in einem vornehmen Bau in Hamburg. Ihr gehörte auch das Frachtschiff »2car«, welches laut der Datenbank der NGO Shipbreaking Platform im Mai 2015 am Strand von Gadani zur Verschrottung anlandete, unter der Flagge von St. Kitts und Nevis. In diesem Zwergstaat können Schiffe über Nacht angemeldet werden, eine E-Mail und die Zahlung einer Gebühr reiche aus, sagt Patrizia Heidegger, Aktivistin bei der

---

138 Laut Informationen der NGO Shipbreaking Platform.

Brüsseler NGO. Deswegen lassen Cash Buyer gerne Schiffe unter dieser Flagge ihre »letzte Reise« antreten.

Man habe das Schiff im Frühjahr an eine amerikanische Gesellschaft verkauft, sagt Markus Lange, geschäftsführender Gesellschafter bei Vogemann. Über den Verkauf sei Stillschweigen vereinbart worden, deswegen könne er auch nicht die Frage beantworten, ob die kaufende Gesellschaft zu einem der beiden Cash Buyer gehört habe. In jedem Fall sei das Schiff noch fahrtüchtig gewesen, der Schiffs-TÜV habe noch eineinhalb Jahre Laufzeit gehabt, betont Lange.

Die Aktivistin Heidegger kennt solche Antworten. Wiederholt hätten Reedereien versucht, ihr weiszumachen, sie wüssten nicht, was mit ihren verkauften Schiffen geschieht. Ahnungslosigkeit gehört zu den regelmäßigen Reaktionen von Unternehmen, wenn sie wegen direkter oder indirekter Verwicklung in Menschenrechtsverletzungen kritisiert werden, also beispielsweise wegen lebensgefährlicher Arbeitsbedingungen, Ausbeutung oder gewerkschaftsfeindlicher Aktivitäten. Heidegger gehört schon zur zweiten Generation der Aktivisten, die sich für das Thema engagieren. In den 1990er-Jahren hatte die Umweltschutzorganisation Greenpeace erstmals mit einer Kampagne auf die fatalen Folgewirkungen der Entsorgung an den Stränden für Mensch und Umwelt aufmerksam gemacht – das Geschäft mit den Altschiffen floriert immer noch. Denn Ozeanriesen bestehen zu mehr als neunzig Prozent aus Stahl, weswegen ihre Besitzer am Ende noch einmal kräftig Kasse machen können. Wenn die Preise für Gebrauchtstahl hoch sind, verdienen sich einige eine goldene Nase an den alten Pötten: Reedereien, Cash Buyer und Zerlegebetriebe.

Dürftig ist dagegen der Lohn derer, die die eigentliche Arbeit erledigen, die Schiffe in diversen Schritten mit Schneidbrennern in immer kleinere Blöcke zerlegen, teilweise indem sie sich mit Tauen an den Außenwänden der Rumpfskelette abseilen. Für gewöhnliche Arbeiten erhalten die Tagelöhner etwa den pakistanischen Mindestlohn von umgerechnet monatlich rund 130 Dollar, mehr als das Doppelte, wenn sie als Cutter die Schiffe zerschneiden. Aber selbst dieser Lohn reicht kaum aus, wenn die Tagelöhner davon eine ganze Familie ernähren müssen. Denn der Mindestlohn ist eine politische Größe und richtet sich in den Staaten Südasiens nicht am tatsächlichen Mindestbedarf der Menschen aus, anders als beispielsweise der Hartz-IV-Satz in Deutschland.[139] Und selbst für diesen kargen Lohn müssen die Tagelöhner schuften, an sieben Tagen die Woche, von Montag bis Samstag zwölf Stunden und am Sonntag sechs. Das wäre selbst in Pakistan illegal, wenn die Beschäftigten einen festen Arbeitsvertrag hätten. Aber hier arbeiten fast nur Tagelöhner. Wer protestiert, fliegt. Aus den Bergen kommen ständig neue Arbeitssuchende her.

Als das Geschäft mit dem Abwracken von Schiffen begann, fand es vor allem auf Werften in den USA und Europa statt. Dann stiegen dort die Löhne und die Kosten für Umweltauflagen, weswegen das Geschäft bereits in den 1970er-Jahren auf die Werften nach Taiwan und Südkorea wanderte. In den 1980er-Jahren entdeckten findige Geschäftsleute in Indien, Pakistan und Bangladesch, dass sich die Schiffe konkurrenzlos günstig an den Stränden zerlegen lassen, ohne den Einsatz von teurer Technik. Wer will, kann auch heute Schiffe fachgerecht in Docks zerlegen lassen. Aber das hat seinen Preis. Wer ein Schiff fachgerechter entsorge, erhalte etwa zehn Prozent weniger Geld für eine Tonne Stahl ausgezahlt, sagt Henning Gramann, Chef der kleinen Beratungsfirma GSR, die auf das Schiffsrecycling spezialisiert ist.

---

[139] Über die Höhe des Hartz-IV-Regelsatzes gibt es Kontroversen. So warf der Paritätische Wohlfahrtsverband der Bundesregierung vor, die Leistungsansprüche künstlich niedrig zu halten. Siehe SZ vom 28.12.2015.

Eigentlich sind die Weichen für bessere Verhältnisse beim Abwracken gestellt: Die International Maritime Organization IMO der Vereinten Nationen hat bereits 2009 das Hongkong-Übereinkommen verabschiedet. Es legt weltweite Standards für die Arbeitssicherheit und den Schutz der Umwelt beim Schiffsrecycling fest. Doch außer Norwegen, dem Kongo und Frankreich hat bislang kein Land die Konvention ratifiziert. Auch Deutschland lässt sich Zeit.

»Solange die Reedereien nicht verbindlich in die Verantwortung genommen werden, verändert sich nichts«, ist die Aktivistin Heidegger überzeugt. Sie freut sich deswegen darüber, dass der norwegische Reedereiverband 2015 erstmals erklärt hat, Reeder seien bis ans Ende der Lebenszeit für ihre Schiffe verantwortlich und müssten sich um ein sauberes und sicheres Recycling kümmern. Das waren neue Töne aus der Branche. Heidegger wünscht sich jetzt eine kreativere Politik: Zum Beispiel könnte die EU vorschreiben, dass künftig in EU-Häfen nur noch Schiffe vor Anker gehen dürfen, für deren ordentliche Entsorgung bereits bei ihrem Stapellauf eine Zahlungsverpflichtung eingegangen wurde.

Alte Privilegien und neue Sonderrechte

Von der Macht der Konzerne ist oft die Rede, aber nur selten von den Privilegien, welche Konzerne haben. Schon die ersten großen Unternehmen, die ihr Geld mit dem Handel von Waren aus Kolonien verdienten, entstanden dank königlicher Gnade. Monarchen verliehen Handelsunternehmen vielfältige Rechte, bis hin zur Kriegsführung. Denn Märkte erobern war damals wörtlich gemeint. Legendär ist die Vereenigde Oostindische Compagnie (VOC). Sie erhielten vom Staat gegen die Zahlung von Gebühren das Monopol, alleine Kolonien ausbeuten zu dürfen. Sie gilt als die erste Aktiengesellschaft der Welt, hatte mehr als 2.000 Anteilseigner. Deren Besitzern war es entsprechend erlaubt, nur ein begrenztes finanzielles Risiko einzugehen.[140] Denn sie hafteten nur für die Höhe ihrer Beteiligung. Die Ostindien-Kompanie wurde am 20. März 1602 gegründet.

Die Holländer verlangte es vor allem nach der Muskatnuss, damals ein Luxusgut, mit dem Kaufleute sagenhafte Gewinnspannen bis zu 60.000 Prozent erzielten. Den lukrativen Handel mit den fernen Gewürzinseln beherrschten die Portugiesen. Sie wurden vom Generalgouverneur der VOC, Jan Pieterzoon Coen, einem Kriegsstrategen und Kaufmann, vertrieben.[141] Zehn Jahre nach ihrer Gründung hatte die VOC 4.700 Schiffe unter Segel und beherrschte große Teile des Handels zwischen Asien, Afrika und Europa. Schätzungsweise eine Million Menschen standen in den knapp zweihundert Jahren ihres Bestehens in den Diensten der VOC, davon kehrte nur etwa jeder Dritte lebend heim. Durch Reiseberichte seiner Beschäftigter geriet die VOC dermaßen in Verruf, dass deren Gouverneure kurzerhand befahlen, alle Rückkehrer müssten ihre Aufzeichnungen bei ihnen abliefern.[142] Mächtigster Konkurrent der VOC wurde die britische Ostindien-Kompanie (1600 bis 1707), auch in anderen europäischen Ländern entstanden solche Handelshäuser. Sie wüteten mehr als hundert Jahre in der Ferne, dann gingen sie bankrott oder wurden aufgelöst. Nicht zuletzt wegen der Gräueltaten, die auf das Konto der Handelskonzerne gingen, beuteten die europäischen Mächte die Kolonien nun direkt aus.

Das Privileg beschränkter Haftung gilt bis heute für Kapitalgesellschaften. Deren Anteilseigner haften nur in Höhe ih-

---

140 Christian Siedenbiedl, Die Pfeffersäcke erobern die Welt, *FAS*, 30.5.2010.

141 Zur Biografie siehe: www.britannica.com/biography/Jan-Pieterszoon-Coen

142 Christoph Driessen: *Die kritischen Beobachter der Ostindischen Compagnie. Das Unternehmen der »Pfeffersäcke« im Spiegel der niederländischen Presse und Reiseliteratur des 17. Jahrhunderts.* Bochum 1996. S. 149.

rer gezeichneten Anteile und nicht etwa wie Einzelunternehmer und private Haushalte mit ihrem gesamten Vermögen für die Verpflichtungen des Unternehmens. Dahinter verbirgt sich ein wichtiger Gedanke: Auf diese Weise können Kapitalgesellschaften höhere Risiken eingehen, was durchaus von gesellschaftlichem Vorteil sein kann, wenn Unternehmen deswegen innovativer sind. Kapitalgesellschaften sind außerdem prinzipiell unsterblich, ein wichtiges Privileg. Während nach dem Tod von Menschen oder Personengesellschaften deren Vermögen verteilt oder verbraucht wird, überdauern Kapitalgesellschaften, bis sie pleitegehen oder bewusst aufgelöst werden.[143]

Ursprünglich verlangten die Regenten im Gegenzug für solche Privilegien von den Kapitalgesellschaften die Erfüllung bestimmter Pflichten, die in England und den USA in einer »Charter of Incorporation« niedergeschrieben wurden. In den USA durfte eine Corporation nur für einen »eng definierten Zweck« zugelassen werden und durfte »sich nur für begrenzte Zeitdauer niederlassen und nur an bestimmten Standorten tätig werden«. Fusionen und Übernahmen von Unternehmen unterlagen einer Kontrolle. Laut der Ultra-Vires-Doktrin dürfte kein Unternehmen gegen die Befugnisse handeln, die ihm der Staat übertragen hatte. Bis zum Ende des 19. Jahrhunderts wurden solche Vorgaben abgeschafft. Das erreichten die Lobbyisten der Konzerne in der politischen Arena und vor Gericht. Schließlich erlaubte die Politik die Gründung von Unternehmen zum Zwecke jeder legalen Handlung. »Ohne ultra vires sei ein Unternehmen nicht mehr gezwungen, im Sinne der Ziele der Gesellschaft zu handeln«, schreibt Pavan Sukhdev in Corporation 2020.[144]

---

143 Gerhard Scherhorn, »Das Finanzkapital zwischen Gier und Verantwortung«, in: *Zeitschrift für Sozialökonomie*, Folge 156/157. April 2008, S. 6.

144 Pavan Sukhdev, *Corporation 2020. Warum wir Wirtschaft neu denken müssen*, München 2013, S. 43.

Heute erscheint es selbstverständlich, dass Unternehmen nur dazu da sind, Gewinne zu erzielen. Dieses Unternehmensziel war jedoch lange Zeit umstritten und wurde juristisch entschieden. Auf der Anklagebank saß ausgerechnet Henry Ford, legendärer Gründer und Mehrheitsaktionär des gleichnamigen Autokonzerns. Für ihn waren Unternehmen »ein Werkzeug des Dienstes, keine Maschine zum Geldverdienen«, besser sei es beispielsweise, viele Autos mit einem geringen Gewinn, als wenige Autos mit einem hohen Gewinn zu verkaufen. Deswegen hatte er den Mindestlohn der Arbeiter auf fünf Dollar täglich angehoben und den Preis des Ford T halbiert, damit sich jeder seiner Arbeiter das Auto leisten konnte. Dagegen klagten zwei Minderheitsaktionäre, die Dodge-Brüder, und erhielten am Michigan Supreme Court 1919 recht. Fords humanitäre Empfindungen seien zwar lobenswert, urteilten die Richter, aber das Unternehmen sei dazu da, Gewinne für die Aktionäre zu erzielen.[145] Diese Haltung setzte sich durch, selbst bei vielen Genossenschaften oder öffentlichen Unternehmen, deren Ziele ursprünglich andere sind, wie die Förderung der Mitglieder oder der Allgemeinheit.

Im 20. Jahrhundert bekamen Corporations sogar Rechte zugesprochen, die ursprünglich nur natürlichen Personen zustanden. Vor allem bekamen Unternehmen jetzt das Recht der Meinungsfreiheit eingeräumt. Sie nutzen es in großem Ausmaß, um die gesellschaftlichen Bedingungen zu schaffen, die sie für die »ungestörte Expansion des Kapitals« benötigen.[146]

Parallel zur Globalisierung der Wirtschaft haben Staaten und Unternehmen umfassende Regeln geschaffen, mit denen grenz-

---

[145] Ebd., S. 44 und Gerhard Scherhorn, »Das Finanzkapital zwischen Gier und Verantwortung«, in: *Zeitschrift für Sozialökonomie*, Folge 156/157. April 2008, S. 10.

[146] Gerhard Scherhorn, »Das Finanzkapital zwischen Gier und Verantwortung«, in: *Zeitschrift für Sozialökonomie*, Folge 156/157. April 2008, S. 6.

überschreitende Geschäfte abgesichert werden. Wirtschaftliche Beziehungen sind über die Freihandelsbestimmungen der Welthandelsorganisation WTO sowie eine Vielzahl regionaler und bilateraler Vereinbarungen geregelt, vor allem Freihandels- und Investitionsschutzabkommen. Gemeinsam mit den Regeln des internationalen Zoll- und Steuerrechts werden sie als das Wirtschaftsvölkerrecht bezeichnet, »da Staaten über völkerrechtliche Verträge wirtschaftliche Rahmenbedingungen setzen«. Unternehmen beschließen darüber hinaus aber regelmäßig selbst Regeln für grenzüberschreitende Geschäfte, die in der Rechtswissenschaft als Lex Mercatoria bezeichnet werden. Ursprünglich handelte es sich um ein Gewohnheitsrecht, welches sich unter Handelsleuten herausbildete, wie denen der Hanse zwischen dem 13. und 17. Jahrhundert. Heute bezeichnet es die Gesamtheit internationaler Handelsbräuche. Die Verbindlichkeit solcher in Eigenregie geschaffenen Wirtschaftsregeln werde von Theoretikern angezweifelt, aber von den Unternehmen nicht infrage gestellt, schreiben die Anwälte Wolfgang Kaleck und Miriam Saage-Maaß.[147] Sowohl die wirtschaftsvölkerrechtlichen Regeln als auch die Lex Mercatoria helfen grenzüberschreitend tätigen Unternehmen bei der Strukturierung von Handels- und Finanzabläufen, vor allem also der Absicherung des eigenen Profits.

Dieses Beispiel zeigt: Wenn mächtige wirtschaftliche Akteure ein Interesse an durchsetzungsstarken Mechanismen haben, werden sie oft geschaffen. Wenn jedoch eine Einführung verbindlicher Regeln den Wirtschaftsinteressen entgegenstehen könnte, weil sie beispielsweise deren Spielräume beschränken oder Gewinne drücken könnten, bleiben die Regeln oft schwach und unverbindlich. Trotz offensichtlicher Miss-

---

[147] Miriam Saage-Maaß und Wolfgang Kaleck, *Unternehmen vor Gericht*, Berlin 2016, S. 49 f.

stände, wie schwerer Menschenrechtsverletzungen durch Unternehmen, blieb es bis heute weitgehend bei freiwilligen Regeln der Unternehmensverantwortung. Nur bei schweren völkerrechtlichen Verbrechen werden Unternehmer vor Gericht gestellt. So wie der niederländische Kaufmann Frans Cornelis Adrianus van Anraat, der dem Irak in den 1980er-Jahren bei der Produktion von Senfgas geholfen hatte, indem er ihn mit einer der wichtigsten Zutaten in großen Mengen versorgte, der Chemikalie Thiodiglycol. Der Handel wurde über ein kompliziertes Firmengeflecht abgewickelt. Der Irak setzte den chemischen Kampfstoff gegen das iranische Militär und kurdische Zivilisten ein, wobei Tausende Menschen starben. Van Anraat wurde in den Niederlanden wegen Völkerrechtsverbrechen zu siebzehn Jahren Haft verurteilt.[148]

Geschichte wiederholt sich

Immer wieder lassen sich Unternehmer in ihrem eigenen Land für Wohltaten feiern, die sie mit Geld finanzierten, das sie mit der Ausbeutung von Menschen anderswo verdienten. Dazu zählte auch der englische Seifenfabrikant William Lever (1851–1925). Erfolg hatte der Gründer der Firma Sunlight mit einem neuen Verfahren, bei dem aus pflanzlichem Fett, statt wie bislang aus tierischen, Seife hergestellt werden konnte. Lever galt in England als jemand, dem die Arbeitsbedingungen seiner Beschäftigten ein Anliegen waren und der sich als großzügiger Philanthrop betätigte. Im fernen Kongo, damals eine belgische Kolonie, beutete seine Firma jedoch rücksichtslos Menschen aus. Die Arbeiter wurden kärglich entlohnt und lebten unter armseligen Bedingungen. Die Firma hatte von

---

[148] www.internationalcrimesdatabase.org/Case/178/Van-Anraat/.

der Kolonialmacht eine Konzession erhalten, um auf einer Fläche von der zweieinhalbfachen Größe Belgiens Palmöl zu ernten. Allerdings wollte dort kaum ein Einheimischer arbeiten, angesichts der barbarischen Bedingungen. Die Firma bestach deswegen korrupte Dorfvorstände, damit diese Arbeiter abkommandierten.[149] Vor allem profitierte sie jedoch von einem perfiden, indirekt wirkenden Zwangsarbeitssystem, welches sich die Kolonialherrscher ausgedacht hatten. Sie verlangten von den Einheimischen Steuern, die diese jedoch nur bar begleichen durften, also nicht mit den vor Ort üblichen Naturalien. Bargeld konnten die Menschen eigentlich nur auf den Plantagen verdienen. Diese Mechanismen beschreibt David van Reybrouck in seinem Buch *Kongo* und kommt zu dem Schluss: Wo sich das internationale Kapital im Kongo niederließ, »entstanden neue Formen von Ausbeutung und Knechtschaft«.[150]

Moralische Bedenken hatten damals nur wenige Europäer, galten Afrikaner für viele doch als Menschen zweiter Klasse. Die wenigen aufgeklärten Geister standen auf verlorenem Posten. Von vielen Machenschaften in den Kolonien erfuhren die Menschen in Europa gar nicht erst oder sehr viel später. Denn Afrika, Asien und Lateinamerika waren weit weg und der Nachrichtenfluss spärlich. Das änderte sich mit der Erfindung von Telegraf, Radio, Fernsehen und zuletzt des Internets. Heute verbreiten sich Nachrichten in Echtzeit um die Welt. Da sich außerdem immer mehr Menschen und damit potenzielle Kunden für die sozialen Probleme anderswo interessieren, reagieren Konzerne heute zumindest, wenn skandalöse Zustände öffentlich gemacht werden.

Die Aufmerksamkeit der Gesellschaft für Menschenrechtsver-

---

149 David van Reybrouck, *Kongo. Eine Geschichte*, Berlin, 2012, S. 156.
150 Ebd.

letzungen durch Konzerne ist seit Anfang der 1990er-Jahre gestiegen. Für Aufsehen sorgte damals beispielsweise in den USA ein Joint Venture der amerikanischen Ölfirma Unocal Corporation mit der französischen Total und der burmesischen Myarmar Oil and Gas Enterprise, als bekannt wurde, dass burmesische Soldaten die Menschen zum Bau der Pipeline mit Waffengewalt zwangen und einige folterten und töteten.[151] Eine weltweite Welle der Empörung löste der niederländisch-britische Shell-Konzern mit seinen Aktivitäten in Nigeria aus, vor allem, als die Regierung des westafrikanischen Landes den Schriftsteller Ken Saro-Wiwa und Mitstreiter in einem skandalösen Schauprozess verurteilen und anschließend hinrichten ließ. Wiwa hatte die Bewegung der Ogoni angeführt, die im Nigerdelta gegen die Zerstörung ihrer natürlichen Lebensgrundlagen durch die Ölförderung kämpften.[152]

Heftig angefeindet wurde der amerikanische Sportartikelhersteller Nike wegen der Ausbeutung von Arbeitern in asiatischen Sweatshops, vor allem in Indonesien und Pakistan.[153] Nike war einer der ersten Konzerne, der radikal durch Auslagerung seiner Produktion in Billiglohnländer die eigenen Kosten gesenkt und die Gewinnmargen erhöht hatte. Der Konzern beschränkte sich nunmehr fast ausschließlich auf Entwicklung und Vermarktung. Während Sportler mit millionenschweren Werbeverträgen ausgestattet wurden, bekamen die Arbeiter in indonesischen Zuliefererbetrieben teilweise nicht einmal den ohnehin zu niedrig angesetzten gesetzlichen Mindestlohn. Es kam zu Streiks, die Medien aufgriffen, erst lokal, dann international. In den USA schlossen sich Studentengruppen, Gewerkschaften und Menschenrechtsorganisationen zu-

[151] Siehe http://business-humanrights.org/en/unocal-lawsuit-re-myanmar?page=25.
[152] *SZ*, 9.11.2015, vgl. auch Naomi Klein, No Logo. München, 2005, S. 42 ff.
[153] *New York Times*, 10.6.1996.

sammen und thematisierten die miserablen Arbeitsbedingungen bei den Zulieferbetrieben. Das war die Geburtsstunde der Anti-Sweatshop-Bewegung. Deren Aufklärungsarbeit sensibilisierte manchen Konsumenten für derartige Praktiken.

Nike erlebte, wie schnell sich ein cooles Image ändern kann. Schwarze Jugendliche kippten Berge von Turnschuhen vor die Konzernzentrale. Solche Bilder kratzten an dem mit Werbemilliarden aufgebauten Image. Solcher Protest berührte die Achillesferse der Konzerne, ihren Markenwert. Dieser beeinflusst direkt und indirekt den Wert eines Unternehmens, insbesondere bei Konsumgüterherstellern, also Firmen, die ihre Waren direkt an Verbraucher verkaufen. Direkt beeinflusst der Markenwert den Aktienkurs und damit den Wert einer Firma. Indirekt spielt der Markenwert eine große Rolle bei der Kaufentscheidung von Kunden und damit dem Firmenumsatz. Deswegen investieren Firmen eine Menge Geld in die Pflege und den Ausbau ihrer Marke. Allerdings ist der Wert einer Marke immateriell, anders als beispielsweise Produktionsanlagen oder Gebäude eines Unternehmens. Entsprechend schnell kann sich der Markenwert verflüchtigen. Das kann geschehen, weil die Produkte irgendwann als altbacken gelten oder weil bekannt wird, dass eine Firma eben mit menschenunwürdigen Arbeitsbedingungen Geld verdient. Die Fallhöhe kann man an dem Ranking des amerikanischen Beratungsunternehmens Interbrand ablesen, das seit 2001 alljährlich eine Liste der hundert wertvollsten Marken zusammenstellt. Auf den ersten drei Plätzen lagen Apple, Google und Coca-Cola.[154] Die wertvollsten Marken aus Europa waren BMW und Mercedes-Benz. Ziemlich egal sein kann ihr Image Unternehmen, die ihre Pro-

---

[154] https://de.wikipedia.org/wiki/Liste_der_wertvollsten_Marken. Ein weiteres Ranking erstellt das Marktforschungsinstitut Millward Brown. Apple und Google lagen bem Markenwert hier 2015 ebenfalls vorn, auf Platz 3 folgte dann jedoch Microsoft.

dukte nur an andere Firmen oder Staaten verkaufen, und das sind eine ganze Menge, beispielsweise Waffenproduzenten, Minengesellschaften oder Chemiefabrikanten.

Corporate Social Responsibility: Schein statt Sein

Die Antwort großer Teile der Wirtschaft und Politik auf die anhaltende Kritik von NGO-Aktivisten, Wissenschaftlern und Entwicklungsexperten an den Missständen in der global vernetzten Wirtschaft lautete Corporate Social Responsibility, kurz CSR. Was ein Unternehmen genau darunter versteht, definiert es selbst. Mal gilt es als »Managementmethode«, dann als Konzept, um die gesellschaftlichen Folgen des unternehmerischen Handelns abzuschätzen. Andere fassen darunter schlicht alle gemeinnützigen Aktivitäten einer Firma, ob ehrenamtliches Engagement von Mitarbeitern oder – steuerlich absetzbare – Spenden für wohltätige Zwecke. Meist geben sich Unternehmen einen freiwilligen Verhaltenscodex, indem sie eigene Regeln für das unternehmerische Agieren aufstellen, von denen sie behaupteten, dass sie sich daran halten. Verbindlich sind für Unternehmen ihrem Selbstverständnis nach aber nur die jeweiligen nationalen Gesetze. Verhaltenskodizes und sonstige CSR-Maßnahmen sind dagegen nach ihrem Verständnis freiwillige zusätzliche Maßnahmen, deren Umsetzung keinesfalls von Dritten eingefordert oder kontrolliert werden sollte. Denn durch solche Maßnahmen der freiwilligen Unternehmensverantwortung soll eben keinesfalls der »Profitimperativ« beeinträchtigt werden.[155]

Als erster Weltkonzern veröffentlichte Shell 1998 einen

---

155 Luc Boltanski und Ève Chiapollo, *Der neue Geist des Kapitalismus*, Konstanz 2003. S. 107.

CSR-Report und gab sich einen freiwilligen Verhaltenscodex. Vorangegangen waren diverse Skandale, die das Unternehmen unter immensen öffentlichen Druck gebracht hatten. Neben der Ermordung des nigerianischen Bürgerrechtlers Ken Saro-Wiwa war da vor allem das Desaster um die Plattform Brentspar, die Shell einschließlich Ölresten im offenen Meer versenken wollte, was die Umweltschutzorganisation Greenpeace auf den Plan rief. Shell handelte sich den Unmut großer Teile der Bevölkerung ein, von denen viele die Tankstellen boykottierten.

Anfangs waren bei den Unternehmen in der Regel die PR- und Marketingabteilungen für das Thema CSR zuständig. Den Firmen ging es eben vor allem darum, die Konsumenten zu beruhigen. Später entstandene eigene Abteilungen und Unternehmen entwickelten im Verbund Branchenstandards wie die Business Social Compliance Initiative (BSCI) der Textilindustrie oder die Global Mining Initiative der Rohstoffindustrie. Auch hier blieb es stets bei freiwilligen Regeln, die sich gewöhnlich an internationalen Standards orientieren wie den Kernarbeitsnormen der ILO.

Höchste politische Weihen erhielt der Ansatz der CSR durch die Vereinten Nationen. UN-Generalsekretär Kofi Annan initiierte mit dem Global Compact 1999 einen freiwilligen Verhaltenscodex auf UN-Ebene, den mittlerweile mehr als 8000 Firmen und 4000 Organisationen unterschrieben haben.[156] Sie verpflichten sich, ihre Geschäftstätigkeiten an zehn universell anerkannten Prinzipien aus den Bereichen Menschenrechte, Arbeitsnormen, Umweltschutz und Korruptionsbekämpfung auszurichten. Auch diese Vereinbarung ist ein Papiertiger: Denn die freiwilligen Selbstauskünfte der Konzerne bleiben ungeprüft, bei Verstößen gibt es keine Sanktionen, und für Außenstehende ist nicht einmal ersichtlich, ob

---

156 www.unglobalcompact.org/what-is-gc/participants.

es bei den beteiligten Firmen im Laufe der Zeit Verbesserungen oder Rückschritte gibt. Die Unternehmen profitieren dagegen von dem seriösen Ruf der Vereinten Nationen – eine gute Werbung für sie.

Wie sehr der Schein der CSR-Reports und die Realität auseinanderklaffen, wurde deutlich, als zivilgesellschaftliche Organisationen zu überprüfen begannen, ob die Zustände in den Fabriken tatsächlich den Verhaltenskodizes entsprachen. Intensiv nahmen die Aktivisten die Textilindustrie unter die Lupe und entdeckten für die Unternehmen wenig Erfreuliches. So wirft die Kampagne für Saubere Kleidung großen Textilfirmen wie Tommy Hilfinger, Hugo Boss oder H&M und Zara bis hin zu Discountern wie Lidl, Aldi und KiK vor, dass die Arbeitsbedingungen in den Zulieferbetrieben in Osteuropa, Mittelamerika und Asien nicht deren eigenen CSR-Leitlinien entsprachen. Tatsächlich beschafften sich Unternehmen die Waren, ohne sich die Fabriken anzuschauen. Der Chefeinkäufer eines großen deutschen Einzelhandelskonzerns etwa mietete sich eine Hotelsuite in Dhaka, der Hauptstadt von Bangladesch, und empfing dort die örtlichen Fabrikanten, setzte selbst aber nie einen Fuß in eine der fraglichen Fabriken.

Der Versandhändler Otto gehört in Deutschland zu den Vorreitern bei CSR. Johannes Merck war von Anfang an dabei und leitet heute den Bereich. Bei einem Gespräch in der Hamburger Konzernzentrale blickt er selbstkritisch zurück. Man habe in den 1980er-Jahren einen Code of Conduct definiert, indem den Lieferanten die Einhaltung der ILO-Kernarbeitsnormen »auferlegt« wurde. Die Auftraggeber waren zufrieden, wenn ihnen die Zulieferer mit ihrer Unterschrift garantierten, dass sie sich an den Kodex hielten. Wie wenig die Unterschrift wert war, fand eine NGO heraus, die in der Türkei aktiv war und Missstände bei einem Otto-Lieferanten entdeckte. Das sei ein Skandal gewesen, dem sie dann nachgehen mussten, sagt Merck. Über diesen Prozess habe Otto gelernt, dass eben das Festschreiben von Anforderungen nicht genügt, sondern dass man in der Wertschöpfungskette auch kontrollieren und vor allen Dingen auch qualifizieren müsse. Jetzt zündeten die Konzerne Stufe zwei des CSR-Ansatzes und begannen mit der Überprüfung der Firmen.

Otto gehörte 2003 zu den Initiatoren der Business Social Compliance Initiative, kurz BSCI.[157] Wer bei diesem Zusammenschluss von Unternehmen mitmacht, verpflichtet sich, neben der freiwilligen Einhaltung von Standards, auch zu Kontrollen und Qualifizierungsmaßnahmen. Damit kamen die Auditfirmen ins Spiel. Nun bezahlten Unternehmen die Prüffirmen TÜV & Co dafür, dass diese vor Ort untersuchten, ob die Fabrikbesitzer sich tatsächlich an die Abmachungen hielten. Wesentlich verbessert hat dieser Ansatz die Zustände nicht.

Mokshagundam Bhaskar arbeitet beim TÜV Rheinland in Indien. Als ich ihn und einen Kollegen im Herbst 2014 zu Textilfirmen begleite, erzählt er von den praktischen Schwierigkeiten des Prüfalltags. Er erzählt von dem Anruf eines Unternehmers, der ein Prüfzertifikat kaufen wollte, ohne vorherige Kontrolle seiner Fabrik. Er brauche das Zertifikat dringend, um an einer Ausschreibung eines Konzerns teilzunehmen. Der Unternehmer bot Bhaskar einen Aufpreis von zwanzig Prozent gegenüber den Kosten einer gewöhnlichen Zertifizierung. Bhaskar lehnte ab – sonst würde er die Geschichte einem Journalisten auch sicher nicht erzählen. Viele Prüfer nehmen solche unmoralischen Angebote jedoch an, bestätigt jeder Branchenexperte, mit dem ich mich darüber in den vergangenen Jahren unterhalten habe. Das liegt unter anderem daran, dass auch das

---

[157] www.deutschlandradiokultur.de/textilindustrie-holpriger-start-eines-globalen-buendnisses.976.de.html?dram:article_id=308853

Prüfgeschäft funktioniert wie der Rest der Wirtschaft. Oft erledigen die Prüfkonzerne die Kontrolle vor Ort gar nicht selbst, sondern reichen den Auftrag weiter. Schlagzeilen machte das Audit auch bei der Unglücksfabrik Ali Enterprises, die für KiK fertigte. Regelmäßig waren nicht nur Auditoren im Auftrag von KiK in der Fabrik. Außerdem erhielten die Fabrikbesitzer wenige Woche vor dem Unglück im Sommer 2012 sogar das prestigeträchtige SA8000-Zertifikat ausgestellt, welches sie selbst beantragt hatten. Die verheerenden Folgen des Brandes am 11. September 2012 mit 260 Toten wurden durch den Verhaltenscodex und die Audits aber nicht verhindert.

Ins Leben gerufen hat den Standard SA8000 eine amerikanische NGO eigentlich, um die Arbeitsverhältnisse zu verbessern. Aber jeder Standard bringt nur etwas, wenn er eingehalten wird. Dafür gibt es Kontrollen durch Prüffirmen. Der Auftrag für die Zertifizierung der Fabrik wurde an die italienische Prüffirma Rina weitergegeben, welche wiederum eine weitere Firma beauftragte. Auch im Prüfgeschäft funktioniert die Lieferkette hervorragend und endet bisweilen in der völligen Verantwortungslosigkeit. Es ist nicht einmal klar, ob in diesem Fall tatsächlich Prüfer in der Fabrik waren.

Die Fragwürdigkeit des CSR-Ansatzes belegt auch die logische Argumentation der KiK-Anwälte gegen die Klage der Betroffenen des Fabrikunglücks in Karatschi, die von der Organisation ECCRH unterstützt wird. Denn die Verteidigungsstrategie der KiK-Anwälte beruht wesentlich darauf, dass ein solcher firmeneigener Verhaltenscodex eben rechtlich völlig unverbindlich ist, schwarz auf weiß nachzulesen in deren Klageerwiderung: »Der seitens der Beklagten öffentlich, auch auf ihrer Website, kommunizierte Kodex ist damit eben keine Vertragsklausel, die im Einzelnen einforderbar und rechtlich notfalls im Klageweg durchsetzbar wäre, sondern eine auf ethischen Erwägungen basierende Aufforderung, die im Kodex postulierten Kriterien ernst zu nehmen. Ansonsten ist eine Zusammenarbeit mit der Beklagten nicht möglich. (…) Allein das merkantile Interesse der Lieferanten an einer Zusammenarbeit mit der Beklagten und die drohende Beendigung der Geschäftsverbindung im Falle der Nichtbeachtung der Grundsätze können zur Einhaltung des Kodex bewegen, soweit sie dies nicht aus eigenen Stücken tun. Hier zeigt sich der begrenzte Einfluss, welcher die Beklagte von staatlichen Behörden unterscheidet.«[158]

Bedeutet dies, dass die Zulieferer machen können, was sie wollen? frage ich den Bereichsleiter für CSR bei KiK, Ansgar Lohman, dessen Antwort einer Quadratur des Kreises gleicht. »Wir entlassen die Fabrikanten nicht aus der Verantwortung, sondern wir möchten für – lassen Sie es mich so sagen –, für unsere eigenen Werte ganz explizit werben. Wer hier nicht mitzieht, bekommt keine Aufträge mehr. Code of Conducts sind aber keine juristisch durchsetzbaren Instrumente und auch nicht dafür gedacht.«

Jegliche Glaubwürdigkeit verlor das geltende System der Sozialaudits durch die Katastrophe im achtstöckigen Rana Plaza mit über 1.130 Toten. Denn sämtliche Fabriken in dem Komplex waren vorher von irgendeiner Prüffirma auditiert worden. »Bei vielen Unternehmen sind die Audits das Papier nicht wert, auf dem sie stehen«, sagen viele Branchenkenner, manche reden sogar von »organisierter Kriminalität«.

Selbst wenn Auditfirmen Missstände aufdecken, bedeutet dies keinesfalls, dass diese auch abgestellt werden. Denn die lokalen Besitzer versuchen, ihre Kosten möglichst gering zu halten. Die Gewinner sind die großen Konzerne. Zum einen die Auftraggeber, die ihre Hände in Unschuld waschen können,

---

[158] Schriftsatz der Kanzlei Aderhold in dem Rechtsstreit Jabir u. a./Kik Textilien Non-Food GmbH, Az.: 00591-15/LA/tk vom 26. 8.2015.

wenn ein Skandal aufgedeckt wird. Zum anderen die Prüfkonzerne, die weltweit Milliarden mit den Audits verdienen und kaum fürchten müssen, wegen schlampiger Arbeit tatsächlich in Haftung genommen zu werden. Sie haften nämlich nur, wenn der Nachweis gelingt, dass die Audits zum Zeitpunkt der Erstellung falsch waren, was praktisch unmöglich ist. »Eine Haftung kommt heute so gut wie nie vor«, bestätigt Olaf Seiche, beim TÜV Rheinland zuständig für den Bereich Services.[159]

Richard Locke, Professor für politische Wissenschaften an der MIT Sloan School of Management kommt nach zehnjährigen Forschungen zu einem vernichtenden Urteil über die gängigen Verfahren: Sie scheiterten dabei, nachhaltig bessere Arbeitsbedingungen in den Zulieferketten herzustellen. Soziale Audits erfüllten ihren Zweck schlicht nicht. Locke stützte seine Aussagen auf firmeninterne Prüfungen, Recherchen vor Ort und Interviews mit Firmenvertretern. Zu den gleichen Schlussfolgerungen kam die britische Royal Society for Protection of Birds. Basierend auf den Ergebnissen von 161 freiwilligen Initiativen im Umweltbereich schätzen deren Experten, dass vier von fünf dieser Initiativen ihren Zweck verfehlt hätten. Ihr klares Fazit: Selbstregulierung stelle »keinen wirksamen Ersatz für tatsächliche Regulierungen durch die Politik dar«.[160]

Allerdings verharren auch diverse zivilgesellschaftliche Organisationen in der Logik des CSR-Ansatzes, weil sie es für unmöglich halten, das gegenwärtige System mit den flexiblen Zuliefernetzen grundlegend zu verändern. Sie beteiligen sich deswegen beispielsweise an Initiativen, bei denen gemeinsam mit Politik und Wirtschaft Lösungen gesucht werden. Dabei geht es etwa um praktische Verbesserungen wie Schulungen über geltende Standards. Tatsächlich gibt es

---

159 Caspar Dohmen, »Mehr Pflichten für Prüfer«, SZ 3.3.2016.
160 *The New York Times* 19.9.2012 und www.alliancesud.ch/abgerufen am 25.3.2016.

hier einiges zu tun. Immer wieder habe ich Arbeiter in Fabriken auf die Standards angesprochen, die gut sichtbar aufgehängt waren. Über deren Inhalt konnte mir jedoch fast niemand etwas sagen.

Aber es ist eine große Illusion zu glauben, dass die Auditsysteme die Arbeitswelt durchgreifend verändern werden, selbst wenn sie verbessert werden sollten. Notwendig sind zum einen funktionierende staatliche Strukturen, also wirksame Gesetze und Kontrolle. Zum anderen müssen die Belegschaften selbst in die Lage versetzt werden, mögliche Missstände zu benennen und sich für deren Abschaffung einsetzen zu können. Dafür bedarf es vor allem funktionierender und unabhängiger Betriebsräte und freier Gewerkschaften.

CSR sei ein »Mythos«, sagen Aktivisten und Wissenschafler in einem gleichnamigen Buch.[161] Wer auf freiwillige Verhaltensänderungen der Unternehmen setzt, übersieht die ökonomischen Mechanismen. Wenn eine Firma ausschert und Schäden an Mensch und Umwelt zu vermeiden sucht, läuft sie unter den geltenden Bedingungen sogar Gefahr, aus dem Markt gedrängt zu werden, weil ihre Rentabilität gegenüber den Konkurrenten, die alle legalen Möglichkeiten zur Gewinnmaximierung ausschöpfen, vorübergehend sinken kann.[162] Unser Wirtschaftssystem ist eben einseitig auf das Geldkapital ausgerichtet und blendet das Arbeitskapital, das Naturkapital und das Gemeinwohl oft aus. Das spiegelt sich auch im Aktiengesetz wider. Zwar muss eine hier tätige Kapitalgesellschaft deutschen Gesetzen folgen und entsprechend menschenrechtliche, soziale und ökologische Standards ein-

---

[161] *Mythos CSR. Unternehmensverantwortung und Regulierungslücken*, Hg. Gisela Burkhardt, Bonn 2011.

[162] Deutscher Bundestag, Drucksache 17/13916.

halten. Im Ausland kann sie sich aber anders verhalten, solange sie sich an das jeweilige nationale Rechtssystem hält, welches aber gegen Menschen- und Arbeitsrechte verstoßen kann. Der Vorstand einer Aktiengesellschaft muss laut Aktiengesetz sein Handeln am Unternehmensinteresse ausrichten, also nach herrschender Meinung an der Gewinnmaximierung.[163]

Im Jahr 2012, also mehr als zwanzig Jahre nach dem Fall der Mauer, gestand der schwedische Einrichtungskonzern Ikea offiziell ein, er habe Möbel verkauft, die von DDR-Gefangenen hergestellt worden waren. Auf der Suche nach günstigen Anbietern für Regale oder Sofas war der Konzern in sozialistischen Ländern wie der DDR und Polen fündig geworden. Das Möbelhaus räumte ein: Es habe Vertreter im IKEA-Konzern gegeben, »denen die Möglichkeit des Einsatzes politischer Gefangener in der Produktion von IKEA-Produkten in der ehemaligen DDR bewusst war«. [164]Die Schweden waren in guter Gesellschaft, rund 6.000 westdeutsche Firmen tätigten Geschäfte mit der DDR, darunter Handelsunternehmen wie Aldi, Horten oder Quelle, aber auch Industriekonzerne wie Siemens, Krupp, Linde oder Mannesmann. Die Produktion in der DDR war auch deswegen günstig, weil dort ständig zwischen 12.000 und 50.000 Gefängnisinsassen an der Produktion beteiligt waren, auch politische Gefangene. Damit hätten alle Firmen rechnen müssen, sagte Christian Sachse, Politikwissenschaftler, Theologe und Autor der Studie »Das System der Zwangsarbeit in der SED-Diktatur«.[165] [166]

---

163 Deutscher Bundestag, Drucksache 17/11686.

164 Pressemitteilung Ikea vom 16.11.2012.

165 *SZ*, 16.6.2014.

166 Christian Sachse, *Das System der Zwangsarbeit in der SED-Diktatur: Die wirtschaftliche und politische Dimension*, Leipzig, 2014.

Immer wieder nutzten Unternehmen günstigste Arbeitskosten in Diktaturen. So vergab der ostwestfälische Modemacher Gerry Weber 2008 Aufträge nach Nordkorea, also in jene Bastion des Steinzeitkommunismus, in der Menschen regelmäßig bei der geringsten Unbotmäßigkeit in Arbeits- und Erziehungslager eingesperrt werden.[167] Die Menschenrechtsorganisation Amnesty International spricht von »Hunderttausenden mutmaßlichen Oppositionellen und Dissidenten«, die interniert sind. In den Arbeitslagern würden auch Familienmitglieder Beschuldigter bisweilen bis zur dritten Generation eingesperrt. Die Häftlinge müssten dort bis zu zwölf Stunden am Tag hart arbeiten.[168] Möglicherweise profitieren heute Global Player von der Fertigung in chinesischen Gefängnissen oder Zwangsarbeitslagern durch politische Gefangene, weil dort irgendein Sub-Subunternehmen Arbeiten erledigen lässt.

Der Verdacht kam beispielsweise bei Primark auf, als Kunden wiederholt Zettel beim Kauf der Kleidung des Discounters fanden, auf denen in chinesischen Schriftzeichen behauptet wurde, die Kleidung sei von Zwangsarbeitern in chinesischen Gefängnissen gefertigt worden. Primark bezeichnete die Kassiber als Fälschungen, und tatsächlich stammten wohl einige von Aktivisten, die so auf ausbeuterische Arbeitsbedingungen aufmerksam machen wollten. Aber unklar ist bis heute, ob nicht in dem einen oder anderen Fall tatsächlich jemand die Wahrheit beschrieben hat. An Angeboten mangelt es nicht: Schamlos werben Gefängnisse in China in Anzeigen mit ihren billigen Arbeitskräften.[169]Aber auch in den normalen Fabriken sind die Arbeitsbedingungen in China oft unmenschlich.

---

167 *Die Welt*, 28.2.2008.

168 *Nach dem Tod von Kim Jong-il Machtwechsel in Nordkorea: Eine Chance für die Menschenrechte?* Amnesty International, 19.12.2011.

169 *faz.net*, 27.6.2014.

Mitarbeiter von China Labor Watch, einer in den USA ansässigen NGO zur Verbesserung der Arbeiterrechte in China, haben in den Foxconn-Fabriken verdeckt recherchiert, dessen bekanntester Kunde Apple ist. Bei Foxconn herrsche ein »militärischer Stil«, sagte der Aktivist Li Qiang, Gründer von China Labor Watch, in einem Interview mit Amnesty International.[170] Die Arbeit erfolge in einer vorgegebenen Taktung, die oft wenige Sekunden beträgt, die Arbeiter müssten viele Überstunden machen, die nicht erfasst werden, und sie erhielten einen Lohn, der nur knapp über dem absoluten Existenzminimum liege. Staatsbedienstete halfen sogar bei der Organisation von Kinderarbeit. Als ein Lieferengpass für das neueste iPhone drohte, beorderten Schulleiter kurzerhand Tausende Berufsschüler für ein Pflichtpraktikum in die Fabriken von Foxconn und kassierten dafür Prämien. Solche Aktionen sind kein Einzelfall in China.[171]

Foxconn hat auf die internationale Empörung reagiert und die Löhne ein wenig erhöht. Andere Maßnahmen sind jedoch absurd, wenn Mitarbeiter an Aktionstagen T-Shirts tragen müssen mit der Aufschrift »I love Foxconn«, und sie sind zynisch, wenn an Fabrikgebäuden Fangnetze befestigt werden, damit sich dort künftig kein Arbeiter mehr in den Tod stürzen kann.[172] Bilder von auf dem Fabrikboden aufgeschlagenen Arbeitern können dann nicht mehr über die sozialen Medien in alle Welt hinausgehen, aber an den Arbeitsverhältnissen ändert sich so nichts. Miserable Arbeitsbedingungen sind keinesfalls das Problem einer einzelnen Firma. Laut China Labor Watch arbeiten Beschäftigte bei anderen Apple-Lieferanten

---

170 www.amnesty.de/journal/2012/dezember/es-herrscht-ein-militaerischer-stil/ abgerufen am 5.5.2016.

171 *Spiegel.de*, 30.6.2010.

172 *SZ*, 24.9.2013.

wie Pegatron und Ri-Teng sogar unter noch schlechteren Bedingungen als bei Foxconn.[173]

Die Kultmarke Apple hat ihre Produktionskosten minimiert, auf wenige Prozent des Endpreises eines Geräts. Für das Iphone 5 sollen es sogar nur 1,2 Prozent gewesen sein.[174] Auch weil Verbraucher bereit sind, für diese Geräte Fantasiepreise zu zahlen, erzielt das Unternehmen Traumrenditen: Von einem Dollar Umsatz waren es phasenweise 26 Cent Gewinn, was das Drei- bis Vierfache dessen ist, mit dem viele andere Unternehmen zufrieden wären. Der Nettogewinn von Apple betrug 2015 mehr als 53 Milliarden US-Dollar. Der Konzern könnte also locker mehr Geld für bessere Arbeitsbedingungen ausgeben, zumal er mehr als 200 Milliarden Dollar in Steueroasen bunkert. Würde Apple dieses Geld in die USA transferieren, müsste es darauf einen Steuersatz von 40 Prozent zahlen, zweifellos ein wichtiger Beitrag für die Finanzierung des amerikanischen Gemeinwesens. Aber das Geld willl der Konzern behalten, dabei braucht er es nicht einmal wirklich. Denn Geld für Zukäufe benötigt die Firma nur wenig, weil sie erklärtermaßen organisch wachsen will. Um die Investoren zufriedenzustellen, nahm der Konzern 2015 sogar Milliardenkredite auf und kaufte damit Apple-Aktien zurück, was den Wert der verbleibenden Aktien wie gewünscht steigerte. Willkommen im Irrsinn des Shareholder Value!

Zur Millionenbelegschaft der Apple-Zulieferer gehörte der Wanderarbeiter Xu Lizhi, der sich im September 2014 von einem Hochhaus in den Tod stürzte. Er hinterließ denkwürdige Zeilen, welche die Gleichgültigkeit des praktizierten Kapitalismus wiedergeben: *»Eine Schraube fällt zu Boden in dieser Nacht*

---

[173] *Die Welt*, 30.7.2013.

[174] *Frankfurter Rundschau*, 6.12.2013.

der Überstunden. Fällt schnurgerade. Mit einem leisen Pling. Keiner wird aufblicken. So wie beim letzten Mal. Als in einer Nacht wie dieser. Ein Mensch zu Boden fiel.«[175]

Arbeiten für Aktionäre im Knast

Aber auch in Europa und den USA gibt es fragwürdige Möglichkeiten, um die Arbeitskosten zu drücken. So nutzen selbst Weltkonzerne die Möglichkeit, billig in amerikanischen Gefängnissen fertigen zu lassen. Erlaubt ist dies in 37 von 50 Bundesstaaten der USA. Die Firmen brauchen den Beschäftigten nicht einmal überall den Mindestlohn zahlen, und die Abgaben für die Sozialversicherung oder Urlaubsgeld sparen sie ohnehin, streiken können die Gefangenen ebenfalls nicht. Auf diesem Lohnlevel scheuen Firmen sogar den Wettbewerb mit Standorten in der Dritten Welt nicht. Es sind Fälle dokumentiert, wie der eines Unternehmers, der seinen Nähbetrieb in Mexiko schloss und die Arbeiten in das berühmte kalifornische Staatsgefängnis San Quentin verlegte, oder einer texanischen Firma, die 150 Leute entließ und die Arbeiten in das Privatgefängnis Lockhart Texas Prison verlegte, wo elektronische Komponenten für Firmen wie IBM und Compaq hergestellt werden. Viele andere Konzerne sollen diese Arbeitsmöglichkeiten laut der kanadischen NGO Global Research direkt oder indirekt nutzen, ob Boeing, Motorola, Microsoft, AT&T, Wireless, Texas Instruments, Dell, Honeywell, Hewlett-Packard, Nortel, Lucent Technologies, 3Com, Intel oder Pierre Cardin.

Die Unternehmen finden aber auch ausreichend Möglichkeiten, um außerhalb der Gefängnismauern billige Arbeiter zu fin-

---

175 Kai Strittmacher, *Der Sprung*, *SZ*, 20.6.2015.

den.[176] Für Aufsehen sorgte im Mai 2016 ein Bericht der NGO Oxfam über Arbeitsverhältnisse in US-Geflügelzuchtbetrieben: Einem Großteil der 250.000 Arbeiter werde es verwehrt, während der Schichten auf Toilette zu gehen, weswegen diverse Arbeitnehmer unter Nierenerkrankungen litten und einige bei der Arbeit am Fließband Windeln trügen. Beschäftigten sei mit der Kündigung gedroht worden, wenn sie Pausen forderten. Die Geflügelindustrie mache »Rekordprofite« und stoße Milliarden von Hühnchen aus – gleichzeitig bleibe die Realität im Innern der Fabriken »düster und gefährlich«, kritisierte Oxfam.[177]

Ein Geschäftsmodell eignet sich besonders gut dafür, um sich als Unternehmen der Verantwortung für Beschäftigte zu entledigen: das Franchise-System. Als der Nähmaschinenfabrikant Issac Singer die Idee für diese Firmenorganisation hatte, dachte er an etwas ganz anderes. Ihm fehlte Kapital für Werbung und Vertrieb für seine hochwertigen Nähmaschinen. Da kam ihm die Idee, exklusive Verkaufsrechte an selbstständige Lizenznehmer zu vergeben, also vor allem Läden, die ohnehin Nähmaschinen verkauften. Die Franchise-Idee machte Karriere. Bald vergab Coca-Cola Abfüllrechte an lokale Unternehmer, die selbstständig Produktion, Lagerung und Verteilung des Softdrinks übernahmen und entsprechend auch für die lokalen Abfüllanlagen Leute einstellten und über deren Bezahlung und Behandlung bestimmten.

Heute arbeiten viele Konzerne mit diesem System, vor allem bei personalintensiven Dienstleistungen, allen voran Schnell-

---

[176] www.globalresearch.ca/the-prison-industry-in-the-united-states-big-business-or-a-new-form-of-slavery/8289?print=1/ abgerufen am 5.5.2016 und www.teamsternation.blogspot.de/2013/05/corporations-using-prison-labor-to-grab.html abgerufen am 17.5.2013.

[177] www.theguardian.com/us-news/2016/may/12/poultry-workers-wear-diapers-work-bathroom-breaks.

restaurantbetreiber wie McDonald's oder Burger King. Die Konzerne tragen keine Verantwortung für die Arbeitsbedingungen bei den Franchise-Nehmern, kassieren aber gut, ob für Waren, Design, Werbung oder Mieten für die Ladenlokale. Die Konzerne binden ihre Franchise-Nehmer häufig durch lange Verträge. Italienische Verbraucherschutzorganisationen sprechen sogar von gesetzeswidrigen Laufzeiten, angesichts von Verträgen, die teils über zwanzig Jahre laufen. Sie haben deswegen McDonald's bei der EU-Wettbewerbsbehörde wegen Machtmissbrauchs verklagt.[178] McDonald's nutzt dieses System immer wieder zum Kostensparen. Auf gehörigen Druck von der Kampagne für Mindestlohn in den USA kündigte der Konzern 2015 eine Lohnerhöhung an – sie galt aber nur für die 1.500 eigenen Restaurants und nicht die rund 12.500 Franchise-Restaurants. Außerdem gab der Konzern bekannt, der Anteil der nach dem Franchise-System betriebenen Filialen in Amerika solle von gut 80 auf 90 Prozent steigen, womit der Anteil der Beschäftigten weiter sinkt, für den das Unternehmen selbst die Verantwortung trägt. McDonald's hat übrigens vergeblich vor Gericht dagegen geklagt, dass der Begriff des McJobs in das *Oxford Dictionary* aufgenommen wurde, als Synonym für schlecht bezahlte Jobs.[179]

Aber auch unter den regulären Verhältnissen der angesehenen Automobilindustrie erhöhen Konzerne systematisch den Arbeitsdruck auf Beschäftigte. Erleben kann man dies im Kölner Ford-Werk, das als eines der effizientesten Autowerke überhaupt in Europa gilt. Die Arbeiter können von einer Gruppenarbeit in heimeliger Atmosphäre, wie sie im Volvo-Werk Kalmar vor vierzig Jahren existierte, nur noch träumen. Im Kölner Fiesta-Werk arbeiten die Beschäftigten am Fließband, welches sich

---

[178] *DPA*, 13.1.2016.

[179] *Spiegel*, 20.2.2016.

über zwei Etagen durch die riesige Halle zieht. An Arbeitsstationen hängen Ausdrucke, anhand derer man die genaue Wertschöpfung bei dem betreffenden Arbeitsschritt ablesen kann.

Die Arbeitsleistung von Menschen wird immer öfter direkt erfasst und verglichen, was es ermöglicht, jedem Einzelnen vorzuhalten, wo er steht, um ihn zu mehr Arbeit anzutreiben, wie die Mitarbeiter eines Callcenters einer Versicherung in Köln. Jeweils über einem Team kann man auf einer elektronischen Anzeige ablesen, wie viele Anrufe das Team bearbeitet, wie lange die Wartezeit der Kunden ist und wie es um die Erreichung der täglichen Zielvorgabe steht.

Wer einen abgehetzten Briefträger empfängt, der sich in Sekundenschnelle die Auslieferung der Sendung bestätigen lässt, bevor er auf dem Absatz kehrtmacht, kann sich kaum vorstellen, mit welcher Seelenruhe früher Briefträger ihre Arbeit erledigen durften. Fragt man ältere Briefträger, wann alles anders wurde, sagen sie unisono: »Mit der Privatisierung.« Abgeschlossen war die Umwandlung der Behörde Deutsche Bundespost in die drei gewinnorientierten Unternehmen Telekom, Post und Postbank 1996. Heute gehören Telekom und Post sogar zu den dreißig Unternehmen im Deutschen Aktienindex, die Postbank wurde von der Deutschen Bank geschluckt, soll jetzt aber wieder weiterverkauft oder an die Börse gebracht werden.

Regelmäßig werden die Routen der Briefträger optimiert, die an jedem Werktag in Deutschland vierundsechzig Millionen Briefe austragen.[180] Die Briefkästen sind in dem Zeiterfassungssystem IBIS hinterlegt, welches die Boten mit Daten füttern. Kombiniert mit den Daten der Gesamtmengen berechnet das Unternehmen daraus den Zuschnitt eines Bezirks. Die Produktivität im Briefgeschäft wurde gesteigert, indem man die Bezirke vergrößerte und die Zahl der Briefträger ver-

[180] Geschäftsbericht 2014, Deutsche Post DHL Group.

ringerte, seit der Privatisierung um rund ein Fünftel. Einige Arbeiten lagerte die Post an billigere Kräfte oder Nebenjobber aus. So leeren häufig Taxifahrer Briefkästen. Viele Briefträger scheinen an ihrer Leistungsgrenze angelangt zu sein. Trotzdem lässt sich deren Produktivität weiter steigern, indem man die Löhne senkt oder die Arbeitszeiten erhöht. Beides hat das Unternehmen gemacht.

Anfang 2015 gründete das Unternehmen Deutsche Post DHL neunundvierzig Regionalgesellschaften unter dem Namen Delivery. Die Mitarbeiter verdienen hier im Schnitt ein Fünftel weniger Lohn als ihre Kollegen. Für sie gilt nämlich nicht der Haustarif der Post, sondern der Tarif für die Speditions- und Logistikbranche. Die Gewerkschaft Verdi streikte wochenlang für eine Integration der Billigbeschäftigten, Berge von Briefen blieben liegen. Die Macht der Gewerkschaft bei der Post ist unvergleichlich größer als beispielsweise bei Amazon, aber auch hier war der Streik vergeblich. Ungleicher Lohn für gleiche Arbeit ist jetzt bei der Post etabliert, deren größter Anteilseigner immer noch der Staat ist.[181] Mittlerweile arbeiten in den Billiglohngesellschaften schon rund 9.000 Menschen.[182] Briefe sind übrigens die größte Gewinnquelle des Konzerns, und die Rendite in dem Geschäftsbereich ist sogar überdurchschnittlich hoch.[183] Mit den Milliardengewinnen aus dem Briefgeschäft ging die Post weltweit auf Einkaufstour und übernahm die Spedition Danzas, den Expressdienstleister DHL oder den Logistikkonzern Exel, zur Freude ihrer Eigentümer.

»Wir haben keine soziale Marktwirtschaft mehr«, sagte der Wirtschaftsforscher Marcel Fratzscher vom Deutschen Insti-

---

181 Beteiligt ist der Bund indirekt, über die staatseigene Förderbank KfW. Sie hält an der Post einen Anteil von 20,9 %. www.dpdhl.com/de/investoren/aktie/aktionaersstruktur.html/ abgerufen am 23.5.2016.

182 *FAZ*, 15.2.2016.

183 Geschäftsbericht 2014 der Deutsche Post DHL Group.

tut für Wirtschaftsforschung anlässlich der Vorstellung seines Buches *Verteilungskampf* im Frühjahr 2016. Man konnte diese Diagnose aber auch schon viel früher stellen. Mir hat sich ein Interview eingeprägt, das ich 2008 mit dem damaligen Telekom-Chef René Obermann und dem Betriebsseelsorger Erwin Helmer im Konferenzzentrum des Frankfurter Flughafen geführt habe. Hier prallte die Welt des Shareholder Value und die Welt der sozialen Marktwirtschaft aufeinander. Anlass war die geplante Schließung von 59 Callcentern der Telekom, von der fast jeder zweite der 18.000 Mitarbeiter betroffen war.[184]

»Wer die Aktionäre nicht zufriedenstellt, der bekommt auch kein investives Kapital«, verteidigte Obermann die Maßnahme. Für die Unternehmenspläne zum Netzausbau brauche man die Zustimmung der Aktionäre, alles andere sei doch »romantisch«. Der Betriebsseelsorger Helmer führte die Nöte der Beschäftigten in den Callcentern an. Eine Pendelei von eineinhalb bis zwei Stunden je Strecke zum neuen Arbeitsplatz bedeute für viele das berufliche Aus, vor allem wenn sie sich um Kinder kümmern oder Angehörige betreuen müssten. Jobalternativen gebe es selten, und jeder zehnte Betroffene sei schwerbehindert. Warum könne die Telekom denn nicht Callcenter technisch bündeln, wollte Helmer wissen, solche Lösungen gehörten doch zum Know-how des Konzerns. Obermann wollte keine Zugeständnisse machen. Die Telekom verhielt sich eben wie viele andere Unternehmen auch, welche die Verlagerung von Betriebsteilen eigentlich nutzen, um Beschäftigte loszuwerden. Offiziell wird dies anders verkauft, aber genau darum geht es. Denn ein erheblicher Teil der Beschäftigten kann oder will bei einer solchen Standortverlagerung nicht mitgehen.

»Wir müssen das Eigentum der Unternehmen sozial binden. Globalisierung hin oder her, wir müssen es schaffen, dass

---

184 *Stuttgarter Zeitung*, 23.8.2008.

die Globalisierung mit menschlichem Antlitz funktioniert. Dafür braucht es Regeln«, sagte Helmer und nutzte Begriffe, wie sie die Verfechter der sozialen Marktwirtschaft früher oft verwendet haben. Aber die Finanzmärkte sind auf dem Ohr taub, und die meisten Konzernmanager und Politiker bevorzugen heute ein anderes Vokabular.[185]

Tatsächlich konnten die Beschäftigten der Telekom-Callcenter froh sein, dass ihre Jobs zumindest in Deutschland blieben. Denn andere Unternehmen lagerten solche Tätigkeiten in die Ferne aus, vor allem nach Asien. Dort schieben die Callcenter-Mitarbeiter dann regelmäßig Nachtschichten, wegen der Zeitverschiebung zu den Kunden in den USA und Europa.

Gibt es eigentlich Gründe für ein Unternehmen, von sich aus für bessere Arbeitsbedingungen zu sorgen? Es gab schon immer Unternehmer, die eine moralische oder politische Verantwortung für ihr geschäftliches Tun gesehen haben, wie Robert Owen in den Anfangstagen der Industrialisierung. Er verbot in seiner Fabrik im schottischen New Lanark Arbeit von Kindern, die jünger als zehn Jahre waren. Seine Arbeiter mussten täglich nur 10,5 Stunden arbeiten, und sie erhielten eine Kranken- und Rentenversicherung und günstigen Wohnraum. Das rechnete sich sogar, weil die Produktivität stieg. Trotzdem setzte sich das Modell nicht durch. Im Laufe der Zeit gab es eine Menge sozial verantwortlicher Unternehmer: Siemens und Borsig in Berlin, Bosch in Stuttgart oder Krupp in Essen gehören dazu. Sie bauten Arbeitersiedlungen, Krankenhäuser oder Schulen und vieles mehr. Konzerne finanzierten häufig auch Kulturereignisse oder Sportvereine für die Allgemeinheit an den Standorten, wo sie tätig waren.

Seit dem Siegeszug des Shareholder Value schränkten vie-

---

185 *SZ*, 1.10.2008.

le Unternehmen solche Aktivitäten ein. Sie verkauften Werkswohnungen oder strichen die Unterstützung für lokale Institutionen. Besonders fatal wirkte es sich für Gemeinwesen jedoch aus, dass Konzerne immer weniger Steuern zahlten, weil sie Wege fanden, ihre Steuerbelastung durch legale Methoden drastisch zu senken.

Sinnvolle Jobs verhindern

Niemand würde bestreiten, dass Straßenfeger, Erzieher, Sozialarbeiter, Krankenschwestern, Altenpfleger und Polizisten in einer Gesellschaft sehr sinnvolle Tätigkeiten erledigen. Im Gehaltsgefüge stehen sie jedoch gewöhnlich weit unten, und daran dürfte sich vorerst auch nichts ändern. Denn eines haben sie alle gemeinsam, sie sind gewöhnlich beim Staat angestellt. Die öffentlichen Kassen vieler Staaten sind notorisch leer, weswegen es häufig zu wenig Menschen im öffentlichen Dienst gibt und diejenigen, die dort arbeiten, schlecht bezahlt werden. Klamme öffentliche Kassen spüren auch all diejenigen privaten Kleinunternehmer und Handwerker, die Schulen, Krankenhäuser oder Kindergärten bauen oder instandhalten.

Wer ist verantwortlich? Sicherlich zu einem gehörigen Maß die transnationalen Konzerne, welche die Zahlung von Steuern minimieren. Oft ganz legal – dann spricht man in Neudeutsch von legaler Steuervermeidung. Die Steuervorschriften lassen in allen Ländern große Spielräume für die Konzerne, die diese ausnutzen, sogar nach eigenem Selbstverständnis ausnutzen müssen.

Klaus-Peter Naumann, Vorstandssprecher beim Institut der Wirtschaftsprüfer, rechtfertigt das Vorgehen der Konzerne mit betriebswirtschaftlicher Logik: »Aus Sicht der Unternehmen sind Steuern Kosten.« Unternehmen werden versuchen, legal bestehende Möglichkeiten zur Steuerreduktion zu nutzen. Und sie sind das letztendlich ja auch ihren Aktionären schuldig, für die sie eben ein bestmögliches Ergebnis erwirtschaften sollen.[186]

»Steueroase Malta – Urlaub vom Fiskus machen«, warb die Beratungsfirma IMEX im Internet für den Finanzplatz Malta, schließlich biete das EU-Mitgliedsland »kleinen und großen Unternehmen viele Möglichkeiten der Gestaltung.« Auf der Homepage von PricewaterhouseCoopers (PwC), einer der großen Wirtschaftsprüfungsgesellschaften, las man unter der Überschrift »Gestaltungspotenzial bei der Steuerplanung«: »Steuerplanerisch werden in diesem Zusammenhang diverse Techniken genutzt, wie etwa sogenannte hybride Finanzierungen, die grenzüberschreitende Qualifizierungskonflikte ausnutzen, oder der Einsatz von Konzernfinanzierungsgesellschaften im niedrig besteuernden Ausland.« Mit einem Journalisten reden wollte PwC über das Thema nicht.

PwC, Deloitte, KPMG und Ernst & Young – das sind die vier großen Konzerne, die ihr Geld mit Wirtschaftsprüfung und Beratung anderer Konzerne verdienen. Früher waren es einmal fünf. Doch Arthur Anderson wurde nach der betrügerischen Pleite von Enron tatsächlich aufgelöst. Das verbliebene Quartett beschäftigt mehr als 750.000 Spezialisten in mehr als 150 Staaten. Ihre Kundenlisten lesen sich wie das »Who's who der Weltwirtschaft«. Eine wichtige Rolle spielen bei ihren Ratschlägen Steueroasen, also jene Staaten oder Gebiete, die keine oder besonders niedrige Steuern auf Einkommen, Gewinne oder Vermögen erheben. Nach Schätzung der NGO Oxfam haben neun von zehn großen Unternehmen mindestens eine Niederlassung in einer Steueroase.

---

[186] Caspar Dohmen, *Konzerne und ihre kreativen Steuertricks*, Sendung Hintergrund, DLF, 20.6.2013.

Für Aufsehen sorgte im Frühling 2016 die Veröffentlichung der sogenannten Panama-Papers in internationalen Medien, welche eindrucksvoll jedem Bürger die legalen Steuervermeidungsmöglichkeiten reicher Privatpersonen und Firmen demonstrierte. Bereits drei Jahre zuvor hatte die OECD für Furore beim gleichen Thema gesorgt, mit der Studie *Adressing Base Erosion and Profit Shifting*.[187] Zu Deutsch: Wie auf die Erosion der Steuerbasis und Gewinnverschiebung reagieren? Nachzulesen ist dort, wie Konzerne Zinsen und Dividenden um die Welt verschieben, um ihre Steuerzahlungen zu minimieren. In der Öffentlichkeit herrsche die Meinung vor, Abgaben würden nur von naiven Steuerzahlern entrichtet. Diese Diagnose sei alarmierend, heißt es. Die Verlierer seien Privatpersonen sowie kleine und mittlere Unternehmen, deren wirtschaftliche Aktivitäten sich auf den Heimatmarkt beschränkten. Einnahmen in Höhe von tausend Milliarden (eine Billion) Euro entgehen den EU-Ländern nach Schätzungen jährlich, weil multinationale Konzerne ihre Gewinne in Steueroasen verschieben. Das entspricht in etwa dem gesamten Rahmenbudget der Gemeinschaft für die Jahre 2014 bis 2020. Und das wäre eine Menge Geld, mit dem die sozialen Folgen der Finanzkrise und des Flüchtlingszustroms abgemildert werden könnten oder die marode Infrastruktur modernisiert werden könnte.

Mittels legaler Steuervermeidung entgehen alleine den Entwicklungsländern jährlich mindestens hundert Milliarden US-Dollar. Es gibt vielerorts eine absurde Ungerechtigkeit bei der Besteuerung wirtschaftlich Tätiger. So zahlte eine Kioskverkäuferin in Ghana angeblich mehr Steuern an den Staat als der Brauereigigant SAB Miller.[188] Und der US-Multimilliar-

---

[187] *Addressing Base Erosion and Profit Shifting*, OECD, 12.2.2013.

[188] *Unternehmen. Steuern. Entwicklung. Wenn Konzerne Gewinne in Steueroasen verschieben, schwächt das die Entwicklungsfinanzierung*, Studie, Hrsg. Misereor, 2011.

där Warren Buffet zahlte weniger Steuern als seine Sekretärin, was er selbst 2011 anprangerte. Heute »übt sich der erfolgreiche Investor in Steuersparmodellen«, bemerkt die Frankfurter Allgemeine Zeitung.[189]

Früher haben sich NGOs vor allem mit direkter Hilfe für Menschen vor Ort beschäftigt. Statt dafür Spenden zu sammeln, halten einige es mittlerweile für sinnvoller, dabei zu helfen, die Steuerschlupflöcher für Konzerne zu schließen. »Wissen Sie, dass die British Virgin Islands größter Investor in China sind und Mauritius in Indien?«, fragt Dereje Alemayehu, der hauptberuflich bei der Hilfsorganisation Christian Aid arbeitet und einen großen Teil seiner freien Zeit für die Arbeit der Global Alliance for Tax Justice aufwendet. Der Kenianer gehört zu der wachsenden Gruppe von Aktivisten, die sich in die Steuerthematik eingearbeitet haben – weil so armen Staaten am besten geholfen sei. Nicht nur weil es ziemlich illusorisch ist, dass die Industrieländer jemals alle die 0,7 Prozent ihres Budgets für die Entwicklungshilfe ausgeben, die sie sich eigentlich zum Ziel gesetzt haben. Sondern vor allem weil dieses Geld gar nicht ausreichen würde, um erfolgreich in Entwicklungsländern die Armut zu bekämpfen, Bildung zu verbessern, die Gesundheitsversorgung zu stärken und den Menschen vor Ort eine Perspektive zu geben.

Tatsächlich haben einige Entwicklungsländer in den vergangenen Jahren sogar mehr Steuern eingenommen – manche waren sogar kreativ, wenn es darum ging, unter schwierigen Verhältnissen die Einnahmen zu erhöhen. So belegen einige afrikanische Länder den Mobilfunk mit einer Sondersteuer, um eine Gesundheitsversorgung für die breite Bevölkerung aufzubauen. Aber solche Konsumsteuern zahlen alle, vor allem

[189] *FAZ*, 24.11.2014.

auch die Armen. Hilflos agieren Staaten jedoch, wenn es um die Besteuerung großer internationaler Konzerne geht. Selbst die mächtigen USA sehen bislang nur dabei zu, wie Konzerne Milliardensummen in Steueroasen bunkern. Dabei könnten sie gleich bei sich anfangen, beherbergen sie doch einige der wichtigsten Steueroasen wie Delaware, eine Lieblingsdestination von Konzernen für Briefkastenfirmen.

Bananenrepubliken

Manche Konzerne hatten im Laufe der Geschichte keine Skrupel, mit dem Umsturz von Regierungen zu sympathisieren oder ihn gar zu unterstützen. Legendär ist der Fall des US-Bananenmultis United Fruit Company in Guatemala. Dort wollte die gewählte, linksgerichtete Regierung in den 1950er-Jahren eine Landreform durchführen. Wenn Agrarland zu zwei Dritteln brachlag, sollte dessen Besitzer enteignet werden, um die Flächen Landlosen zur Verfügung zu stellen. Betroffen gewesen wäre auch die United Fruit Company, die vor allem Bananen anbaute. Einen ersten, von dem Konzern angestoßenen Putschplan stoppte der amerikanische Präsident Harry S. Truman 1952. Zwei Jahre später gab jedoch der neue Präsident Dwight D. Eisenhower grünes Licht für die Aktion.[190] Der US-amerikanische Geheimdienst CIA zettelte einen Putsch an – auf eine demokratische Regierung folgte eine blutige jahrzehntelange Militärdiktatur. Seitdem spricht man von Bananenrepubliken. Wiederholt waren die USA in weitere Umstürze in der Region verwickelt, ob in Brasilien, der Dominikanischen Republik oder Chile.

---

[190] vgl. Stephan.Schleßinger und Stephan Kinner, *Bananenkrieg. Das Exempel Guatemda*, München 1986.

Der Konzern United Fruit Company gab sich wohl auch aus Imagegründen später den neuen Namen Chiquita, aber sein Verhalten änderte er nicht konsequent. Zwischen 1997 und 2004 unterstützte der Konzern mit 1,7 Millionen Dollar die Vereinigten Selbstverteidigungsgruppen Kolumbiens (AUC), eine paramilitärische Einheit, die von der US-Regierung als terroristische Vereinigung eingestuft wurde. Die Zahlungen seien mit Wissen ranghoher Manager erfolgt und in den Bilanzen vertuscht worden, räumte das Unternehmen später ein. Angesichts einer erdrückenden Beweislast stimmte die Firma am 15. März 2007 einem Vergleich mit dem US-Justizministerium zu und bezahlte ein Bußgeld von 25 Millionen Dollar. Ein Prozess wäre den Konzern mit Sicherheit teurer gekommen und hätte für weitere negative Schlagzeilen gesorgt.[191]

Gewöhnlich finden Konzerne jedoch friedliche Wege, um ihre Interessen durchzusetzen. Ihr Einfluss steigt schon aufgrund ihrer Größe. Konzerne wachsen und können damit ein immer größeres Gewicht in die Waagschale werfen.

Als Indikator für das Kräftegleichgewicht zwischen Konzernen und Staaten wird oft der Vergleich des Bruttoinlandsprodukts (BIP) von Staaten und des Umsatzes von Konzernen herangezogen. Der Vergleich hinkt, weil das BIP die Summe der Wertschöpfungen und nicht des Umsatzes ist, trotzdem ist es hilfsweise ein sinnvoller Indikator. Der umsatzstärkste Konzern der Welt war 2014 der amerikanische Einzelhandelskonzern Walmart. Dessen Umsatz war höher als das Bruttosozialprodukt von 170 der rund 200 Länder.

---

[191] *SZ*, 19.5.2010.

Die größten Internetfirmen im Vergleich zu Staaten

Quelle: McKinsey & Company basierend auf Forbes; Fortune 500; World Bank; company websites, annual reports, and press releases; McKinsey Corporate Performance Analysis Tool; McKinsey Global Institute analysis

Wachstum international tätiger Konzerne und deren Verteilung auf Länder

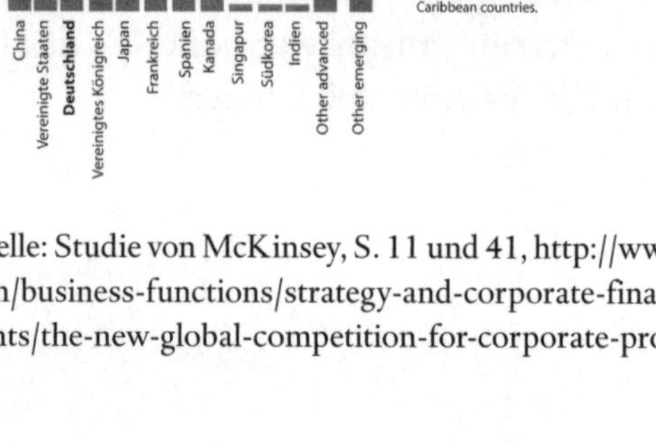

Quelle: Studie von McKinsey, S. 11 und 41, http://www.mckinsey.com/business-functions/strategy-and-corporate-finance/our-insights/the-new-global-competition-for-corporate-profits.

Gesetze aus Konzernfedern

In den USA müssen Konzerne ihre Lobbyaktivitäten zumindest registrieren und regelmäßig berichten, wen sie in welchem Umfang bezahlt haben. In Brüssel gibt es lediglich ein freiwilliges Register – ein Witz, angesichts von schätzungsweise bis zu 30.000 Lobbyisten dort. Nur ein Bruchteil hat sich davon in das freiwillige Register eingetragen. Apple, Disney, Adidas, Heineken oder Nissan boykottierten das Verzeichnis beispielsweise komplett, ebenso wie viele der großen Anwaltskanzleien.[192] Heute verteidigen Lobbyisten die Interessen aller wirtschaftlichen Branchen, ob Lebensmittel, Autos, Tabak, genmanipulierte Getreide, gefährliche Chemikalien oder unwirksame Pharmazeutika. Eine wichtige Rolle spielen dabei auch Thinktanks und andere vorgeblich unabhängige Experten mit ihren angeblich neutralen wissenschaftlichen Studien.

Lobbyisten schrecken nicht einmal davor zurück »Graswurzel-Aktivitäten« oder Bürgerengagement vorzutäuschen, um ihre Produkte, Ideen oder die Konsumentenfreiheit gegen den Staat zu verteidigen.[193] Sie haben Petitionen entworfen und unterschreiben lassen, bisweilen von ihren eigenen Mitarbeitern. Das Center für Konsumentenfreiheit schaffte es einige Jahre, Rauchverbote auf öffentlichen Plätzen zu verhindern. Es verteidigte auch die Alkohol- und Fastfood-Industrie und entwarf Antigewerkschaftskampagnen großer Konzerne.[194]

Die Regierungen stärken den Einfluss der Lobbyisten, beispielsweise durch die Schaffung von Expertengruppen wie dem International Accounting Standard Board (IASB), welches die

---

192 SZ, 18.10.2013.

193 Siehe auch: www.bpb.de/apuz/32777/grassrootscampaigning-und-chancen-durch-neue-medien?p=all.

194 www.tni.org/stateofpower2014, S. 11.

Grundsätze festlegt, nach denen Kapitalgesellschaften ihre Jahresabschlüsse aufstellen müssen. Entstanden ist es, weil die EU mit einer großen Bandbreite von Regulierungen und Bilanzierungsregeln in ihren damals 27 Mitgliedsländern konfrontiert war. Sie rief eine Ad-hoc-Gruppe ins Leben und bat die vier großen Wirtschaftsprüfungsgesellschaften um Hilfe. Mit der Zeit verwandelte sich die Gruppe in eine offizielle Agentur, die IASB, die heute die Regeln für 66 Länder entwirft, ganz Europa und Australien. Kritik konterte die EU-Kommission mit dem Hinweis, dass die Agentur nur technische Aspekte behandele. Wie wichtig solche technischen Aspekte für die Bilanzierung von Banken sind, weiß jedoch spätestens seit der Finanzkrise jeder.

Als Gesellschaft sollten wir uns die Frage stellen, bemerkt der Soziologe Colin Crouch, was mit der Demokratie und der Zivilgesellschaft geschieht, »wenn die großen Konzerne nicht nur, quasi von außen, starken Druck auf politische Prozesse ausüben, sondern auch zu internen Mitspielern, ja vielleicht sogar zu den wichtigsten Bürgern werden.« Konzerne üben Macht aus, ohne dass damit entsprechende Verantwortung und ausreichende Haftung einhergeht. Ihre Macht entspringt nicht nur ihrer Größe, ihrem enormen Vermögen und großen Beteiligungen, die eine Gefahr für die Demokratie darstellen. Es ist ebenso ihre Konzentration, ihre Möglichkeit, Einfluss zu nehmen und mitunter direkt die Gesetzgebung mitzubestimmen, aber auch ihre Fähigkeit, als eine internationale Klasse zu agieren gegen die Interessen und Güter der Gemeinschaft. Sie teilen eine gemeinsame Sprache, ein gemeinsames Weltbild und gemeinsame Ambitionen, die uns alle berühren, warnt Susan George, Vorsitzende von Attac in Frankreich. Ein Abbau von Arbeitsstandards steht für viele Wirtschaftslenker und Politiker auf der Prioritätenliste. Welche Rolle spielen die Gewerkschaften? Können sie noch dagegenhalten? Damit werde ich mich im Folgenden beschäftigen.

Kapitel 3: Gewerkschaften

»Alle Menschen haben das Recht, sich friedlich zu versammeln und zu Vereinigungen zusammenzuschließen. Niemand darf gezwungen werden, einer Vereinigung anzugehören.«

Allgemeine Erklärung der Menschenrechte, Artikel 20

Kleine Siege und große Niederlagen

Der Schiffsfriedhof von Gadani, 50 Kilometer nordöstlich der pakistanischen Industriestadt Karatschi am Arabischen Meer. Am Rande des Geländes steht eine Holzhütte. Darauf flattert eine zerfetzte rote Fahne. Sand dringt durch die Ritzen. Drinnen sitzen einige Aktivisten, lesen Zeitung, telefonieren, diskutieren. Der Gewerkschafter Nasir Mansoor berichtet von einem wilden Streik, an dem sich 2009 mehr als 10.000 Arbeiter der 145 Werften auf dem 11 Kilometer langen Strandabschnitt beteiligt hätten. Es ging um höhere Löhne, bessere Sicherheit und Gesundheit sowie Trinkwasser und Essen. Der Arbeitskampf war erfolgreich. Es kam zu Verhandlungen, und die Unternehmer erhöhten die Löhne und versprachen, mehr für Gesundheit und Sicherheit zu tun. Nach dieser Aktion gründeten Arbeiter eine reguläre Gewerkschaft und meldeten sie bei den Behörden wie vorgeschrieben an.

Die neue Organisation war den Unternehmern ein Dorn im Auge, die alles beim bisherigen Zustand belassen und auf den Schiffsfriedhöfen allenfalls sogenannte gelbe Gewerkschaften tolerieren wollten, in denen sie selbst das Sagen hätten. Die Unternehmer hätten sich organisiert und die Arbeitsbehörden mit vier Millionen Rupien bestochen, sagen die Aktivisten. Darüber hätten die Beamten in der Arbeitsbehörde ganz offen mit ihnen gesprochen, behaupten sie. Die Gewerkschaft verlor die Genehmigung, bevor sie richtig loslegen konnte.

Es ist eine Niederlage einer kleinen Gewerkschaft. Aber Niederlagen häufen sich in dem Metier. Von den weltweit rund 2,9 Milliarden Arbeitnehmern sind nur 200 Millionen in einer freien Gewerkschaft organisiert, also nicht einmal 7 von 100 Arbeitnehmern.[195] Gewerkschaften sind nicht nur in Ländern schwach, wo Diktatoren sie unterdrücken, sondern sie verlieren auch in alten Demokratien wie den USA, England oder Frankreich an Zugkraft. In den Industrieländern sind heute 17 von 100 Beschäftigten organisiert, vier Prozent weniger als 1999. Selbst gewerkschaftliche Hochburgen seien oft kaum mehr als »zunehmend isolierte und in ihrer Existenz bedrohte Inseln einer sich weltweit in der Defensive befindlichen« Arbeitnehmerbewegung, heißt in einer Studie der SPD-nahen Friedrich-Ebert-Stiftung.[196]

Gewerkschaften haben eine zentrale Rolle bei der Einführung fundamentaler Sozial- und Arbeitsrechte gespielt und für eine größere Beteiligung der Beschäftigten am Wohlstand gesorgt. Heute sind sie häufig nicht mehr in der Lage, bestehende Regelungen zu verteidigen, geschweige denn noch Fortschritte für die Beschäftigten zu erreichen. Das zeigt der große Unterschied in der Entwicklung von Reallöhnen und Arbeitsproduktivität. Selbst beim IWF, auf dessen Druck in vielen Ländern Schutzrechte für Arbeitnehmer abgebaut worden

---

195 *Solidarität ohne Grenzen, Starkmachen für globale Gerechtigkeit*, S. Hrsg. IG Metall

196 Carsten Hübner, *Globale Wertschöpfungsketten organisieren. Eine neue Herausforderung für Gewerkschaften*, FES, August 2015, S. 5

Entwicklung der durchschnittlichen Löhne und der Arbeitsproduktivität in den entwickelten Ländern , 1999–2013

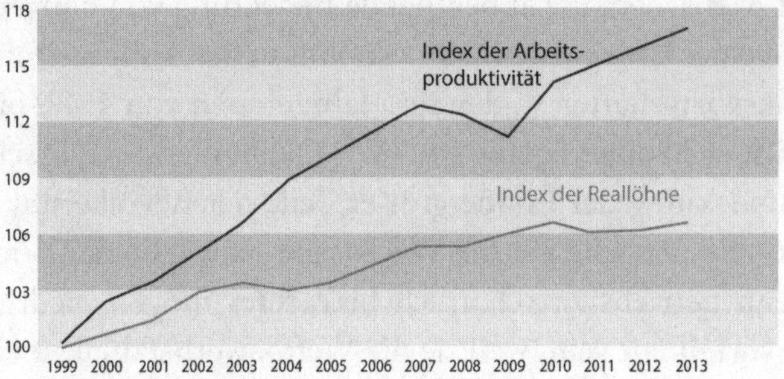

Note: Das Basisjahr bildet das Jahr 1999.

Quelle: ILO basierend auf ILO Global Wage Database, ILO Trends Econometric Models, Apr. 2014.

Der Anteil der Löhne ist seit 1980 gefallen

Lohnquote am Nationaleinkommen, 1980–2012, in Prozent

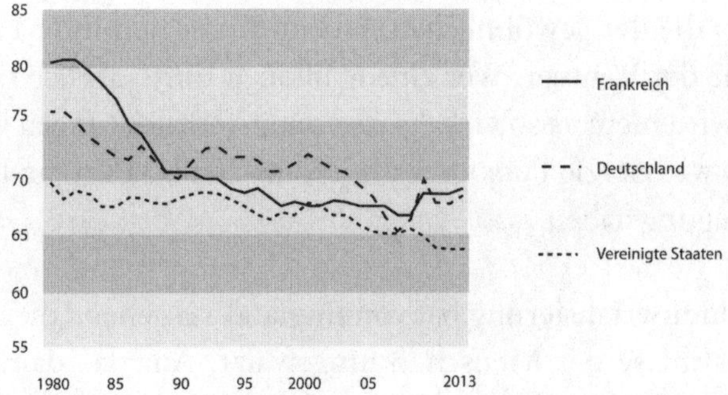

Quelle: Mc Kinsey & Company basierend auf SOURCE: OECD; McKinsey Global Institute analysis

Quelle: McKinsey-Studie, S. 82 http://www.mckinsey.com/business-functions/strategy-and-corporate-finance/our-insights/the-new-global-competition-for-corporate-profits.

sind, schlagen Ökonomen mittlerweile Alarm angesichts der Schwäche der Gewerkschaften. Sie sei ein wichtiger Grund für die zunehmende Vermögenskonzentration in der Hand weniger Menschen, die abnehmende Bedeutung von Umverteilung und einer Erosion des Mindestlohns in den zwanzig führenden Volkswirtschaften in den drei Jahrzehnten von 1980 bis 2010, heißt es in einer Studie von IWF-Ökonomen.[197] Die schwache Entwicklung der Löhne großer Teile der Bevölkerung gilt als zentrale Ursache für die Wachstumsschwäche der Wirtschaft. Denn betriebswirtschaftlich betrachtet mögen niedrige Löhne vorteilhaft sein, weil sie die Wettbewerbsfähigkeit einer Firma erhöhen. Gesamtwirtschaftlich sieht die Rechnung jedoch ganz anders aus: Löhne bedeuten eben gleichzeitig auch immer Nachfrage nach Produkten und Dienstleistungen. Wenn viele Menschen wenig verdienen, bleibt die Nachfrage in der Wirtschaft entsprechend niedrig, was den Unternehmen als Gesamtheit wiederum schadet. Entscheidend für eine florierende Wirtschaft ist die Kaufkraft der breiten Bevölkerung, also vor allem die der gewöhnlichen Arbeitnehmer und ihrer Familien sowie der Rentner. Wer eine Millionen Euro jährlich verdient, der wird niemals so viele Waren und Dienstleistungen verbrauchen wie vierzig Personen, die jeweils 25.000 Euro im Jahr zur Verfügung haben.

Die Industrialisierung hat von England ausgehend die Lebensverhältnisse der Menschen umgewälzt. Auf das damit auch einhergehende Elend hat die Arbeiterbewegung mit vier wesentlichen Organisationsformen reagiert: Arbeiter gründeten Gewerkschaften als ihre Interessenvertretung und Arbeiterparteien als politische Organisationen, sie schufen Genos-

---

[197] www.imf.org/external/pubs/ft/fandd/2015/03/jaumotte.htm, abgerufen am 11.8.2015..

senschaften und wirtschaftliche Unternehmen in Eigenregie sowie Freizeit- und vor allem Bildungsvereine. Die Arbeiterbewegung war lange Zeit extrem erfolgreich. Sie erkämpfte für die Arbeiter viele Mitwirkungsmöglichkeiten und vor allem einen wesentlich größeren Anteil am Volkseinkommen. Zwischen 1870 und 1981 stieg in Deutschland der Anteil des Volkseinkommens, der über Löhne und Gehälter aus Erwerbsarbeit entsteht, von 43,7 Prozent auf 75,3 Prozent des Bruttosozialprodukts zu Marktpreisen.[198]

Wenn die Macht die Seite wechselt

Die Macht einer Gewerkschaft ist vor allem von zwei Faktoren abhängig: dem Anteil der Beschäftigten an den Belegschaften einer Fabrik oder Branche (Organisationsmacht) und ihren Möglichkeiten, einen Wirtschaftsprozess zu beeinflussen (Produktionsmacht). Seit der Geburt der modernen Arbeiterbewegung Ende des 19. Jahrhunderts in Westeuropa und Nordamerika hat sich das Kräfteverhältnis zwischen Gewerkschaften und Arbeitgebern wiederholt verschoben, vor allem aufgrund organisatorischer Veränderungen und technischer Neuerungen. Mal hatten die Arbeitgeber in einer Branche Oberwasser, mal die Gewerkschaften. Aber seit dem großen Schub der Globalisierung, der 1989 einsetzte, befinden sich die Arbeitgeber in einer anhaltenden Offensive und die Gewerkschaften in der Defensive.

Die Veränderungen lassen sich gut an der Automobilindustrie studieren, der Leitindustrie des 20. Jahrhunderts. Anfangs wurden Automobile in Manufakturen von Handwerkern her-

---

[198] Heinz-Josef Bontrup, *Lohn und Gewinn: volks- und betriebswirtschaftliche Grundzüge*, 2. Auflage, München 2008, S. 53.

gestellt. Dann revolutionierte Henry Ford mit der Einführung der Fließbandfertigung 1914 die Fabrikproduktion. Die Arbeit wurde in viele Schritte zerlegt, welche mühelos auch angelernte und damit billigere Arbeitskräfte am Band erledigen konnten. Verlierer waren die gut ausgebildeten Handwerker, die bisher die Autos gebaut hatten. Ein sicherlich ungewollter Nebeneffekt aus Sicht der Arbeitgeber war die steigende Produktionsmacht der Arbeiter durch diese organisatorische Änderung. Bereits wenige Arbeiter konnten nun die ganze Produktion lahmlegen. Diese Chance nutzten Arbeiter und zwangen mit General Motors (GM) sogar einen der größten Konzerne zum Abschluss eines Tarifvertrags. Voran ging ein legendärer Arbeitskampf, den die Soziologin Beverly J. Silver in *Forces of Labor* nachzeichnet ebenso wie die Veränderungen des Kräfteverhältnisses zwischen Arbeitgebern und Beschäftigten, angefangen GM in Flint im US-Bundesstaat Michigan.[199]

Am 30. Dezember 1936 besetzten hier engagierte Arbeiter die Fisher-Karosseriewerke Nummer eins und zwei von GM. Der Zeitpunkt schien schlecht gewählt, denn die amerikanische Wirtschaft litt noch unter den Folgen der Weltwirtschaftskrise, die Zahl der Arbeitslosen war hoch, und nur wenige Arbeiter waren organisiert bei GM, einem ausgesprochen gewerkschaftsfeindlichen Konzern. Den Streikenden gelang es aber mit einem Sitzstreik, die gesamte Fertigung der Werke anzuhalten. Nun schlossen sich auch zögerliche Kollegen der Aktion an, und weil die beiden Werke eine Schlüsselrolle in der Fertigung des Autobauers innehatten, brach die Produktion ein: binnen kurzer Zeit von 50.000 Fahrzeugen monatlich auf 125 in den ersten Februarwochen. Zweieinhalb Monate nach dem Streikauftakt musste der Konzern gezwungenermaßen einen Tarifvertrag mit der

---

[199] Beverly J. Silver, *Forces of Labor. Arbeiterbewegungen und Globalisierung seit 1870*, Berlin-Hamburg 2005, S. 69 ff.

Gewerkschaft United Auto Workers (UAW) unterschreiben, er galt für zwanzig Werke, die im Norden der USA lagen. Das Management reagierte bald mit dem Bau von Fabriken im traditionell gewerkschaftsfeindlichen Süden der USA. Dort konnten die Gewerkschaften erst 1979, also mehr als vier Jahrzehnte später, die Geltung des Tarifvertrags in GM-Werken durchsetzen.

Das gleiche Muster kann man in der ganzen Automobilindustrie beobachten. Wenn Automobilgewerkschaften an einem Standort Macht gewannen und eine größere Beteiligung der Beschäftigten an den Gewinnen erreichten, reagierten Automobilkonzerne laut Silver regelmäßig mit zwei Maßnahmen: Sie verlagerten Fertigung in Regionen mit niedrigeren Löhnen und schwächeren Gewerkschaften und ersetzten menschliche Arbeitskraft durch Maschinen. Damit verschoben sie das Kräfteverhältnis wieder zugunsten des Kapitals. Ab Ende der 1950er-Jahre investierten amerikanische Automobilkonzerne wie GM und Ford zum Beispiel in erheblichem Ausmaß in Westeuropa, wo die Löhne verglichen mit den USA damals deutlich niedriger waren.

Auf Wellen von Arbeiterunruhen in den 1960er-Jahren reagierten die amerikanischen und europäischen Automobilkonzerne mit dem Bau von Fabriken in Mexiko, Brasilien oder Südafrika. Das VW-Management erhöhte beispielsweise die Direktinvestitionen im Ausland zwischen 1967 und 1975 um das Fünffache, vor allem in Brasilien und Mexiko. Fiat automatisierte damals bereits die gesamte Motorenproduktion. Anfang der 1980er-Jahre gerieten die Arbeiterbewegungen in Europa in die Defensive, während Arbeiterbewegungen in der Automobilindustrie an neuen Produktionsstandorten wie Brasilien, Südafrika und Südkorea an Macht gewannen und Zugeständnisse der Arbeitgeber erreichten – trotz häufig massiver Repression der jeweiligen Staaten. So wurden 1989/90 Aktivisten in Südkorea entlassen, verhaftet oder entführt und Streiks durch den Einsatz paramilitärischer Einheiten beendet. In Südafrika erkämpften sich schwarze Arbeiter mit langen Streiks erst das Recht, eigene Gewerkschaften gründen zu dürfen.

Nach dem Mauerfall bauten Autohersteller Werke in den mittel- und osteuropäischen Ländern und China, wo einer der größten Automobilmärkte der Welt entstand. Ungarn ist heute nach Ansicht der IG Metall eine Art »Labor« für deutsche Autobauer. Dort probierten Firmen, wie die VW-Tochter Audi, neue Arbeitsbewertungssysteme oder Arbeitszeitmodelle aus, die in Deutschland auf Widerstand der Gewerkschaften stoßen würden. In Ungarn gehe dies widerstandsloser, weil die Arbeitsrechte schwach und die Gewerkschaften heillos zersplittert und entsprechend machtlos seien.[200] Denn in Russland und den Staaten Ost- und Mitteleuropas ist die Transformation vieler Gewerkschaften von ehemals staatlich kontrollierten und häufig diskreditierten Institutionen zu einer unabhängigen Interessenvertretung der Beschäftigten noch nicht ganz gelungen. In China gibt es sogar nur eine Einheitsgewerkschaft, den All-Chinesischen Gewerkschaftsbund, der vom Staat kontrolliert wird und keine freie Gewerkschaft ist.

Teile und herrsche

Freie Gewerkschaften befinden sich global betrachtet auf dem Rückzug. Laut dem internationalen Gewerkschaftsbund IGB sind nur noch weniger als sieben Prozent der fest angestellten Arbeitnehmer in freien Gewerkschaften organisiert.[201] Sind die Beschäftigten an einem Ort gering oder gar nicht organisiert, wirkt sich dies regelmäßig auch auf Beschäftigte aus,

---

200 Siehe *Solidarität ohne Grenzen,* Hrsg. IG Metall, S. 36.
201 Ebenda S. 5.

die anderswo besser organisiert sind. Machen die Beschäftigten an einem Standort Zugeständnisse, können die Arbeitgeber damit an einem anderen Standort wiederum Arbeiter unter Druck setzen. Und die gewerkschaftsfreien Zonen weiten sich aus. So funktioniert Globalisierung

Die Schwäche der Gewerkschaften resultiert auch aus einer organisatorischen Veränderung, die generell in der Fertigungsindustrie erfolgt ist, ob bei Autos, Spielzeug oder Computern. Die Firmen haben wie oben beschrieben, einen wesentlichen Anteil der Arbeit auf Zulieferer ausgelagert, um ihre eigene Gewinnmarge zu erhöhen. Zulieferer bauen mittlerweile selbst komplexe Komponenten wie Kabelstränge, komplette Getriebe oder Computerbordsysteme. Mehr als vier Fünftel der Wertschöpfung eines Autos erledigen bereits Zulieferer. Jede Firma versucht, ihre eigene Wertschöpfung zu erhöhen, indem sie Lieferanten sucht, die einzelne Komponenten günstiger fertigen. Deswegen reicht das Beschaffungsnetz deutscher Autobauer bis nach Moldawien, Tunesien oder Pakistan.

Unter Machiavellismus versteht man ein vom Renaissance-Philosophen Niccolò Machiavelli beschriebenes Verhalten, welches raffiniert ist, aber ohne ethische Einflüsse von Moral und Sittlichkeit die eigene Macht und das eigene Wohl als alleiniges Ziel sieht. Diese Strategie beherrschen heute Konzerne.

Selbst die IG Metall, vielleicht die stärkste Gewerkschaft der Welt, konnte nicht verhindern, dass die Belegschaften bei den Autobauern gespalten wurden und neben der Kernbelegschaft auch Leiharbeiter oder Werkvertragsarbeiter am Band stehen und Fahrzeuge fertigen. Ungleicher Lohn für gleiche Arbeit – das gilt heute quer durch die Wirtschaft. Nur die Kernbelegschaft erhält feste Arbeitsverträge sowie Lohn und sonstige Leistungen entsprechend des mit der Gewerkschaft vereinbarten Tarifvertrags.

Vorreiter bei dem Konzept ist der japanische Automobilkonzern Toyota. Allerdings war der japanische Konzern in einem Punkt entschieden arbeitnehmerfreundlicher als seine Nachahmer. Die Firma begann bereits in den 1950er-Jahren mit der Flexibilisierung der Arbeitsabläufe durch die Umstellung auf eine sogenannte Just-in-time-Produktion. Zulieferer brachten ihre Teile nun möglichst direkt bis an das Fließband, eben *just in time*. So konnte Toyota seine Lagerhaltung und damit die eigenen Kosten drastisch senken und sich einen Preisvorteil gegenüber den Konkurrenten schaffen. Seiner Kernbelegschaft gab das Management eine Arbeitsplatzgarantie und vermied damit Proteste der Beschäftigten. Als »*lean and dual*« bezeichnete man das System, schreibt die Soziologin Beverly J. Silver, weil es einer Kernbelegschaft im Austausch gegen ihre loyale Mitarbeit Arbeitsplatzsicherheit garantiere, gleichzeitig aber einen Puffer aus weniger privilegierten Arbeitern und Arbeiterinnen anlege, die nicht die gleichen Rechte und Ansprüche hatten. Anpassungsdruck und niedrigere Bezahlung kennzeichnete den Alltag der Arbeiter bei den Zulieferern, die diesen teilweise wiederum an andere Zulieferer abgaben. Die Konkurrenten kopierten das Produktionskonzept in den 1980er- und 1990er-Jahren, allerdings nur die massive Auslagerung von Tätigkeiten an Sublieferanten und die Just-in-time-Produktion, auf die Arbeitsplatzgarantien für ihre Belegschaften verzichteten sie weitgehend.[202]

[202] Vgl. Beverly J. Silver, *Forces of Labor. Arbeiterbewegungen und Globalisierung seit 1870*, Berlin-Hamburg, 2005, S. 69 ff.; siehe auch: Taiichi Ohno, *Toyota Production System. Beyond Large-Scale Produktion*, New York 1988.

Ankunft in der Gesellschaft

Die moderne Arbeiterbewegung wurde in der zweiten Hälfte des 19. Jahrhunderts in Westeuropa und in Nordamerika geboren. Entscheidend für deren Aufstieg war der Schulterschluss von Facharbeitern und angelernten Arbeitern, die vorher meist getrennt agiert hatten.[203] Nachdem sie erkannten, dass sie prinzipiell die gleichen Interessen hatten, hatten sie Erfolg. Sie gründeten Gewerkschaften und Arbeiterparteien wie die SPD in Deutschland, die Labor Party in Großbritannien oder die sozialistische Partei in Frankreich und die kommunistischen Parteien. Staaten reagierten häufig repressiv: Streiks wurden gewaltsam bekämpft oder Arbeiterparteien verboten, die SPD beispielsweise 1878. Aber durch Unterdrückung ließ sich der Aufstieg der Arbeiterorganisationen nicht mehr verhindern. Erst in einer Situation größter Bedrängnis – dem Ersten Weltkrieg – stimmten Staaten und Arbeitgeber vielerorts Tarifverhandlungen und Schlichtungssystemen für Streitigkeiten zwischen Beschäftigten und Arbeitgebern zu. Im Begriff »Betriebsrat« klingt noch die revolutionäre Rätebewegung von 1918/19 an, in der sich Arbeiter und Soldaten vielerorts organisiert hatten, um eine andere Gesellschaft aufzubauen. Sie scheiterten bei der Umsetzung ihrer weitreichenden Vorstellungen von Arbeiterrechten. In der Weimarer Republik wurden Betriebsräte zugelassen,[204] unter den Nationalsozialisten wieder abgeschafft und nach dem Zweiten Weltkrieg durch die Alliierten erneut hierzulande etabliert.

---

203 Siehe zur Chronik der Gewerkschaftsgeschichte bei der Hans Böckler Stiftung: www.gewerkschaftsgeschichte.de.

204 Axel Weipert, Vor den Toren der Macht. Die Demonstration am 13. Januar 1920 vor dem Reichstag. Jahrbuch zur Erforschung der Arbeiterbewegung, Mai 2012, S. 16 ff.

Nach der Weltwirtschaftskrise und dem Zweiten Weltkrieg war der Laissez-faire-Kapitalismus auch aus Sicht der bürgerlichen politischen Eliten diskreditiert. Die Regierungen in Europa und Nordamerika betrachteten das Wirtschafts- und Finanzwesen nun als ein Mittel, mit dem die Politik soziale Gerechtigkeit in der Gesellschaft umsetzen sollte. Sie schufen deswegen neue Regeln und Institutionen. Nationalstaaten bekamen die Möglichkeit, ihre Beschäftigten, Unternehmen und Währungen beispielsweise vor der Vernichtung durch unregulierte Kräfte des Weltmarkts zu schützen.[205]

Verbessert werden sollte auch die Situation der Beschäftigten: »Arbeit ist keine Ware«, heißt es in der Grundsatzerklärung der Internationalen Arbeitsorganisation ILO 1944. Durch den Wechsel des wirtschaftspolitischen Paradigmas vom Liberalismus der Vorkriegszeit zum Keynesianismus der Nachkriegszeit bekamen die Gewerkschaften Rückenwind. Erleichtert wurde die beidseitige Akzeptanz von Gewerkschaften und Unternehmern durch den Wirtschaftsaufschwung. Die Einbindung der Gewerkschaften und das Ende des Klassenkampfes hatten eine befriedende Funktion für die Gesellschaft. Die Einkommensungleichheit sank bis in die 1970er-Jahre, dank steigender Löhne, Steuerprogression, Sozialleistungen und staatlicher Absicherung, allerdings veränderten sich die Besitzverhältnisse kaum.

Die politische Elite im Westen hielt den Sozialstaat für unverrückbar. Symptomatisch waren die Worte von US-Präsident Dwight Eisenhower 1954: »Sollte irgendeine politische Partei den Versuch wagen, die Sozial- und Arbeitslosenversicherung oder Arbeitsrechte und Agrarprogramme abzuschaffen, würde man von dieser Partei in unserer politischen Ge-

---

205 Vgl. Tony Judt, *Geschichte Europas von 1945 bis zur Gegenwart*, Frankfurt, 3. Auflage, 2009, S. 94 ff.

schichte nichts mehr hören. Es gebe da natürlich eine winzige Splittergruppe, die glaube, man könne diese Dinge tun. Dazu gehören auch einige texanische Ölmilliardäre und der eine oder andere Politiker oder Unternehmer aus anderen Bereichen. Aber ihre Zahl ist unbedeutend, und sie sind dumm«, betonte der Präsident.[206] Was für ein Irrtum!

Schleichendes Gift für Solidarität

Ab den 1980er-Jahren bekamen die Gewerkschaften gehörig Gegenwind, ausgehend von amerikanischen Konzernen und Banken sowie rechten Vordenkern aus Thinktanks. Bereits unter dem Demokraten Jimmy Carter, der die USA von 1977 bis 1981 führte, wurde das Transportgewerbe dereguliert, Steuervergünstigungen für Unternehmen und Vermögende geschaffen und gewerkschaftsfreundliche Gesetze abgeschafft, beispielsweise das Verbot für Arbeitergeber, bei einer Arbeitsauseinandersetzung Streikbrecher einzusetzen. Entscheidend geschwächt wurden die Gewerkschaften in den traditionellen Industrieländern erst nach der Machtübernahme von Margret Thatcher in Großbritannien und Ronald Reagan in den USA. Letzterer hatte zwar seine politische Karriere als Gewerkschafter für Schauspieler in Hollywood begonnen, avancierte aber genauso wie Thatcher zum Schrecken der Arbeiter. Beide Politiker setzten auf eine rigorose neoliberale Politik des Individualismus, der jedoch nicht umstandslos mit dem älteren Neoliberalismus der Freiburger Schule gleichgesetzt werden kann. Legendär ist Thatchers Ausspruch: Es gebe keine Gesellschaft, sondern nur individuelle Männer und Frauen und Familien.[207]

---

206 Michael S. Mayer: *The Eisenhower Years. Facts on File*, New York 2010, S. 191.

207 Siehe *Guardian*, »Margaret Thatcher: a life in quotes«, 8.4.2013..

Mehr als hundert Jahre lang hatten freie Gewerkschaften in breiten Teilen der Gesellschaft zur Avantgarde gezählt. Nun zeichneten neoliberalen Apologeten von ihnen das Bild gesellschaftlicher Dinosaurier, die sich gegen notwendige Veränderungen stemmten und von starrsinnigen Funktionären gelenkt wurden, also eher Teil des Problems und nicht der Lösung seien. Verkrustungen in den Gewerkschaften ließen sich nicht leugnen, doch das Bild war völlig verzerrt. Als schleichendes Gift für die Gewerkschaften erwies sich das neoliberale Mantra, jeder Einzelne sei seines Glückes Schmied. Es zersetzt die Solidarität, das Lebenselixier einer Gewerkschaft, umso mehr, als die Konzerne die verschiedenen Standorte permanent gegeneinander ausspielten und damit die Solidarität der Arbeiter aushebelten. Die Machtbasis der Gewerkschaften erodierte.

Anfangs wehrten sich die Arbeiter noch erbittert, legendär sind die Streiks der Bergarbeiter in England oder der Automobilarbeiter in Italien und der Stahlarbeiter in Deutschland. Doch diese Abwehrkämpfe endeten alle mit schweren Niederlagen der Gewerkschaften. Bereits in den 1980er-Jahren stimmte der liberale Politikwissenschaftler Ralf Dahrendorf den Abgesang über Gewerkschaften an: Ihre Thematik sei defensiv und »ihre Anhängerschaft ängstlich. Die Gewerkschaften sind zu Verteidigungsorganisationen absteigender sozialer Gruppen geworden.«[208]

Nach dem Fall der Mauer und der Öffnung Chinas strömten mehr als eine Milliarde Arbeitskräfte auf den globalen Arbeitsmarkt. Jetzt hatten die Unternehmen leichtes Spiel, ihre Interessen durchzusetzen, indem sie die Produktionsverlagerung in Niedriglohnländer androhten oder durchführten. Denn die Gewerkschaften waren meist schwach.

---

[208] Zitiert nach der *Zeit* vom 8.6.1984.

Nationale Verfassungen und internationale Abkommen schützen die Gewerkschaftsfreiheit zwar auf dem Papier, aber den Gewerkschaften fehlt häufig die Kraft für die praktische Durchsetzung dieser Rechte für die Beschäftigten.[209] Den Strukturwandel und die Abwanderung von Betrieben kann man keiner Gewerkschaft ankreiden. Für die Schwäche der Gewerkschaften gibt es jedoch auch hausgemachte Gründe. Zum Beispiel müssen sich die Gewerkschaften fragen lassen, warum sie sich so lange auf ihr klassisches Klientel beschränkt haben, also Männer, die fest angestellt in Industriebetrieben arbeiten. Vernachlässigt wurden sowohl Frauen als auch Leiharbeiter, Beschäftigte in den Dienstleistungssektoren, ganz zu schweigen von den Arbeitslosen. Regelmäßig blieben Gewerkschaften außen vor, wenn sich neue Wirtschaftszweige etablierten, ob bei Internetfirmen oder den Windkraftanlagenbauern.

Gewerkschaften haben sich in diversen Fällen selbst diskreditiert, auch in Deutschland. Hier fügten korrupte Betriebsräte und Gewerkschafter der Sache der Arbeiter schweren Schaden zu, angefangen von dem Skandal um die Neue Heimat bis hin zu dem VW-Skandal um die Bestechung von Betriebsräten mit Prostituierten. Vor allem enttäuschten diverse Funktionäre jedoch viele Mitglieder durch einen als mangelhaft empfundenen Widerstand gegen den Abbau des Sozialstaats. Viele vermissten beispielsweise anfangs entschiedene Proteste der Gewerkschaftsspitzen gegen die Hartz-Gesetze, gegen Eineurojobs, Leiharbeit, Privatisierungen oder die Rente mit 67. Die erste Großdemonstration am 1. November 2003 gegen die Agenda 2010 fand ohne die Unterstützung der Spitzen von IG Metall, Verdi oder Deutschem Gewerkschaftsbund statt.[210] Gewerkschaftsvertreter beharrten zudem auf alteingesesse-

---

[209] www.ituc-csi.org/globaler-rechtsindex-des-igb-die, abgerufen am 9.8.2015..

[210] *taz*, 29.10.2003

nen Rechten und Privilegien. Die Kritik, die der amerikanische Gewerkschafter Tom Woodruff gegenüber Organisationen seiner Heimat erhebt, gilt vielerorts: Tatenlosigkeit und Organisationsegoismus. Gewerkschaften schauten der Entwicklung zu, und wenn sie kämpften, dann allein. »Sie glaubten, irgendwie würde all dies vorübergehen, und wir würden auf wundersame Weise wieder zu dem Leben zurückkehren, wie wir es kannten.« Ohne eine Gesamtstrategie verloren die Gewerkschaften Schritt für Schritt Einfluss auf das Konzern-Amerika.[211] Natürlich unterscheidet sich der Alltag für Gewerkschafter global betrachtet erheblich: Sicherlich müssen sich in den USA Gewerkschaften heftiger Propaganda erwehren, aber sie können sich frei äußern und müssen nicht um ihr Leben fürchten. Am Anfang des 21. Jahrhunderts stehen Gewerkschaften vielerorts ziemlich rechtlos da. Wer für Arbeitsrechte eintritt, dem drohen laut dem globalen Rechtsindex des internationalen Gewerkschaftsbundes vielerorts Repressalien, denn in sechs von zehn der 141 erfassten Länder gibt es keine Tarifverhandlungen, in sieben von zehn Ländern sind Streiks verboten und in fast jedem zweiten Land gibt es willkürliche Verhaftungen.[212] Regelmäßig werden Gewerkschafter ermordet, am häufigsten in Kolumbien, so wie Lucio Romero.

Gefährliche Gewerkschaftsarbeit

Als man die Leiche von Lucio Romero fand, steckte noch das Tuch in seinem Mund, mit dem die Täter ihn am Schreien gehindert hatten. Paramilitärs hatten den Sechsundvierzigjährigen in

---

[211] Zitiert nach Tom Woodrow, »Cowboy-Kapitalismus auf dem Vormarsch in Europa«, in: Detlev Wetzel (Hrsg.), *Organizing*, Hamburg 2013, S. 35.

[212] Der Internationale Gewerkschaftsbund (IGB) ist die politische Stimme aller demokratischen Gewerkschaftsdachverbände weltweit.

der Nacht zum 10. September 2005 entführt und qualvoll ermordet. Fünfzig Mal stachen sie mit Messern zu, die Leiche ließen sie auf einer Wiese liegen, hinter einem Militärstützpunkt. Dem Mord vorausgegangen war eine Auseinandersetzung zwischen der Gewerkschaft und dem Management beim Nestlé-Milchpulverwerk Cicolac in der Stadt Valledupar im Norden des Landes. Romero war einer von 192 Beschäftigten, die ursprünglich ziemlich zufrieden waren mit den Zuständen in der Fabrik, die fast das Dreifache des landesüblichen Lohns zahlte und den Mitarbeitern umfangreiche Sozialleistungen gewährte, wie eine medizinische Versorgung für die Familie oder Kredite für Ausbildung oder Wohnungsbau.[213]

Dann kündigte die Firma den Tarifvertrag und wollte an den Löhnen und Sozialleistungen sparen. Dagegen widersetzte sich die Lebensmittelgewerkschaft Sinaltrainal. Deren Vertreter forderten stattdessen eine Anpassung der Löhne an die Inflationsrate und taten, was Gewerkschaften gewöhnlich machen, wenn sie andere Interessen als die der Arbeitgeber verfolgen, sie beschlossen einen Streik. In Kolumbien, wo in den vergangenen dreißig Jahren rund dreitausend Gewerkschafter ermordet wurden, ist das gefährlich. So war es auch dieses Mal. Als Arbeiter vor dem Firmengelände von Cicolac protestierten, umkreisten Paramilitärs das Zelt der Gewerkschaft mit abgedunkelten Geländewagen ohne Nummernschilder, sie drohten den Protestierenden. In der lokalen Presse war zu lesen, die Paramilitärs hätten Arbeitern angekündigt, sie müssten im Falle eines Streiks »im Himmel arbeiten«. Die Gewerkschaft beendete aus Angst um das Leben der Streikenden den Arbeitskampf.

Die Firma entließ kurz darauf einige Gewerkschafter, wegen angeblicher Behinderung der Produktion. Später erhielten

[213] *taz*, 2./3.6.2012.

sogar alle Arbeiter des Werks ihre Kündigung, die Firma wurde verkauft. Allerdings trennte sich Nestlé keineswegs ganz von dem Werk. Den Zuschlag erhielt nämlich mit Dairy Partners Americas (DPA) ein Joint Venture, an dem Nestlé und der neuseeländische Milchkonzern Fonterra jeweils zur Hälfte beteiligt waren. Der Konzern erreichte durch den Schachzug sein Ziel: Wer jetzt bei der Firma anfing, bekam nur noch den landesüblichen Lohn. Eindrücklich beschrieben hat den Fall der Autor Toni Keppeler in seinem Artikel »Blut und Milch« in der *Tageszeitung*.[214] Für Romero, der nun tagsüber ehrenamtlich in einer von der Gewerkschaft betriebenen Schule arbeitete und nachts Taxi fuhr, war die Sache noch nicht ausgestanden. Nach Todesdrohungen wurde er in das Schutzprogramm der Interamerikanischen Menschenrechtskommission der Organisation Amerikanischer Staaten aufgenommen, lebte aus Angst um sein Leben auch einige Monate in einem Zeugenschutzprogramm in Spanien. Als er wieder in seiner Heimat zurück war, bekam er eine Einladung des Ständigen Tribunals der Völker, einer unabhängigen Organisation internationaler Rechtsexperten, Schriftsteller und anderer Intellektueller. Doch bevor Romero dort als Zeuge seinen Fall schildern konnte, töteten ihn Paramilitärs. Heute weiß man, dass Agenten des kolumbianischen Geheimdienstes E-Mails zwischen dem Tribunal und Romeros Anwälten mitgelesen hatten.[215] Diese Agenten, die eigentlich für den Schutz gefährdeter Gewerkschafter zuständig waren, gaben Namen von den Schutzbefohlenen an Paramilitärs weiter, was im Zusammenhang mit anderen Ermittlungen herauskam.

Wer in Kolumbien einen Gewerkschafter ermordet, wird selten gefasst. Im Falle Romeros war es anders, weil die Polizei bei einer Razzia wegen eines anderen Verbrechens in einer

---

214 *taz*, 2./3.6.2012.
215 *Wochenzeitung*, 8.3.2012.

Autowerkstatt zufällig Teile von Romeros Taxi entdeckte. Ein Strafgericht in Bogota verhängte Haftstrafen gegen die Täter, die aus Kreisen der Paramilitärs stammten. In einem der Urteile äußerte das Gericht den Verdacht, dass die Mörder das Verbrechen unmöglich allein begangen haben könnten. Richter José Nirio Sánchez wies die Staatsanwaltschaft an, »gegen führende Manager von Nestlé-Cicolac zu ermitteln, um ihre wahrscheinliche Beteiligung und/oder Planung und Finanzierung des Mordes am Gewerkschaftsführer Luciano Enrique Romero Molina aufzuklären«. Dies geschah bis heute nicht.[216]

Die Gewerkschaft hatte nach eigener Aussage über die Todesdrohungen gegen Romero sowohl das Nestlé-Tochterunternehmen vor Ort als auch den Mutterkonzern in der Schweiz informiert. Bei Sinaltrainal ist man überzeugt, der Weltkonzern hätte den Mord unterbinden können, wenn er es denn nur gewollt hätte. Die Menschenrechtsorganisation European Center for Constitutional and Human Rights (ECCHR) erstattete gemeinsam mit der Gewerkschaft wegen des Mordes an Luciano Romero Strafanzeige gegen den damaligen Nestlé-Chef Peter Brabeck-Letmathe und vier weitere Spitzenmanager des Konzerns, wegen fahrlässiger Tötung.[217] Brabeck-Letmathe wies die Vorwürfe in einem Brief an den Sinaltrainal-Chef Javier Correa am 16. März 2012 entschieden zurück und erklärte, dass Nestlé alle Formen der Gewalt verdamme und nie Gewalt benutzt habe.[218] Zu einer Klage gegen Nestlé-Manager kam es nicht. Die Schweizer Gerichte wiesen den Fall wegen Verjährung ab. Die Beschwerde der Witwe Romeros gegen die Schweiz wies der Europäische Gerichtshof für Menschen-

---

216 *TAZ*, 2.6.2012. und www.multiwatch.ch/de/p97001203.html.

217 Wolfgang Kaleck / Miriam Saage-Maaß, *Unternehmen vor Gericht, Globale Kämpfe für Menschenrechte*, Berlin 2016, S. 97 ff.

218 www.nestle.com/media/statements/letter-to-colombian-trade-union, abgerufen am 13.7.2015.

rechte 2015 ab, ohne seine Entscheidung zu begründen. Damit »blieb die maßgebliche Frage nach der strafrechtlichen Verantwortlichkeit des Unternehmens für die Ermordung des Gewerkschafters weiterhin unbeanwortet«, schreiben die beiden ECCHR-Anwälte Wolfgang Kaleck und Miriam Saage-Maaß in *Unternehmen vor Gericht*.

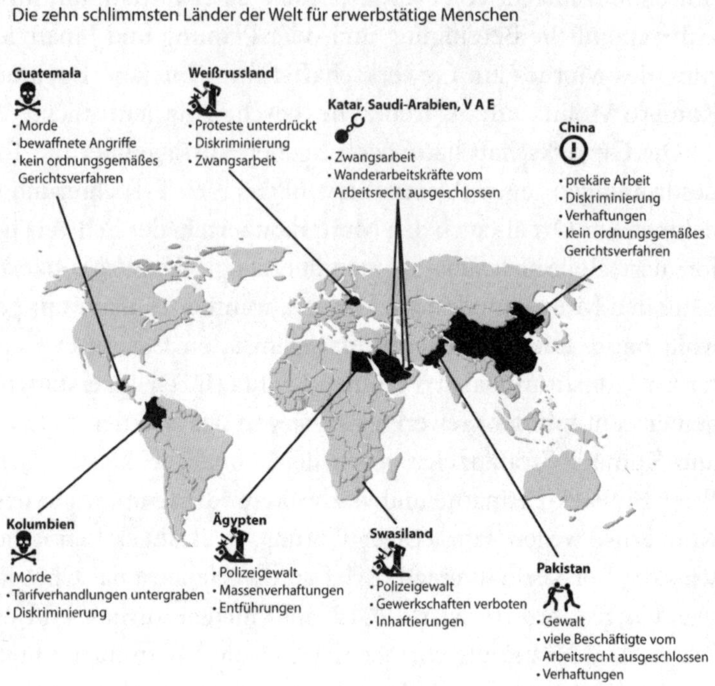

Die zehn schlimmsten Länder für Erwerbstätige. Quelle: Globaler Rechtsindex des Internationalen Gewerkschaftsbundes 2015.

Arbeiterrechte aushebeln

Vier reale Geschichten, aufgeschrieben von Zeitungsreportern, haben den Regisseur Jia Zhang-ke zu seinem Film »A Touch of Sin« inspiriert, indem er die Arbeitswelt von vier

Menschen aus China schildert, die so viel Unrecht und Schikanen erlebt haben, dass ihre Frustration in schrecklichen Gewaltausbrüchen mündete. Da ist die Angestellte eines Massagesalons, die sich der Aufdringlichkeit von Kunden nur noch mit dem Messer erwehren kann. Und ein junger Mann verzweifelt über seinem Leben in den Fabriken, das ihm nur miese Jobs und Einsamkeit einbringt. Ein Arbeiter, der die Eskapaden und Ungerechtigkeiten eines neureichen Parteibonzen nicht mehr ertragen kann, bringt den Unternehmer um. Die Einzelschicksale zeigen drastisch, welchen Preis große Teile der Arbeiter für den Wandel zahlen. Laut den Statuten von Chinas Kommunistischer Einheitspartei sind die Arbeiter die führende Klasse im Land. Wenn die Arbeiter jedoch tatsächlich versuchen, ihre kollektiven Interessen autonom zu organisieren, werden sie oft drangsaliert oder weggesperrt. Verschärft hat sich die harsche Vorgehensweise der Regierung seit dem Amtsantritt von Xi Jinping 2013. Im Visier der Sicherheitskräfte standen zunächst Blogger, Journalisten, Wissenschaftler, Künstler, Rechtsanwälte und dann auch Arbeiteraktivisten. »Konkret heißt dies, dass die Bürger nur noch dort aktiv sein dürfen, wo es der Führung genehm ist«, schreibt Kristin Shi-Kupfer, die am Mercator Institut für China Studien forscht.[219]

China gehört zu den zehn Ländern, in denen die Rechte von Arbeitern am gravierendsten verletzt werden, neben Weißrussland, Kolumbien, Guatemala, Katar, Saudi-Arabien, Vereinigte Arabische Emirate, China, Ägypten, Swasiland und Pakistan.[220] In Pakistan kann man studieren, wie Gewerkschaften systematisch durch die Eliten zerstört worden sind. Erlebt hat es Karamat Ali, Gründer des anerkannten Instituts

---

[219] *SZ*, 3.3.2016.

[220] www.ituc-csi.org/globaler-rechtsindex-des-igb-die (abgerufen am 9.8.2015)

für Arbeiterbildung Piler und einer der wenigen linken Intellektuellen in dem Land.

An der Wand der Bibliothek von Piler hängt ein Plakat gegen Atomenergie, in dem Buchregal stehen Bücher über die industrielle Revolution, die Gewerkschaftsbewegung und die Gesamtausgabe von Karl Marx. Ali hat in England in den 1980er-Jahren eine Gewerkschaft für pakistanische Arbeiter mit aufgebaut und in den 1990er-Jahren in den Niederlanden an einer Universität mit Gewerkschaftern aus anderen Ländern geforscht. Als junger Mann erlebte er, was Arbeitermacht bedeuten kann. Zwischen 1969 und 1972 hätten Arbeiter sogar die meisten Industriegebiete des Landes übernommen, erzählt Ali. Er selbst arbeitete damals in einer Textilfabrik, zu der Zeit mit 15.000 Beschäftigten eine der größten Pakistans. Die Arbeiter hätten die Eigentümer und die Manager herausgeworfen und die Fabrik ein halbes Jahr selbst geführt. »Weißt du, es ist ein Leichtes für die Arbeiter, eine solche Fabrik selbst zu führen«, sagt er und ergänzt, diese Periode der Arbeitermacht sei kurz gewesen, dann habe die Gegenbewegung eingesetzt, wie noch jedes Mal im Laufe der Geschichte.[221] Heute sind solche Aktionen in Pakistan unvorstellbar, angesichts der eklatanten Schwäche der Gewerkschaften und der Angst der meisten Beschäftigten.

Der Niedergang der dortigen Arbeiterbewegung begann unter General Zia Ul Haq, der sich 1977 an die Macht putschte und das Land mit harter Hand regierte. Der General förderte den religiösen Fundamentalismus und beschnitt Stück für Stück die Rechte der Arbeiter. Seine Nachfolger, egal ob Militärmachthaber oder demokratisch gewählte Regierungen, taten

---

[221] Siehe auch Caspar Dohmen, Feature beim Deutschlandfunk, *Im Gegenwind Der weltweite Kampf um Lohn und bessere Arbeitsbedingungen*, 2.2.2016, www.deutschlandfunk.de/im-gegenwind-der-weltweite-kampf-um-lohn-und-bessere.1247.de.html?dram:article_id=340008.

es ihm gleich. Sie handelten häufig auf Empfehlungen des IWF und nach den bekannten Rezepte des Washington Consensus. Geholfen hat diese Politik der breiten Bevölkerung nicht. Noch immer leben 22,3 Prozent der Menschen in absoluter Armut,[222] und das Land rangiert beim Index für humane Entwicklung der Vereinten Nationen auf Platz 147 von 187 Ländern.[223]

Heute habe nicht einmal jeder zehnte Beschäftigte das uneingeschränkte Recht, einer Gewerkschaft beizutreten, erzählt Ali und ergänzt: Seit Mitte der 1970er-Jahre sei der gewerkschaftliche Organisationsgrad von zehn bis fünfzehn-Prozent auf rund ein Prozent gesunken. Der Staat förderte durch Gesetze auch die Zersplitterung der Gewerkschaften. Vorbei sind die Zeiten, als Beschäftigte je nach Bedarf unterschiedliche Arten von Gewerkschaften gründen konnten: betriebliche, lokale, sektorale oder nationale. Heute erlaubt das Gesetz nur noch Unternehmensgewerkschaften. So gibt es mehr als 8.000 Gewerkschaften, meist winzig und entsprechend machtlos.[224] Die herrschende Schicht sei sich trotz aller Differenzen eben in einem Punkt einig: »Arbeiter unorganisiert und absolut unpolitisch zu halten«, sagt Ali. Das sei eine sehr bewusste Strategie, und zwar eine Strategie des Staates, nicht einer einzelnen Regierung oder eines Teils der führenden Eliten, »das ist eine Art grundsätzliche Strategie«.

Ich bin überrascht, wie offen Fabrikanten sich in Pakistan gewerkschaftsfeindlich in mein Mikrofon äußern. »Wir wollen hier keine Gewerkschaft«, sagt Khalid-ur-Rehaman Butt, Inhaber von Umar Garmerts. Zustimmend nicken die Manager bei den Worten ihres Chefs, eines hemdsärmeligen Typs

---

222 CIA Facebook/abgerufen am 6.5.2016.

223 http://hdr.undp.org/sites/all/themes/hdr_theme/country-notes/PAK.pdf/, abgerufen am 6.5.2016.

224 *Status of Labour Rights in Pakistan 2014*, Hrsg. Pakistan Institute of Labour Education & Resarch.

mit tiefen Augenringen, der unmissverständlich klarmacht, warum er das für richtig hält: Gewerkschaften kämen von außen, sagt er, das sei gefährlich. Man bringe die Arbeiter lieber dazu, Betriebsräte zu gründen und Gewerkschaften außen vor zu lassen. Gleiches höre ich von Managern bei Rajby Industries, einer der größten Firmen des Landes.

Zutritt zu den Textilfabriken verschafft hatte mir Khawaja Murtaza Mashooqullah. Gemeinsam mit seinem Bruder betreibt er die Firma Synergies Worldwide mit 500 Beschäftigten. Sie vermitteln Geschäfte zwischen Textilfabriken aus Pakistan, Bangladesch, China und Indien mit internationalen Marken wie Zara, U.S. Polo, KiK, Mango oder Bershka.[225] Den Kontakt zu Mashooqullah hatte mir KiK vermittelt. Vielen internationalen Firmen seien die Produktionsbedingungen immer noch ziemlich gleichgültig, erzählt er. Selbst renommierte Marken kümmere es nicht, wer wie produziere, »einzig der Preis zählt«. Miserable Zustände seien aber doch nicht nur in Asien ein Problem, sondern auch in Europa. »Schauen Sie sich die katastrophalen Bedingungen an, unter denen chinesische Firmen in Italien produzieren – und der Staat schaut weg«, sagt Monty kopfschüttelnd. Er war im italienischen Prato, wo es schätzungsweise 3.000 illegale Betriebe gibt, in denen Chinesen Textilien fertigen. In Prato starben 2013 bei einem Brand in einer Unterkunft sieben Näher, die in provisorischen Unterkünften aus Gips und Karton innerhalb der Fabrik gehaust hatten. Nachdem sie das Feuer vermutlich selbst durch einen Gasbrenner entzündet hatten, mit dem sie Essen kochten, saßen sie in der Fabrik fest, weil die Fenster vergittert waren.[226] Die Geschichte wiederholt sich. Schon rein praktisch ist es für Arbeiter schwierig, sich in Pakistan zu organi-

---

[225] Synergies Worldwide Firmenbroschüre

[226] *FAZ*, 2.12.2013.

sieren, selbst,wenn sie zu den wenigen gehören, die das Recht dazu haben. Wer eine Gewerkschaft gründen will, scheitert schon oft daran, dass er keinen schriftlichen Arbeitsvertrag bekommt. Ohne Arbeitsvertrag dürfe niemand eine Gewerkschaft gründen, sagt Mansoor. Selbst wenn ein Arbeiter einen solchen gesetzlich vorgeschriebenen Arbeitsvertrag habe, bekomme er ihn häufig nicht ausgehändigt. Der Fabrikbesitzer behalte ihn im Tresor, um den Vertrag bei Kontrollen der Behörden vorzuzeigen, hindere die Arbeiter aber auf diese Weise, eine Gewerkschaft zu gründen.

Wer sich gegen Missstände in einer Fabrik zur Wehr setzt, riskiert sogar, terroristischer Umtriebe beschuldigt zu werden. So wie Khan Zarin, der in seinem Leben in mehr als fünfzig Fabriken gearbeitet hat. In der letzten Fabrik hätten besonders miserable Bedingungen geherrscht. Regelmäßig hätten sich Arbeiter mit den messerscharfen Bandsägen beim Schneiden der Stoffe Finger oder Hände abgeschnitten, aus Übermüdung und weil die Sicherheitshandschuhe aus Metall fehlten. Der Fabrikant habe die Verletzten sich selbst überlassen. Wer sich beschwerte, bekam die lapidare Antwort, er könne gehen, es gebe schließlich genügend andere, die eine Arbeit suchten, erzählt Zarin. Sie mussten unzählige Überstunden machen, verdrecktes Wasser trinken, schreiende Vorarbeiter ertragen und bekamen dafür Hungerlöhne. Schließlich schlossen sich die Arbeiter zusammen, rund zweihundert waren es. Zarin gehörte zu dem Dutzend Anführer. Was dann geschah, will er unbedingt erzählen, weil es ihn ziemlich verstört hat. Die zwölf Anführer seien in das Haus des Gouverneurs der Provinz Sindh bestellt worden, wo der Fabrikant und Beamte des Staates sie empfangen und gemeinsam unter Druck gesetzt hätten. Wenn sie nicht aufhörten mit ihrem Protest, würden sie an ihnen ein Exempel statuieren, drohten sie. Als die Arbeiter unbeirrt weiterstreikten, verhafteten die Behörden tatsächlich die zwölf Arbeiterführer, sechs landeten im Gefängnis. 55 Tage verbrachten die Arbeiter dort, zwischen Mördern und wirklichen Terroristen.

»Man hat uns wie gewöhnliche Kriminelle behandelt«, sagt Zahir. Die Arbeiter wurden im Gefängnis von Fundamentalisten angesprochen, Angehörigen der Taliban, die ihnen versprachen: Wenn sich die Arbeiter ihnen anschlössen, könnten sie mit wenigen Anrufen deren Probleme lösen. Daraufhin hätten ihn einige Arbeiter kontaktiert, erzählt Mansoor: »Wir sagten Nein, wir sind Gewerkschafter, wir kämpfen mit legalen Mitteln.« Der Gewerkschafter hat den Arbeitern einen Anwalt besorgt, obwohl diese gar keine Gewerkschaftsmitglieder waren. In diesem Fall hatten sie Erfolg: Die Arbeiter wurden vom Vorwurf des Terrorismus vor Gericht freigesprochen und freigelassen, allerdings finden sie keine Arbeit mehr. »Wenn die Leiharbeitsfirmen und Fabriken hören, wo wir vorher gearbeitet haben, schicken sie uns weg«, klagt Zarin. Wie aber sollen starke Gewerkschaften entstehen, wenn die wenigen mutigen und engagierten Arbeiter ihre Existenzgrundlage verlieren und Regierungen sich auf die Seite der Unternehmen schlagen? Der Kampf für Arbeiterrechte wird vielerorts härter. Gegenwind für Gewerkschaften gibt es zunehmend auch in Europa.

Gegenwind in Europa

Seit der Finanzkrise erlebten einige europäische Länder politische Änderungen, wie man sie zuvor nur aus anderen Weltregionen kannte. Auf Druck von EU-Kommission, EZB und IWF haben Spanien, Portugal und Griechenland eine harte Sparpolitik eingeleitet und auch die Arbeitsstandards eingeschränkt. Im öffentlichen Dienst und der Privatwirtschaft wurden Löhne gesenkt, Mindestlöhne gekürzt, Arbeitszeiten verlängert, der Kündigungsschutz verschlechtert, das Rentenalter angehoben und vor allem das Tarifvertragssystem ausgehöhlt.[227] Der Arbeitsmarkt wurde liberalisiert, wie es auf Neudeutsch so schön heißt, beteiligt waren an diesen Umwälzungen sowohl konservative, liberale als auch sozialdemokratische Parteien. Wert legten die Politiker bei den Änderungen vor allem darauf, dass die einzelnen Betriebe bei Lohnverhandlungen ein größeres Gewicht bekamen, zulasten der Gewerkschaften. Die Löhne könnten auf der betrieblichen Ebene besser der jeweiligen wirtschaftlichen Situation angepasst werden, hieß es zur Begründung. Aber natürlich verfügen Unternehmen gegenüber den eigenen Betriebsräten über wesentlich mehr Druckpotenzial als bei Gewerkschaften, die zentrale Lohnabschlüsse verhandeln. Betriebsräte sind gerade in schlechten Zeiten erpressbar. Binnen zwei Jahren habe sich die Zahl gültiger Tarifverträge in Spanien halbiert, »weil die Regierung de facto den uneingeschränkten Vorrang betrieblicher Vereinbarungen festgeschrieben habe«, kritisierte bereits 2013 Knut Giesler, der IG-Metall-Chef von Nordrhein-Westfalen. Bei einem Gespräch mit mir räumte er jedoch ein, dass der Widerstand in den Betrieben leider gering sei und das »Erpressungspotenzial« der Arbeitgeber hoch. In Portugal schrumpfte die Zahl der Arbeitnehmer, die nach einem Tarif bezahlt werden, binnen weniger Jahre von 1,9 Millionen auf nur noch 328.000, was fast schon einer Abschaffung der Tarifverträge gleichkommt.[228]

Spaniens Regierung verschob die Macht auch durch diverse weitere Maßnahmen zugunsten der Betriebe. Sie dürfen die Löhne nun ganz legal kürzen und die Arbeitszeit verlängern, wenn der Gewinn der Firma neun Monate in Folge gesunken

---

[227] Vgl. Böckler-Impuls 9/2012.
[228] *Böckler-Impuls, 2/2014.*

ist. Das bedeutet natürlich keinesfalls, dass ein Betrieb Verluste machen muss – Bilanzen lassen sich entsprechend gestalten. Arbeitgeber brauchen sich Massenentlassungen nicht mehr genehmigen zu lassen, gleichzeitig wurden Kündigungen erleichtert und die gesetzlichen Vorgaben für Abfindungen gesenkt. Als Gewerkschaften gegen diese drastischen Gesetzesänderungen landesweit protestierten, kam es zu fragwürdigen Reaktionen der Behörden, besonders im Fall der acht Arbeiter bei Airbus.

Für den 29. September 2010 hatten spanische Gewerkschaften zu einem Generalstreik gegen die Arbeitsmarktreformen aufgerufen. Auch die meisten Arbeiter des Airbus-Werkes, welches unweit von Madrid in der Industriestadt Getafe liegt, protestierten. Arbeiter, die an dem Tag trotzdem das Werk zur Frühschicht betreten wollten, wurden von Hunderten Kollegen umringt und beschimpft, die als Streikposten vor dem Werkstor standen. Es kam zu einem Gerangel. Mehrere Verletzte mussten vom werksärztlichen Dienst behandelt werden. Einheiten der Polizei rückten an, um den Weg für die Arbeitswilligen freizuräumen. Der Betriebsratsvorsitzende José Alcázar griff gemeinsam mit Kollegen in der angespannten Situation ein und verhandelte mit dem Werksschutz und dem Leiter der Einsatzeinheit. Die Lage beruhigte sich. Tags darauf lud ein Gericht Alcázar vor, und die Staatsanwaltschaft verlangte von dem Betriebsrat eine Liste derer, die vom Werksarzt behandelt worden waren. Betriebsräte wurden verhaftet, gegen acht – einschließlich Alcázar – wurde schließlich Anklage erhoben.[229]

Die Staatsanwaltschaft schrieb merkwürdigerweise völlig identische Klagen auf, alle acht Angeklagten sollen demnach in dem Getümmel die jeweils gleichen Beamten verletzt ha-

---

[229] *El Pais*, 9.2.2016 und *taz* vom 10.2.2016.

ben. Widerstand gegen die Staatsgewalt und die »Verletzung der Rechte der Arbeiter« lautet der Vorwurf der Staatsanwaltschaft, die sich auf ein Gesetz aus der Zeit der Franco-Diktatur beruft, welches es verbietet, Arbeitswilligen gewaltsam den Zutritt zur Fabrik zu verweigern. Den Angeklagten drohen jeweils acht Jahre und drei Monate Haft.[230] Es ist das größte Verfahren gegen Gewerkschafter und Betriebsräte in Spanien seit dem legendären Prozess 1001, bei dem unter Franco 1973 zehn Mitglieder der verbotenen kommunistischen Gewerkschaft Comisiones Obreras zu Haftstrafen von zwölf bis zwanzig Jahren verurteilt wurden, die später auf sechs Jahre herabgesetzt wurden.[231] Der jetzige Fall ist symptomatisch für eine höchst problematische Entwicklung.[232] Viele Politiker und Wirtschaftsführer in Europa scheinen zu vergessen, welche wichtige friedensstiftende Funktion von Betriebsräten und Gewerkschaften für eine Gesellschaft ausgeht.

Regelrecht ignorant zeigt sich hier auch die konservative Regierung Englands unter David Cameron. »Winter des Missvergnügens« nannten die Briten mit ihrem Sinn für Understatement die Phase 1979, als sich nach wochenlangen Streiks Müllberge in den Straßen türmten und in Liverpool nicht einmal die Toten beerdigt werden konnten, weil die Bestatter streikten.[233] Damals waren die Gewerkschaften in England mächtig und blockierten diverse Male auch vernünftige wirtschaftliche Reformen, weswegen sie zu Recht den Zorn von Teilen der Gesellschaft auf sich zogen. Aber seitdem die Gewerkschaften in den 1980er-Jahren unter der Konservativen Margret Thatcher zerschlagen wurden, sind sie ziemlich zahm geworden. Im Jahr 2014 gab es gerade einmal 704.000 Streik-

---

230 Bei der Fertigstellung des Skripts war das Urteil noch nicht gesprochen.
231 *Spiegel*, 10.3.1975.
232 *taz*, 10.2.2016.
233 *SZ*, 10.7.2015.

tage auf der Insel, was bedeutete, dass rein rechnerisch nicht einmal jeder 44. der mehr als 31 Millionen Beschäftigte einen Tag gestreikt hatte – in den 1970er-Jahren waren es durchschnittlich 13 Millionen Tage jährlich gewesen.[234] Trotzdem kündigte Premierminister Cameron weitere Einschnitte der Gewerkschaftsrechte an. So sollen Gewerkschaften künftig Arbeitgeber bereits zwei Wochen vor einem Streikbeginn warnen. Weil gleichzeitig den Gewerkschaften der Einsatz von Streikposten verboten und den Unternehmen der Einsatz von Leiharbeitern als Streikbrecher erlaubt werden soll, würden sich die Gewichte noch weiter zugunsten der Arbeitgeber verschieben. Ziemlich resigniert fielen die Reaktionen der Gewerkschaften aus: Man fühle sich wie in einer Zeitschleife, es sei dasselbe, als ob man Gesetze gegen die längst aufgelöste IRA erlasse, sagte Frances O'Grady, die Generalsekretärin des Gewerkschaftsbundes TUC.[235]

Solche Maßnahmen europäischer Regierungen spiegeln sich auch in der Statistik des Internationalen Gewerkschaftsbundes wider. Mit einem Index von eins bis fünf informiert er über die Rechtsbedingungen für Gewerkschaften in verschiedenen Regionen der Welt. Katastrophal schneiden der Nahe Osten und Nordafrika ab (4,26), gefolgt von Asien-Pazifik (4,0), Afrika (3,32), Nord- und Südamerika (3,16) sowie Europa (2,47). Bei der Gewährleistung von Arbeitnehmerrechten steht Europa immer noch am besten da, allerdings gab es hier zuletzt auch die deutlichsten Verschlechterungen in einer Region, entsprechend stieg der Index von 1,84 auf 2,47.[236]

Und die Begehrlichkeiten der Wirtschaft nach einem weiteren Abbau von Schutzrechten von Beschäftigten schwinden

---

234 *Guardian* 15.7.2015.

235 *taz*, 17.7.2015 und SZ 16.7.2015.

236 www.dgb.de/themen/, abgerufen am 20.06.2016.

nicht. Allerdings lehnte in Deutschland die Große Koalition unter Angela Merkel eine Aufweichung des Kündigungsschutzes ebenso ab wie eine Verschlechterung im Betriebsverfassungsgesetz und führte sogar einen Mindestlohn ein, eine richtige und überfällige Maßnahme angesichts der drastischen Zunahmen von prekären Beschäftigungsverhältnissen in Deutschland. Allerdings ist der Mindestlohn verglichen mit anderen Ländern in Europa niedrig und dessen Einführung auch ein Beleg für die Schwäche der Gewerkschaften. Ursprünglich hatten sich die Gewerkschaften ja unisono dagegen ausgesprochen, weil sie selbst über die Lohnhöhe mit den Arbeitgebern verhandeln wollten. Aber irgendwann mussten die Gewerkschaften einsehen, dass dieser Anspruch auf absehbare Zeit für Teile der Wirtschaft ein unrealistisches Unterfangen bleiben würde – deswegen machten sie sich den Kampf für den Mindestlohn zu eigen. Die Zeit drängt, denn in den alten Bundesländern werden nur noch 60 Prozent der Beschäftigten nach Tarif bezahlt, im Osten sind es mit 47 Prozent sogar schon weniger als die Hälfte – Tendenz fallend.[237] Wenn künftig noch mehr Beschäftigte in die Klasse der Tariflosen absteigen, dürfte sich das deutlich auf deren Gehaltskonto bemerkbar machen. Denn laut Statistischem Bundesamt verdienten Beschäftigte 2010 im verarbeitenden Gewerbe bei einem tarifgebundenen Arbeitgeber mit 23,09 Euro ein Viertel mehr je Stunde als ihre Kollegen bei ungebundenen Betrieben, die nur 17,19 Euro erhielten. Ähnliche Unterschiede gibt es in den anderen Bereichen.[238]

---

237 www.boeckler.de/wsi-tarifarchiv_2257.htm.

238 Preisbereinigt sind die Löhne seit 2010 in elf EU-Staaten gesunken, in neun weiteren lagen die Zuwachsraten unter einem Prozent pro Jahr. Siehe: www.boeckler.de/61058_61072.htm/ abgerufen am 6.5.2016.

Christliche Gewerkschaft – das klingt verheißungsvoll, zumindest unverdächtig. Was könnte schon dagegensprechen, wenn Werte wie Nächstenliebe oder Teilhabe für eine Gewerkschaft handlungsleitend wären? Aber bei der für die Leiharbeitsbranche zuständigen Tarifgemeinschaft Christlicher Gewerkschaften für Zeitarbeit (CGZP) mit ihren sechzehn Einzelgewerkschaften muss man gehörige Zweifel haben, dass es ihnen wirklich um das Wohl der Beschäftigten ging, denn sie vereinbarte mit Arbeitgebern diverse Male Tarifverträge mit Dumpinglöhnen. Erst Gerichte brachten dieses fragwürdige Geschäftsmodell einer Gewerkschaft zu Fall. Nun stellte sich sogar heraus, dass den Gewerkschaften die notwendige Zahl von Mitgliedern fehlte, um überhaupt einen Tarifvertrag abschließen zu dürfen. Das Bundesarbeitsgericht stufte die für die Leiharbeitsbranche zuständige Tarifgemeinschaft Christlicher Gewerkschaften für Zeitarbeit 2010 deswegen als tarifunfähig ein, womit alle von ihr abgeschlossenen Tarifverträge nichtig waren. Weitere Urteile folgten.[239]

Die Christlichen Gewerkschaften waren Ende des 19. Jahrhunderts von katholischen und evangelischen Arbeitern gegründet worden, als Reaktion auf die freien, meist sozialistisch ausgerichteten Gewerkschaften. Nach dem Zweiten Weltkrieg hatten sich die meisten christlichen Gewerkschaften den Einheitsgewerkschaften angeschlossen, die im Deutschen Gewerkschaftsbund vereinigt sind. Die wiederbelebte christliche Gewerkschaftsbewegung blieb klein.[240]

Der Wunsch nach fügsamen Arbeitnehmervertretern hat selbst schon manch einen mächtigen Dax-Konzern zu frag-

---

239 *Frankfurter Rundschau*, 12.6.2013.

240 www.kas.de/wf/de/71.9150/, abgerufen am 25.3.2016.

würdigen Methoden veranlasst. So unterstützte Siemens jahrelang die Aktionsgemeinschaft Unabhängiger Betriebsangehöriger (AUB). Gegründet wurde die arbeitgeberfreundliche Organisation 1986 von Wilhelm Schelsky, einem ehemaligen Siemens-Mitarbeiter. Über Jahre zahlte Siemens der Organisation rund dreißig Millionen Euro, damit Schelsky die AUB als Gegengewicht zur IG Metall aufbaute. »Ich sollte mit dem Geld eine Dachorganisation aufbauen. Und das habe ich getan«, sagte Schelsky dem *Stern*. Es habe einen »klaren Auftrag aus der Konzernspitze« gegeben.[241] Hätte Schelsky nicht einen erheblichen Teil der Gelder für sich persönlich abgezweigt, wäre der Vorgang womöglich nie ans Licht gekommen. So kam es jedoch zu einem Gerichtsverfahren. Die AUB sei »praktisch eine Marionettenorganisation der Konzernspitze« von Siemens gewesen, erklärte Richter Richard Caspar im Jahr 2008, als er Schelsky zu einer Freiheitsstrafe von viereinhalb Jahren wegen Beihilfe und Betrug verurteilte.[242] Es sei »wirklich erschreckend, wie sich manche Zeugen hier gewunden haben«, sagte Caspar über den Prozessverlauf, in dem mehrere der damaligen Siemens-Führungskräfte geladen gewesen waren.[243]

Solche arbeitgeberfreundlichen Organisationen der Beschäftigten sind in Deutschland eine Randerscheinung, aber sie spielen in vielen anderen Ländern eine wichtige Rolle, mit gravierenden Folgen, beispielsweise in El Salvador. In dem mittelamerikanischen Land von der Größe Hessens arbeiten von den 6,3 Millionen Bewohnern rund 70.000 in einer Maquila, wie hier Nähbetriebe genannt werden. Wer sich hier weigert, einer gelben Gewerkschaft beizutreten, riskiert Repressionen. Als die Näherin Sonja Lara mir ihre Geschichte

---

241 *Stern*, 31.5.2007.

242 www.igmetall.de/die-schmiergeldaffaere-wie-30-millionen-euro-von-siemens-zur-2333.htm/ abgerufen am 11.8.2015.

243 *Sueddeutsche.de* vom 24.11.2008.

erzählt, ringt sie immer wieder um Fassung. An ihren ersten Tag in einer Maquila Ende der 1990er-Jahre erinnert sie sich gut. Morgens habe sie gemeinsam mit anderen Mädchen und jungen Frauen vor dem Tor der Maquila gewartet, in der Hoffnung auf einen Job. Groß war ihre Freude, als der Geschäftsführer ausgerechnet sie ansprach. Am Nachmittag schrien in der Fabrik die Vorarbeiter herum und bewarfen Näherinnen mit allem möglichen Zeug. Was ist los?, fragte sie. Die Vorarbeiter seien sauer, weil die Qualität nicht stimme, erzählten ihre Kolleginnen. Aber das sei noch gar nichts: Wer seine Arbeit nicht schaffe, der müsse bisweilen zur Strafe draußen in der sengenden Sonne stehen. Am Abend ihres ersten Arbeitstages in einer Maquila ging Sonja Lara verstört nach Hause. Sie habe sich »fürchterlich erschrocken über die Arbeitsatmosphäre«, aber was sollte sie machen? Ihr damaliger Freund ergatterte allenfalls Gelegenheitsjobs, und Lara hatte mit einundzwanzig Jahren gerade ihre erste Tochter geboren.

Dann folgten die sieben Monate, die sich ihr in das Gedächtnis einbrannten. Die junge Mutter musste täglich zwölf Stunden und am Wochenende oft vierundzwanzig Stunden am Stück arbeiten – da reichte es ihr: Sie beschloss, sich gewerkschaftlich zu organisieren, trotz aller Warnungen von Kollegen. Als die Vorgesetzten Wind davon bekamen, feuerten sie Lara – wie viele andere zuvor und danach. Mal seien es an einem Tag fünf, mal zehn, auch mal zwanzig Näherinnen gewesen, die ihren Job verloren. In der nächsten Maquila verlangten die Chefs von ihr nach einiger Zeit den Beitritt in die gelbe Betriebsgewerkschaft, also einer vom Unternehmen selbst gegründeten und kontrollierten Organisation. Lara weigerte sich und erhielt prompt die Kündigung.

Die engagierte Frau hatte Glück im Unglück und fand Arbeit bei Sergio Chavez, der im Auftrag von NGOs und Gewerkschaften die Arbeitsbedingungen in Fabriken untersuchte. Jetzt führte sie vor allem Interviews mit Arbeitern aus den Textilfabriken, einige Male ließ sie sich zu Recherchezwecken anstellen. Sie unterstützte aber auch die Kolleginnen in der alten Fabrik bei der Gründung der Gewerkschaft, das wäre beinahe ziemlich gefährlich geworden für sie. Eines Tages bekam sie einen Anruf von der Sekretärin des Geschäftsführers der Fabrik, in der sie zuletzt gearbeitet hatte. Er wolle sich mit ihr abends allein treffen, wegen eines neuen Jobs. Lara kam die Sache unheimlich vor, aber sie war auch neugierig. Sie versteckte sich mit einem Bekannten in der Nähe des Treffpunkts. Zur vereinbarten Uhrzeit sei der Geschäftsführer mit vier Männern in einem Wagen vorbeigefahren. »Vermutlich waren sie bewaffnet und wollten mich in einen Hinterhalt locken«, sagt Lara, schließlich habe sie ihre ehemaligen Kolleginnen weiter bei der Gründung einer Gewerkschaft unterstützt. In El Salvador stehen Drohungen auf der Tagesordnung gegen Beschäftigte, die sich organisieren. Manche Fabrikbesitzer schrecken nicht einmal davor zurück, mit den gefährlichen Banden zu kooperieren, den sogenannten Maras, die das Land seit Jahr und Tag terrorisieren.

Einige Fälle haben Wissenschaftler von der Penn State University gemeinsam mit der Arbeitsrechtsorganisation Workers Rights Consortium in der Studie „Unholy Alliance“ dokumentiert.[244] Hier wurden organisierte Beschäftigte von Bandenmitgliedern vor der Fabrik oder auf dem Heimweg mit Pistolen bedroht und aufgefordert, endlich mit der Gewerkschaftsarbeit Schluss zu machen. Andere erhielten Anrufe, in denen gedroht wurde, ihnen oder ihren Kindern etwas anzutun. Die Gründung einer Gewerkschaft gleicht mittlerweile einem Geheimkommando.

---

[244] http://lser.la.psu.edu/gwr/documents/UnholyAlliances_January2015.pdf.

Geheimkommando Betriebsratsgründung

Das Büro von FEASIES, einem Dachverband für Gewerkschaften in El Salvador. Vier Gewerkschafter aus der Textilfabrik YoungOne sind gekommen. Ihr Arbeitgeber liefert Kleidung an die amerikanische Firma The North Face, führend bei Outdoor-Kleidung. Beim Zulieferer YoungOne habe sich die Lage der Arbeiter durch einen Besitzerwechsel drastisch verschlechtert, erzählt Gilberto Garcia, einer der vier Gewerkschafter. Vorher hätten 45 Leute stündlich 23 Teile fertigen müssen, um den Mindestlohn zu ergattern. Heute müssten 20 Personen 33 Teile nähen, um das gleiche Geld zu bekommen. Der neue Besitzer habe den Akkord fast verdreifacht. Es existierte eine Gewerkschaft seit acht Jahren, aber eine Gewerkschaft, die nichts für die Leute getan habe, eben eine gelbe Gewerkschaft. Als der Stress größer wurde und der Unmut unter den Beschäftigten zunahm, schien die Gelegenheit günstig, eine freie Gewerkschaft zu gründen. Dafür braucht man 35 Mitglieder. Klingt wenig angesichts der häufig mehrere Tausend Arbeiter umfassenden Belegschaften einer Textilfabrik. Aber es ist trotzdem schwierig, sie zu finden, denn die Angst, den Job zu verlieren, ist bei den Angestellten enorm.

Garcia hielt die gewerkschaftliche Tätigkeit deswegen geheim, nicht einmal die Gewerkschaftsmitglieder in dem Betrieb erfuhren, welche Kollegen dabei waren. Wie so häufig waren die Aktiven froh, als sie endlich sieben Leute beisammen hatten. Jetzt konnten sie nämlich als Mitarbeitervertretung agieren, jetzt gaben sie ihr Engagement bekannt. Allerdings haben sie als Mitarbeitervertretung nur einige wenige Rechte, und sie können sich beispielsweise kaum wehren, wenn das Unternehmen sie freistellt, um die Bildung einer Gewerkschaft in dieser frühen Phase zu unterbinden. So etwas geschehe immer wieder, sagen die jungen Gewerkschafter.

Und das frustriere wiederum die Beschäftigten, sich für eine freie Gewerkschaft zu engagieren.

Die Unternehmer im Lande wiegeln ab: »Solche Vorwürfe kenne ich«, sagt Mauricio Rodriguez, Präsident von CAMTEX, der Interessenvertretung von 108 Unternehmen aus den freien Produktionszonen. Überall gebe es schwarze Schafe, aber die Mitgliedsunternehmen hielten sich an die Gesetze, behauptet er bei einem Gespräch, das die deutsche Botschaft in San Salvador organisiert hat. Etwa die Hälfte der Firmen in den freien Produktionszonen seien jedoch keine Mitglieder, da könne er auch nichts machen, sagt der Unternehmenslobbyist und zuckt mit den Schultern.

Heftigen Gegenwind erleben Gewerkschaften auch in den USA. »Manche Leute halten Gewerkschaften für grundsätzlich unamerikanisch, für einen Widerspruch zu einer wettbewerbsorientierten, kapitalistischen Gesellschaft«, sagt Wilma Liebmann. Sie hat jahrelang die Bundesbehörde geleitet, die über die Einhaltung von Arbeitsstandards in den USA wacht, und lehrt heute an verschiedenen Universitäten. Am Rande einer Veranstaltung in der Frankfurter IG-Metall-Zentrale treffe ich sie. Die Gewerkschaftsfeindlichkeit entspringe einer gewissen »ökonomischen Rationalität«, wenn Firmen keine Gewerkschaften zulassen wollten, weil die Konkurrenz eben auch keine hat. Liebmann beschreibt eine gefährliche Dynamik einer sich verändernden Wirtschaft, Deregulierung, Globalisierung der Industrie und Unternehmen, die immer flexibler sein wollen, weswegen sich eine immer größere Distanz zwischen den Kapitaleigentümern und den Arbeitern entwickele.

Regelmäßig versuchen Unternehmen in den USA mit gewerkschaftsfeindlichen Methoden zu verhindern, dass Betriebsräte gegründet werden und die Gewerkschaften Einfluss im Betrieb gewinnen. Das sogenannte Union Busting führt oft genug zum Erfolg. Nur noch acht Prozent der Beschäftigten in der Privatwirtschaft sind Mitglied einer Gewerkschaft, in den 1970er-Jahren waren es 35 Prozent. Die Folgen für die Beschäftigten sind gravierend, so sanken die Löhne in der Automobilindustrie zwischen 2003 und 2013 inflationsbereinigt um mehr als 20 Prozent.[245]

Europäische Konzerne, die zu Hause die Sozialpartnerschaft mit Gewerkschaften beschwören, versuchen, die Gewerkschaften jenseits des Atlantiks ebenfalls aus ihren Betrieben zu halten, auch Airbus, der große europäische Flugzeugbauer. Das Werk werde keine Gewerkschaft haben, sagte Airbus-Chef Fabrice Bregier der *Welt am Sonntag*. »Ich denke nicht, dass unsere Beschäftigten eine Gewerkschaft brauchen, um mit Airbus gute Beziehungen zu haben.«[246] Als Standort hatte sich Airbus für die Stadt Mobile im US-Bundesstaat Alabama entschieden, also einen Ort im Süden der USA, wo Gewerkschaften kaum vorhanden und die Löhne vergleichsweise niedrig sind. Airbus hält es sogar für möglich, dass die dortige Endmontage billiger sein wird als in China.

Die Arbeitnehmer der Telekom in Deutschland verfügen über eine Menge Einfluss, beispielsweise stimmen Gewerkschafter und Betriebsratsmitglieder im Aufsichtsrat über grundlegende Entscheidungen mit ab. Ganz anders sieht es bei der Tochter T-Mobile in den USA aus. Ein Arbeiter schilderte gegenüber der Menschenrechtsorganisation Human Rights Watch Missstände im Callcenter in Allentown im Bundesstaat Pennsylvania. »Der Große [der Geschäftsführer] rief alle in Gesprächsgruppen zusammen, etwa fünfzehn bis zwanzig Leute auf einmal, gewöhnlich einen Tag nachdem wir Flugblätter verteilt hatten. Er jagte uns allen Angst vor der Ge-

---

[245] Siehe Joseph A. McCartin, *Sanierung des bröckelnden Tarifsystems? Gewerkschaften und Arbeitsbeziehungen in den Vereinigten Staaten von Amerika*, Studie der Friedrich Ebert Stiftung, Juli 2014.

[246] *Welt am Sonntag*, 13.9.2015.

werkschaft ein, sagte, dass die Gewerkschaft Probleme verursachen werde, dass er eine Politik der offenen Tür verfolge und wir keine Gewerkschaft bräuchten, so in dieser Art.«[247] Manager sollen »Mitarbeiter vorsätzlich und systematisch eingeschüchtert« haben, schrieb John Logan, Direktor des Instituts für Arbeitsforschung an der San Francisco State University bereits 2009. In einem Gutachten für die amerikanische Telekommunikationsgewerkschaft CWA bezeichnet er dies bereits vor Jahren als »Teil einer systematischen Politik der Gewerkschaftsvermeidung, die von der obersten Führungsebene bei T-Mobile USA koordiniert wird«. Seine Vorwürfe stützte der Wissenschaftler auf Aussagen von Mitarbeitern, Unternehmenshandbücher und E-Mails.[248] In einer Stellungnahme bezeichnet die Telekom den Logan-Bericht als eine einseitige Sammlung von Vorwürfen und Behauptungen. Aufschlussreich war der gleichzeitige Hinweis des Konzerns, selbstverständlich handhabe er in verschiedenen Ländern Arbeitnehmerrechte unterschiedlich.[249]

Schon lange streitet die Deutsche Telekom mit der Gewerkschaft CWA, weil T-Mobile USA die Gewerkschaft nicht als Verhandlungsführer der 38.000 Beschäftigten anerkennen will. Den Vorwurf der »systematischen Gewerkschaftsfeindlichkeit« hat die Telekom stets zurückgewiesen.[250] Sie verweist auf die Gepflogenheiten in den USA. Um für die Belegschaft Tarifverträge aushandeln zu können, muss eine Gewerkschaft ein zweistufiges Anerkennungsverfahren durchlaufen: Zunächst muss sich die Hälfte der Beschäftigten für ein Anerkennungsverfahren aussprechen, bei dem dann wiederum die

---

247 Siehe: www.verdi.de/++file++5073a220deb5011af9001e28/download/OECD-Beschwerde.pdf.

248 Publik.verdi.de Ausgabe 2009/12.

249 *SZ*, 8.12.2009.

250 *Manager Magazin*, 15.4.2015 und *TAZ* 9.1.2016.

Hälfte der Belegschaft für die Vertretung durch die Gewerkschaft stimmen muss.

Zäh ist dieses Verfahren selbst dann, wenn ein Konzern mit einer Betriebsratsgründung sympathisiert, wie zuletzt VW in Chattanooga im Bundesstaat Tennessee. Es ist eines der wenigen Werke des deutschen Konzerns ohne irgendeine Form der Arbeitnehmervertretung. Es liegt im Süden der USA, dem bevorzugten Standort ausländischer Automobilkonzerne. In keinem ihrer Werke hat bisher eine Gewerkschaft Fuß fassen können. Die Automobilgewerkschaft UAW wollte das ändern und einen Betriebsrat nach deutschem Muster einführen. Gegenwind kam durch gewählte Politiker in den Südstaaten.

Ließe man die Autogewerkschaft in dem VW-Werk Fuß fassen, »wäre das wie ein Krebsgeschwür für das wirtschaftliche Wachstum« des gesamten Landkreises, warnte der Landrat Tim Boyd. Die Lobbygruppe »National Right to Work Legal Defense Foundation« bot Beschäftigten sogar eine kostenlose rechtliche Beratung an, wenn sie sich gegen eine gewerkschaftliche Organisation wehren wollten.[251] Nikki Haley, republikanische Gouverneurin des Nachbarstaats South Carolina, wetterte: Sie trage High Heels, um den Gewerkschaften einen Tritt zu verpassen. Sie riet gewerkschaftsfreundlichen Unternehmen von einer Ansiedlung in South Carolina ab.[252] Von solchen Reden ließen sich Mercedes und Volvo nicht abschrecken, die während der Amtszeit von Haley in dem US-Bundesstaat ein Werk errichteten oder ausbauten. Bei der Hannover Messe 2016 waren die USA Partnerland. Bei einem Workshop mischte ich mich unter die Investoren, welche von Vertretern von South Carolina über die Standortbedingungen in-

---

[251] Vgl. Bernd Kupilas, Shitstorm über Chattanooga, im Magazin *Mitbestimmung der Hans-Böckler-Stiftung*, Ausgabe 5/13, abrufbar unter: www.boeckler.de/42944_42965.htm.

[252] *US Today*, 20.2.2014.

formiert wurden. Stolz zeigten die Lobbyisten eine Landkarte, auf der Hunderte Markenzeichen europäischer Firmen zu sehen waren. Bei einer Abstimmung 2014 votierte die Mehrheit der Beschäftigten gegen eine eigene Arbeitnehmervertretung in dem VW-Werk, eine schwere Schlappe für die UAW und die sie unterstützende IG Metall. Aber in diesem Fall ließen die Gewerkschaften nicht locker und erreichten eineinhalb Jahre später doch noch teilweise ihr Ziel. Im Dezember 2015 votierte die Mehrheit der Beschäftigten eines Bereichs für einen Betriebsrat.[253] Es ist ein sehr hart erkämpfter Sieg der Gewerkschaften in den USA, die sonst bei vielen Konzernen außen vor sind, ob bei Walmart, Apple oder Amazon.

Die Schwäche der US-Gewerkschaften scheint institutionell zementiert zu sein. Jedenfalls sind schon diverse Versuche gescheitert, die gesetzlichen Rahmenbedingungen für die Gewerkschaften zu verbessern. Sie wurden vom Senat abgeschmettert. Auch die Überlegungen, eine arbeiternahe politische Partei zu gründen, »verliefen ausnahmslos im Sande«.[254] Gegenwind kommt auch aus Teilen der Justiz. Richter haben die Kräfte zugunsten der Konzerne ebenfalls gestärkt, wie mit der bedenklichen Grundsatzentscheidung des obersten Gerichtshofs im Fall Citizens United gegen Federal Election Commission (Vereinigte Bürger gegen die Bundeswahlkommission), mit der die Richter im Jahr 2010 bisherige gesetzliche Beschränkungen für reiche Geldgeber und Institutionen aufhoben, wenn es um unabhängige politische Spenden ging. Damit warf das Gericht »schlicht und radikal« mehr als ein Jahrhundert von Gesetzen über Bord, »deren Ziel es war, die potenziell erdrückende Macht des Reichtums

---

253 Reuters, 7.12.2015.

254 Joseph A. McCartin, *Gewerkschaften und Arbeitsbeziehungen in den USA*, Friedrich-Ebert-Stiftung, 2014, S. 10 f.

von Industrieunternehmen in der Wahlpolitik zu mäßigen«, schreibt die US-Politologin Wendy Brown.[255]

Das Spendenaufkommen der Wirtschaft bei Kongresswahlkämpfen habe sich seitdem verdreifacht, überwiegend zugunsten konservativer Kandidaten und Kampagnen, es bestehe für die Gewerkschaften keine Hoffnung mehr, dass sie dem steigenden Spendenaufkommen zugunsten einer gewerkschaftsfeindlichen Politik etwas entgegensetzen könnten, urteilt der Wissenschaftler Joseph McCartin von der Georgetown-Universität.[256]

Durch diverse Entscheidungen haben Richter die Gewerkschaften geschwächt: So ließ der Oberste Gerichtshof eine Sammelklage von 1,5 Millionen Frauen nicht zu, die gemeinsam gegen Walmart klagen wollten, weil sie geringer als Männer bezahlt wurden. Das Gericht wies den Status der Frauen als Gruppe zurück, »indem es geltend machte, dass nichts die Millionen von eigenständigen Einstellungsentscheidungen miteinander verband, die für die pauschal niedrigere Bezahlung der weiblichen Arbeitskräfte bei Walmart verantwortlich war«.[257] Was für ein Irrwitz, in einem solchen Unternehmensverhalten kein System zu sehen.

Union Busting ist längst auch in Europa auf dem Vormarsch. Zwar gibt es viele Betriebe, in denen eine Sozialpartnerschaft zwischen Management und Beschäftigten existiert. Aber selbst in solchen Betrieben kommt es zu fragwürdigem Verhalten des Managements, wie bei der Telekom. Sie ließ auch

---

[255] Wendy Brown, *Die schleichende Revolution. Wie der Neoliberalismus die Demokratie zerstört*, Berlin 2015, S. 187.

[256] Joseph A. McCartin, *Gewerkschaften und Arbeitsbeziehungen in den USA*, Friedrich-Ebert-Stiftung, 2014.

[257] Wendy Brown, *Die schleichende Revolution. Wie der Neoliberalismus die Demokratie zerstört*, Berlin 2015, S. 182.

Arbeitnehmervertreter im Aufsichtsrat von Detektiven bespitzeln, um herauszufinden, wer Informationen über das Unternehmen weitergibt. Die Deutsche Bahn setzte unter der Ägide Hartmut Mehdorn »sechs Detekteien gleichzeitig« ein. Sie sollten, so ein Ausdruck des Konzernchefs, die »Luschen« herausfinden, die man »rausschmeißen müsse«. Die Deutsche Bank habe ein Verdi-Mitglied im Aufsichtsrat überwachen lassen, das den massiven Stellenabbau kritisiert hatte. Das sind nur drei Beispiele von vielen, in denen Konzerne Gewerkschaftsvertreter überwachen ließen.[258] Das ist eine der Techniken des Union Busting, also gewerkschaftsfeindlicher Methoden. Gerne greifen Firmen auch auf spezialisierte Anwälte, Berater oder ihren Hausanwalt zurück, um Gewerkschaften oder Betriebsräte aus ihren Betrieben herauszuhalten oder zu entfernen. Das Mutterland dieser Methoden sind die USA, aber längst machen Unternehmen auch in Deutschland davon Gebrauch, besonders häufig inhabergeführte Firmen mit bis zu 200 Beschäftigten.[259] Dabei macht sich jemand strafbar, der in Deutschland Betriebsratswahlen verhindert.

Die Stellung von Betriebsräten ist in Deutschland im Betriebsverfassungsgesetz verankert. Gibt es fünf Mitarbeiter in einer Firma, dürfen sie einen Betriebsrat gründen. Wie groß ein Betriebsrat ist, hängt von der Größe der Belegschaft ab. Beschäftigt eine Firma mehr als 200 Mitarbeiter, wird ein Betriebsrat von der regulären Arbeit freigestellt, bei 900 Beschäftigten sind es drei. Betriebsräte genießen einen besonderen Schutz vor Kündigung. Das Gremium darf mitwirken bei allen Personalfragen wie Kündigungen oder Überstunden.[260]

---

[258] Otto Brenner Stiftung, *Union-Busting-Studie* 2014, S. 86, und *FAZ* vom 19.9.2009.

[259] Böckler Impuls 4/2014.

[260] Betriebsverfassungsgesetz, abgerufen unter: www.gesetze-im-internet.de/bundesrecht/betrvg/gesamt.pdf.

Frei gewählte Betriebsräte bestehen oft aus Gewerkschaftern; sie sind aber auf den Betriebsfrieden verpflichtet und dürfen nicht zu Streiks aufrufen. Die Bedeutung der Betriebsräte war lange Zeit begrenzt, weil die Tarifparteien die kollektiven Arbeitsbedingungen regelten. Aber seitdem mehr und mehr Unternehmen aus den Arbeitgeberverbänden und damit aus den Flächentarifverträgen austreten, sind Haustarifverträge und Betriebsvereinbarungen auf dem Vormarsch. Diese handeln meistens Betriebsräte aus. Je schwächer die Betriebsräte sind, desto einfacher ist es für die Firmen, ihre Interessen durchzusetzen.

Diverse Arbeitgeber greifen sogar zu gewerkschaftsfeindlichen Maßnahmen, um die Bildung von Betriebsräten zu verhindern – obwohl die Behinderung von Betriebsratswahlen nach dem Betriebsverfassungsgesetz sogar als Straftat verfolgt werden kann. »Die Kündigung ›störender‹ Arbeitnehmer«, nannte die Rechtsanwaltskanzlei Dr. Schreiner + Partner ein Seminar. Sie wollte außerdem bei der Gestaltung »kreativer Kündigungsgründe« helfen.[261] Und der Arbeitnehmerschreck Helmut Naujoks nannte in einem Interview mit der Wirtschaftswoche bereits 2006 Methoden, wie man Arbeitnehmer los wird. Man könnte beispielsweise dem Beschäftigten verhaltensbedingt kündigen, zusätzlich noch eine Schadenersatzklage einreichen oder betriebsbedingt kündigen.[262]

In Deutschland gab es reihenweise Konflikte, wenn Beschäftigte Betriebsräte bilden wollten, früher noch ganz unverhohlen, wie bei dem Sandalenhersteller Birkenstock. Als »Aussätzige« verunglimpfte Eigentümer Karl Birkenstock in

---

261 Vgl. *Spiegel* 13.11.2014.

262 Vgl. Werner Rügemer und Elmar Wigand, Union Busting in Deutschland, Studie der Otto Brenner Stiftung, Frankfurt 2014, S. 69.

den 1990er-Jahren Mitarbeiter, die sich als Betriebsräte engagieren wollten. Um eine Gewerkschaftsgründung zu verhindern, spaltete der Patriarch seine Firma auf und gründete eine eigene Einheit »Durchführung einfacher Produktion« – dorthin versetzte er die Arbeiter, die sich organisieren wollten.[263]

Jahrelang verhinderte auch der SAP-Konzern die Bildung eines Betriebsrates. Aufsichtsrat und Vorstand des Dax-Konzerns beriefen sich dabei auf die besondere Unternehmenskultur in der IT-Branche, ihre Kreativität, die unvereinbar sei mit einem Betriebsrat. Kolportiert wurde ein Spruch des Firmengründers Dietmar Hopp: »Wer einen Betriebsrat gründet, der fliegt.«[264] Stattdessen berief die Konzernleitung selbst acht Beschäftigte in den Aufsichtsrat, die zugleich als Arbeitnehmervertreter galten. Unterstützung bekam SAP in der Auseinandersetzung mit den Gewerkschaften IG Metall und Verdi unter anderem von Arbeitgeberpräsident Dieter Hundt, der sogar eine Änderung des Betriebsverfassungsgesetzes vorschlug.[265] Der Konzern musste letztlich klein beigeben und ist nicht untergegangen, seitdem es einen Betriebsrat gibt.[266]

Oft scheinen Firmen Betriebsräte auch regelrecht zermürben zu wollen. So mussten Betriebsräte im Entwicklungszentrum des südkoreanischen Autobauers Hyundai in Rüsselsheim immer wieder ganz gewöhnliche Mitspracherechte eines Betriebsrates vor Gericht einklagen, beispielsweise wegen Mehrarbeit, Arbeitssicherheit oder Gewährung von Urlaubstagen. Bei McDonald's sahen sich Beschäftigte behindert bei der Wahl von Betriebsräten, genauso wie bei dem Wind-

---

263 *Manager Magazin*, 1. November 2015.

264 Ebenda S. 88

265 *SZ*, 4.3.2006

266 Zur Chronologie und zu den Auseinandersetzungen bei der Betriebsratsgründung siehe »Betriebsratswahl bei SAP«, www.nci-net.de/Archiv/Historie/2006-SAP-BR-Wahl/SAP-BR.html, abgerufen, 6.5.2016.

radbauer Enercon.[267] Dort bemüht sich die IG Metall bislang vergeblich um einen Einfluss ihrer Mitglieder in den Betriebsräten. Im ostfriesischen Aurich arbeiten rund 4.000 Leute bei der Firma, die bei Windkraftanlagen einen Weltmarktanteil von zehn Prozent hat. Nachdem der IG-Metaller Daniel B. seine Kandidatur für den Betriebsrat bekannt gegeben hatte, wurde er zwei Mal versetzt. Vorher hatte er Bauteile für die Anlagen repariert, jetzt musste er im Gusszentrum Stahlteile mit dem Schneidbrenner zertrennen, eine monotone Arbeit. Anderen Aktiven erging es ähnlich.[268] Als die IG Metall zu einem Streik aufrief, machte jedoch kaum ein Beschäftigter mit. Angst haben eben nicht nur die Beschäftigten bei Amazon, sondern auch IG Metaller, die in einer ländlichen Gegend arbeiten, wo es wenig Jobalternativen gibt. Enercon bestreitet den Vorwurf der Gewerkschaftsfeindlichkeit.[269]

Bei einer Umfrage des gewerkschaftsnahen Wirtschafts- und Sozialwissenschaftlichen Instituts (WSI) bei IG Metall, IG BCE, NGG und Verdi erklärten 59 Prozent der Gewerkschaftssekretäre, in ihrem Bezirk habe es gewerkschaftsfeindliche Aktivitäten gegeben. Spitzenreiter unter den Branchen ist der Handel. Die Firmen wenden demnach eine ganze Reihe von Instrumenten an: Am häufigsten versuchten sie, Mitarbeiter einzuschüchtern. Häufig werden Betriebe auch aufgespalten, verlagert oder geschlossen, um eine Betriebsratswahl zu verhindern.[270] Machen Betriebsräte solche Vorgänge öffentlich, droht ihnen häufig die Kündigung wegen Geheimnisverrat und Rufschädigung. Die deutschen Arbeitsgerichte scheinen den Begriff der Vergeltungsmaßnahmen oft gar nicht zu

---

[267] Otto Brenner Stiftung, *Union-Busting-Studie* 2014.

[268] siehe zu dem Fall: *Dein Feind, Dein Mitarbeiter*, Feature von Claas Christophersen und Norbert Zeeb, NDR 2015.

[269] *FAZ*, 10.3.2015.

[270] WSI Mitteilungen 2/2014.

kennen. Die IG Metall versucht, die Bundesregierung dazu zu bewegen, die Gründung von Betriebsräten zu erleichtern, die Erfolgsaussichten werden als gering eingeschätzt. Fehlende oder fügsame Betriebsräte sind eine riesige Hürde für eine wirksame Gewerkschaftsarbeit. Betriebsräte sind zwar kein gewerkschaftliches Gremium, aber sie bilden oft die Keimzelle für gewerkschaftliche Tätigkeiten in Betrieben. Sieben von zehn Betriebsräten sind nämlich gleichzeitig in einer der DGB-Gewerkschaften aktiv. Entsprechend ist die Wahl eines Betriebsrates meistens der erste Schritt für die gewerkschaftliche Organisation eines Betriebs. Hier mehren sich die weißen Flecken auf der Gewerkschaftslandkarte: Laut dem Institut für Arbeitsmarkt- und Berufsforschung (IAB) wurden 2011 nur noch 44 Prozent der Beschäftigten in der westdeutschen Privatwirtschaft von einem Betriebsrat vertreten, 36 Prozent im Osten. Insgesamt gab es 2014 ein Minus vor drei Prozentpunkten gegenüber 1995. 90 Prozent der Beschäftigten nehmen ihre betriebliche Mitbestimmungsmöglichkeit überhaupt nicht wahr.[271] Der Hauptgrund dafür ist jedoch nicht das gewerkschaftsfeindliche Vorgehen von Unternehmern, sondern das Desinteresse und die Bequemlichkeit von Beschäftigten. Das räumen auch Gewerkschaftsvertreter ein. Hinzu kommt ein erstaunliches Unwissen über Gewerkschaften und Tarifverhandlungen, selbst bei hoch qualifizierten Akademikern, was eine Personalrätin einer großen deutschen Kulturorganisation berichtet. Mit dem sogenannten Organizing, einem von progressiven Gewerkschaften in den USA entwickelten Ansatz, versuchen Gewerkschaften, auch in Deutschland Boden gutzumachen.

---

[271] Vgl. Peter Ellguth, Rainer Trinczek, *Erosion der betrieblichen Mitbestimmung – Welche Rolle spielt der Strukturwandel?*, WSI Mitteilungen 3/2016.

Offensive mit Organizern

Ein Adventssonntag 2014 im Verdi-Gewerkschaftsbüro in Bad Hersfeld, einem flachen Zweckbau. Gleich nachdem Heiner Reimann das Büro betreten hat, steht er im Mittelpunkt des Geschehens. Die Meinung des Gewerkschaftssekretärs ist gefragt bei den rund drei Dutzend Amazon-Beschäftigten. Was für ein Kontrast zum Februar 2011, als Reimann erstmals Kontakt mit Beschäftigten suchte. Amazon hatte ihm und seinem Kollegen Julian Jaedicke den Zutritt zu den Kantinen erlaubt, aber sobald die Beschäftigten merkten, dass sie mit jemandem von der Gewerkschaft zu tun hatten, »guckten sie aus dem Fenster, an die Decke oder irgendwo anders hin«, die Leute hätten eine Riesenangst gehabt, mit ihnen gesehen zu werden, beschreibt Reimann die Situation. Aber Reimann und Jaedicke ließen sich nicht entmutigen. Das sollten sie auch nicht, schließlich sind sie »Organizer«. So heißen Spezialisten unter den Gewerkschaftsfunktionären, die Gewerkschaften Zugang zu neuen Betrieben verschaffen sollen. Sie wissen, wie man Aufmerksamkeit durch Aktionen schafft, die möglichst eines sind: medienwirksam und Solidarität stiftend.

Verdi braucht Mitglieder, dringend. Die Dienstleistungsgewerkschaft hat seit 2001 ein Viertel ihrer Mitglieder verloren. Jetzt gehören ihr nur noch zwei Millionen Menschen an, und vor allem bei den jungen Beschäftigten sieht es mau aus.[272] Mit seinem konturiert geschnittenen Bart und einer randlosen Brille wirkt der Organizer Reimann nicht gerade soft, aber er besitzt auch viel Einfühlungsvermögen in die Nöte der Beschäftigten bei Amazon – das sieht jeder, der ihn vor Ort beobachtet.

Ohne den Einsatz der beiden Spezialisten gäbe es in Bad Hersfeld kaum die Streiks, die seit Mai 2013 mehrfach für

---

[272] www.verdi.de/ueber-uns/, abgerufen am 20.5.2016.

Aufmerksamkeit sorgten, ganz besonders im wichtigen Weihnachtsgeschäft. Dazu wären die 79 Amazon-Beschäftigten, die Anfang 2011 bei Verdi in Bad Hersfeld Mitglied waren, ohne professionelle Hilfe nicht in der Lage gewesen. Aufstände wollen organisiert sein. Ein Konzept, das nicht einfach, aber erfolgreich ist. Heute ist mehr als ein Drittel der von 3.000 Beschäftigten organisiert. Manche tragen demonstrativ im Betrieb ein rotes Bändchen: »Work Hard. Have Fun. Make Tarifvertrag«. Die »Organizing-Methode« läuft meist in drei Stufen ab: erstens eine Recherche der Probleme der Beschäftigten, zweitens deren Einbindung in die Organisation und drittens gezielte Aktionen.

Organizer sind keine Erfindung von Verdi. Der Pionier Saul Alinsky gründete im Chicago der 1920er-Jahre in einem Armenviertel eine Bürgerdachorganisation und erhöhte so die Schlagkraft der lokalen Einrichtungen, Vereine und Organisationen. In der Stadt Chicago begann der heutige US-Präsident Barack Obama seine Karriere als Community-Organizer. Amerikanische Gewerkschaften adaptierten die Methode in den 1980er-Jahren, als ihnen der Absturz in die Bedeutungslosigkeit drohte. Gewerkschafter horchten weltweit auf angesichts der Erfolge der Service Employees International Union (SEIU), die in schwierigen Branchen gegen den Trend Mitglieder gewann. Berühmt ist deren Kampagne »Gerechtigkeit für Putzfrauen«, die vor allem Frauen ausfochten, die illegal aus Mittelamerika eingewandert waren und nachts für einen Hungerlohn die eleganten Hochhäuser in den Geschäftsvierteln von Los Angeles putzten. Der britische Regisseur Ken Loach setzte diesem Arbeitskampf in seinem Film *Brot und Rosen* ein Denkmal. Der Zuschauer erlebt, wie der unkonventionelle Gewerkschaftsfunktionär Sam Shapiro mit Witz und harten Bandagen einen Kampf gegen entwürdigende Verhältnisse führt, während die Arbeitgeber versuchen, Zwietracht unter den Arbeitern zu säen.

Nicht nur im Film, auch in der Realität erstritten Streikende einen Tarifvertrag, mehr Lohn und die Krankenversicherung. »Es gab wahre Besucherströme von Gewerkschaftern zur SEIU«, sagt Verdi-Vizechef Frank Werneke, der selbst schon in den USA bei Feldeinsätzen in Maryland dabei war. Er sitzt in der Verdi-Zentrale in Berlin und lässt die Entwicklung Revue passieren. Nach Arbeitnehmerorganisationen aus Australien, Neuseeland und Großbritannien hätten auch in Deutschland Gewerkschaften Teile der Strategie ihrer amerikanischen Kollegen übernommen. »Eins zu eins war das jedoch nicht übertragbar«, sagt Werneke. »Organizing ist ein Stück weit auch alter guter Wein in neuen Schläuchen«, sagt er und erinnert an frühere Kampagnen von Verdi bei dem Discounter Lidl. Zuständig waren dafür allerdings in der Regel Gewerkschaftssekretäre vor Ort, die sich bereits um eine Vielzahl von Betrieben kümmern müssen.

German Organizing bedeutet also vor allem, dass die Gewerkschaften zusätzliche Finanzmittel und speziell geschulte Projektsekretäre bereitstellen, um gezielt Betriebe für sich zu erschließen. Organizer von Verdi unternahmen erste Gehversuche im privaten Sicherheitsgewerbe. Die Aktionen bei Amazon sind für die Gewerkschaft wichtig, schließlich ist das von Jeff Bezos gegründete Handelshaus eine Großmacht. Mehr als 200 Millionen Kunden ordern hier Waren, pro Quartal. Der Konzern hat weltweit 230.000 feste und vorübergehende Mitarbeiter, beschäftigt allein in neun deutschen Logistikzentren 10.000 Leute.[273] Nicht mehr ohne Verdi. »Wir sind da, wenn Amazon einen neuen Standort aufmacht«, sagt Werneke selbstbewusst. Verdi schickte zwei erfahrene Leute nach Bad Hersfeld. Reimann war zwölf Jahre Betriebsrat bei Ikea und

---

[273] www.statista.com/statistics/234488/number-of-amazon-employees/und www.amazon-logistikblog.de/fakten/.

studierte nebenbei Jura. Jaedicke organisierte vorher Umweltkampagnen. Neun Monate wohnten beide in derselben WG. Oft hätten sie bis spät in die Nacht die Arbeit vom Tag durchgesprochen und Ideen entwickelt. Erstmals kamen die Organizer mit den Beschäftigten bei einer Betriebsversammlung ins Gespräch. Ihnen war klar, dass vielen Leuten befristete Arbeitsverträge große Sorgen bereiteten, weswegen sie die Beschäftigten zu einer Infoveranstaltung in das Verdi-Büro einluden. Einige trauten sich. Jetzt erfuhren die Projektsekretäre mehr darüber, wo den Beschäftigten der Schuh drückte – was wiederum die Grundlage für eine Aktion war, wie sie für das Organizing typisch ist.

Die Aktion »Eisbrecher« ging so: Die Organizer stellten fünf transparente Tonnen vor das Logistikzentrum, auf die verschiedene Probleme geschrieben waren. Beschäftigte warfen Zettel in die Tonnen, die meisten in die mit dem Aufkleber »Bezahlung«, fast so viele landeten in der Tonne »Mangelnder Respekt«. »An dem Abend hatten wir rund tausend Menschen befragt und eine klare Aussage, was die Menschen am meisten stört«, sagt Reimann. Ihre Botschaften lassen die Mitarbeiter dabei oft andere schreiben, damit sie niemand an ihrer Schrift erkennt – ein Zeichen für die tief sitzende Angst vor einer Bestrafung dafür, dass sie ihre Rechte als Arbeitnehmer wahrnehmen.

Die beiden Amazon-Mitarbeiter Günter W. und Christian K. gehörten zu den Ersten, die mithalfen, die Basis der Gewerkschaft im Betrieb zu erweiterten. Solch einen Aktivenkreis zu schaffen ist das Ziel eines Organizers. Sie verteilten bunte Aufkleber in den Logistikzentren, jeweils mit einer Frage versehen, um auf die Vorteile der Tarifautonomie aufmerksam zu machen, aber auch auf Verstöße gegen das Arbeitsrecht oder andere Ärgernisse. »Hans bekommt Weihnachtsgeld. Warum ich nicht?«, stand auf so einem Zettel.

Amazon habe Leute abgestellt, um die Zettel abzureißen, sagt Reimann, es habe sich ein »Hase-und-Igel-Spiel« entwickelt. Verdi kam stärker ins Spiel. Reimann nennt für den Frust vieler Beschäftigter über ihren Arbeitgeber eine interessante Erklärung: Sie stoßen auf »zu viel Liebe«. Wie das? »Damit meine ich, bei Amazon hat man offene Ohren für die Belange der Belegschaft, nur: Oftmals wird das Problem mitgenommen, aber nicht gelöst.«

Ist Amazon ein gewerkschaftsfeindliches Unternehmen? »Nein«, sagt entschieden Amazon-Manager Armin Cossmann, der die Warenlager in Bad Hersfeld und Leipzig leitet. Es ist Anfang Februar, das stressige Weihnachtsgeschäft liegt hinter ihm. Cossmann ist ein durchtrainierter Typ mit Dreitagebart. Im Gebäude schaut er genau hin und hebt selbst einen kleinen Schnipsel auf. Zu hören sind in der riesigen Halle nur das vorschriftsmäßige Hupen der Gabelstaplerfahrer an den Kreuzungen und Pieptöne beim Einscannen der Waren. Der Name Verdi kommt Cossmann an diesem Vormittag selten über die Lippen, meist spricht er von einer »externen Organisation«, und so eine sei eben immer nur die zweitbeste Variante, »um in Kommunikation mit den Mitarbeitern zu treten«. Und dann sagt er einen bemerkenswerten Satz: Eine Zusammenarbeit mit der Gewerkschaft erhöhe nicht die Flexibilität des Unternehmens. Flexibel, das Lieblingswort aus dem Topvokabular heutiger Manager und ihrer Berater.

Streikende berichten von Äußerungen von Vorgesetzten, nach denen »die Gewerkschaft lüge und Amazon schaden wolle«. Ob solche Äußerungen der Wahrheit entsprechen, »lasse ich mal dahingestellt«, weicht Cossmann aus und weist stattdessen darauf hin, dass mehr als tausend Beschäftigte eine Liste »Pro Amazon« unterschrieben hätten. Manche Beschäftigte machen Verdi für das schlechte Bild von Amazon in der Öffentlichkeit verantwortlich, so wie Roland, der hier seit acht

Jahren Gabelstapler fährt. Gewerkschaften muss niemand gut finden, aber es ist interessant, wie viele Beschäftigte sich hier die Sichtweise des Arbeitgebers zu eigen machen, wenn sie beispielsweise Streiks während der Weihnachtszeit kritisieren, weil diese das Unternehmen besonders treffen.

Caroline Heß, die mehrere Jahre lang für die IG Bau und die IG Metall Organizing-Projekte betreute, setzt auf Schlüsselmomente. »Das macht der Chef nie«, heißt es oft bei Beschäftigten, selbst wenn es um bescheidene Forderungen wie den Bau neuer Toiletten gehe. Natürlich können viele Ziele nicht sofort erreicht werden, sagt Heß, umso wichtiger sei es, erreichbare Zwischenziele zu setzen. Wie die definitive Auskunft vom Chef, bis wann neue Toiletten gebaut werden. »Man muss Erfolge organisieren«, beschreibt die Gewerkschaftsfrau die Vorgehensweise eines Organizers. Elementar seien die »Momente der Solidarität«.

Das klingt simpel, ist aber ein ziemlich anspruchsvolles Unterfangen angesichts der täglichen Konkurrenz zwischen Beschäftigten. Besonders schwierig sei es, Solidarität zwischen den verschiedenen Gruppen in einer Belegschaft zu erzeugen, da gebe es häufig noch Vorurteile gegenüber »dem« Arbeiter und »dem« Angestellten oder »dem« Entwickler. Heß hat sich so einen Schlüsselmoment besonders eingeprägt. Da war der Baubetrieb mit fünfzig Leuten, der seine Tarifbindung durch den Verkauf des Unternehmens verlor, weswegen die Beschäftigten mit Lohnkürzungen rechnen mussten. Sie kümmerte sich als Organizerin um die Firma.

Es sei unglaublich, wie gern Beschäftigte in so einer Situation mit Gewerkschaftern reden, erzählt Heß. Die IG Bau organisierte kurze Warnstreiks oder T-Shirt-Aktionen. Die entscheidende Idee hatten die Beschäftigten jedoch selbst, nachdem sie sich heftig darüber aufgeregt hatten, dass jemand alle Gewerkschaftsfahnen im Betrieb abgehängt hatte.

Sie sagten, das gehe doch nicht, es seien doch ihre Flaggen, erzählt Heß. In einer Aktion in der Nacht hätten die Bauarbeiter überall im Betrieb die Fahnen wieder aufgehängt, selbst an der Außenseite des Industriegebäudes. »Das war der Moment, in dem der Arbeitgeber eingeknickt ist«, meint sie. Nach vier Wochen erhielten die Beschäftigten wieder einen Tarifvertrag.

Heß hatte sich bereits während ihres Soziologiestudiums in Duisburg nicht nur theoretisch, sondern auch praktisch mit Organizing beschäftigt – beim Bildungsstreik. »Ich wollte nicht nur quatschen, sondern handeln«, erzählt die heutige Jugendsekretärin der Bonner IG Metall. Und davon halten ihre Chefs ebenfalls viel. Die IG Metall hat ein Buch mit dem Titel *Organizing* herausgegeben.[274] Es ist ein Versuch, sich einer breiteren Basis wieder anzunähern. »Die IG Metall muss wieder in jedem einzelnen Betrieb kollektiv erfahrbar sein als eine Gemeinschaft, die nicht nur Abschlüsse erzielt, sondern Lösungen gemeinsam erwirkt und nötigenfalls in einem Beteiligungsprozess erkämpft. Der Kampf am Verhandlungstisch schafft keine Verankerung«, schreibt der langjährige IG-Metall Vorsitzende Detlev Wetzel. Die IG Metall installierte ein eigenes Ressort für strategische Erschließungsprojekte, mit achtzehn Organizern. Vor Ort stoßen dann haupt- und ehrenamtliche Metaller dazu.

Die Metallertruppe brachte ihr erstes Projekt im Bereich erneuerbare Energien auf den Weg, für die Industriegewerkschaft war das weitgehend Neuland. Nur jeder zehnte Beschäftigte der Windanlagenbauer war Mitglied. Zudem standen viele Unternehmer der IG Metall skeptisch gegenüber, weil diese lange für die Atomenergie einstand. Vielfach herrschte ein Klima in den Betrieben, in dem eine Mitgliedschaft in der Gewerkschaft aus Furcht vor Nachteilen nicht öffentlich

---

[274] *Organizing. Die Veränderung der gewerkschaftlichen Praxis durch das Prinzip Beteiligung*, Hrsg. Detlef Wetzel, Hamburg 2013.

gemacht wurde, sagt Heiner Dribbusch, Wissenschaftler der Hans-Böckler-Stiftung. Mit 2.000 Beschäftigten zählt Repower zu den größten Herstellern in der Windindustrie. Als die Organizer anrückten, verdienten die Beschäftigten etwa ein Fünftel weniger als nach dem Flächentarifvertrag für die Metall- und Elektroindustrie. »Wir haben alle IG-Metall-Mitglieder angerufen und gefragt, ob sie sich mit uns treffen wollen«, sagt Jonas Berhe, der das fünfköpfige Projektteam koordinierte, das sich um mehrere Standorte kümmerte. Nach mehr als 400 Gesprächen kannten sie die Probleme bei der Übernahme von Auszubildenden, beim Gesundheitsschutz oder das der fehlenden Kantine. Auf dieser Basis entwickelten sie diverse Aktionen und erreichten den Abschluss eines Tarifvertrags mit Repower. Das Unternehmen habe sich »fair« verhalten, betont Berhe. Oft sieht es anders aus. »Jede Kampagne löst im Zweifelsfall eine Gegenkampagne aus«, sagt Verdi-Vize Werneke und verweist auf spezialisierte Anwaltskanzleien und PR-Agenturen, die Unternehmen zur Seite stehen im Kampf gegen Betriebsräte und Tarifverträge.

Nach einigen Wochen oder Monaten ziehen die Organizer weiter. Eine oft schwierige Zeit für die ehrenamtlichen Aktiven beginnt. »Verdi ist für viele hier die Person Heiner Reimann«, beschreibt Krähling die Lage. Reimann wechselte erst in die Zentrale von Verdi Hessen und dann zur IG Metall.

Betriebe kapern

Am schwierigsten ist es für Gewerkschaften wohl, Beschäftigte davon zu überzeugen, dass sie tatsächlich solidarisch etwas zum Besseren verändern können, dies aber auch hartnäckigen Einsatz verlangen kann. Militanter gehen Gewerkschaften teils in anderen Ländern zur Sache. In Frankreich sperren Arbeiter schon einmal Manager in Fabriken ein, was in Deutschland kaum vorstellbar ist. Bisweilen bringt aber entschiedenes Vorgehen beachtliche Erfolge, wie im Falle der Teefabrik von Unilever in der Provence. Seit 1896 war in dem Werk Gémenos in der Nähe von Marseille Tee produziert worden, zuletzt für die Marken Lipton und Elefant. 2010 kündigte der Konzern die Verlagerung der Produktion nach Polen an und schloss wenig später das französische Werk. Das Unternehmen bot Teilen der 182 Beschäftigten an, sie weiterhin zu beschäftigen. Sie müssten halt nur nach Belgien oder Polen umziehen. In Polen für 6000 Euro Jahresgehalt arbeiten? »Ein Witz«, empört sich der französische Gewerkschafter Olivier Leberquier. »Klar gab es auch einige, die wollten, dass wir über Abfindungen verhandeln. Der Großteil hat jedoch gesagt: Alles dicht, sofort, das gibt's doch nicht. Daher blieb uns nur der Kampf.«[275]

Arbeiter besetzten das Werk und harrten dort rund um die Uhr aus, um den Abtransport von Maschinen zu verhindern. Sie verkauften Produkte aus dem Lager bei Veranstaltungen von linken NGOs oder Gewerkschaften. Vier Jahre kämpften die Arbeiter, unterstützt von den Gewerkschaften. Um ihr Anliegen in der Öffentlichkeit bekannt zu machen, gründeten sie auch eine Theatergruppe und nahmen eine CD auf. Sie ließen drei Mal die »Sozialpläne« von Unilever vor Gericht annullieren und erzielten am Ende einen gerichtlichen Erfolg: Der Konzern musste neunzehn Millionen Euro an Abfindungen, Reparaturkosten für die Maschinen und die Instandsetzung der Fabrik zahlen.[276] Die Besetzer konnten die Geschäfte ihrer zwischenzeitlich gegründeten Kooperative Scop Ti fortsetzen. Sie verkaufen heute fairen Tee der Marke 1336, in Erinnerung

---

275 www.igmetall.de/tee-fabrik-des-unilever-konzerns-im-suedfranzoesischen-gemenos-21200.htm.

276 *Die Welt*, 28.5.2014, zur Chronik siehe: www.labournet.de/internationales/frankreich/arbeitskaempfe-frankreich/fralib/.

an die Dauer der Besetzung des Betriebes. 76 Arbeiter hatten bis zum Schluss durchgehalten. Die Genossenschaft erwartet für das Jahr 2016 erstmals einen Gewinn. Arbeiter haben andernorts die gleiche Erfahrung gemacht: Fabriken, die stillgelegt werden sollen, können von ihnen selbst durchaus profitabel in Eigenregie geführt werden, weil sie keine hohen Gewinnerwartungen irgendwelcher Aktionäre erfüllen müssen. Zum Beispiel übernahmen Beschäftigte in Argentinien nach der schweren Wirtschaftskrise 2001 über 300 konkursgefährdete Betriebe mit über 13.000 Beschäftigten in Selbstverwaltung. Vorbildcharakter hat für linke Gewerkschafter auch die römische Officin Zero, eine besetzte Industrieanlage, oder die selbstverwaltete Seifenfabrik VIO.ME im griechischen Thessaloniki.

Beschränkungen für das Kapital sind gefallen, und für den Handel mit Waren und Dienstleistungen gibt es auch immer weniger Hürden auf dem Globus. Die Regierungen arbeiten an einer weiteren Liberalisierung des Handels, auch durch das Freihandelsabkommen zwischen den USA und Europa, das sogenannte »Transatlantic Trade and Investment Partnership«, kurz TTIP. Die meisten Arbeitnehmer haben dagegen keine Wahl, sie müssen vor Ort Arbeit suchen. Menschen mit gesuchten Qualifikationen können Glück haben und ein Visum für eines der klassischen Einwanderungsländer wie Neuseeland, Kanada oder Australien ergattern, manch einer gewinnt vielleicht auch bei der Lotterie eine Aufenthaltsgenehmigung für die USA, die begehrte Green Card. Aber die meisten Menschen aus Asien, Afrika oder Lateinamerika gelten als unwillkommene Wirtschaftsflüchtlinge, wenn sie in Europa und Nordamerika Einlass begehren.

Die Immobilen seien die großen Verlierer auf dem globalen Arbeitsmarkt, weil sie von den Mobilen tendenziell ausgebeutet werden, analysieren treffend die Soziologen Boltanski und Chiapelle. In allen Teilen der Wertschöpfungskette enthalte der Mobilere dem weniger Mobilen dessen Wertzuwachs vor. Die Diskrepanz dürfte künftig noch größer werden zwischen dem mobilen Kapital und der immobilen Arbeit. Denn die digitale Revolution macht es den Unternehmen immer leichter, Arbeiten dort erledigen zu lassen, wo es am billigsten ist. Dafür sind Grenzen wichtig, welche die Arbeitenden nicht überwinden können. Grenzen für die Arbeitenden sind ein Garant dafür, dass der Abwärtsdruck auf die Löhne auf absehbare Zeit bestehen bleiben wird. Dank Algorithmen lässt sich die Arbeit nämlich immer leichter portionieren, standardisieren und rund um den Globus in das Land verteilen, wo sie am günstigsten erledigt werden kann. Im Einzelfall mag dies für jemanden mit einem Wohlstandgewinn verbunden sein, weil er zwar weniger Geld bekommt als sein Konkurrent in dem Land mit höheren Löhnen und Sozialstandards, aber mehr als der durchschnittliche Beschäftigte bei ihm am Ort. Aber insgesamt dürfte sich der relative Anteil der Beschäftigten am Wohlstand weiter zugunsten der Produktionskapitalbesitzer verringern. Ohne eine grenzüberschreitende Organisation der Beschäftigten sind ihre Perspektiven düster. Deswegen wären moderne Gewerkschaften elementar, die echte Ansätze internationaler Solidarität verfolgen. Aber diese Solidarität kann es nur geben, wenn sich ausreichend Menschen dafür engagieren. Heute streiten viele Menschen außerhalb der Gewerkschaften für bessere Arbeitsbedingungen, was im nächsten Kapitel Thema ist, aber das dürfte nicht ausreichen, um die Verhältnisse entscheidend zu verändern.

Kapitel 4: NGOs

»Jeder, der auf Nachteile des Marktmechanismus hinweist, wirkt in dem derzeitigen Meinungsklima eigentümlich altmodisch und unzeitgemäß: so, als legte man eine Langspielplatte mit Musik aus den Zwanzigern auf. Ein Bündel von Vorurteilen hat einem anderen entgegengesetzten Bündel Platz gemacht. Der unkritisch akzeptierte Glaube von gestern ist die Ketzerei von heute, und die Ketzerei von gestern ist heute der neue Aberglaube.«
Amartya Sen, indischer Wirtschaftsnobelpreisträger

Mehr als 200.000 Menschen demonstrierten am 10. Oktober 2015 in Berlin gegen das von den USA und der EU geplante Freihandelsabkommen TTIP. DGB-Vorsitzender Rainer Hoffmann, einer der Redner, verlangte von der EU eine »andere Handelspolitik«, eine, die Wohlstand, Gerechtigkeit und menschenwürdige Arbeit in den Mittelpunkt stellt«, und forderte: Jeder Mensch müsse das Recht haben, einer Gewerkschaft beizutreten und in Tarifverhandlungen für gerechtere Löhne zu kämpfen. Fraglos haben Europas Gewerkschaften Angst, dass die USA ihre gewerkschaftsfeindliche Kultur nach Europa exportieren könnte. Die USA hat bis heute auch nur zwei der acht Kernarbeitsnormen der ILO anerkannt. So haben sie die allgemeine Abschaffung der Zwangs- und Pflichtarbeit nicht ratifiziert. Dagegen sträuben sich vor allem Lobbyisten, womöglich auch, weil dann nicht mehr so einfach wie heute Häftlinge für private Unternehmen als Billiglöhner arbeiten könnten.[277]

---

[277] *SZ*, 25.6.2015.

Trotzdem sind die Gewerkschaften mit ihren Abermillionen Mitgliedern keinesfalls die Hauptarchitekten des Widerstands gegen das Freihandelsabkommen, sondern diverse NGOs (nichtstaatliche Organisationen), große wie Friends of the Earth, der Bund für Umwelt- und Naturschutz, Greenpeace oder Brot für die Welt, aber auch winzige und den meisten Bürgern völlig unbekannte NGOs wie Powershift oder Corporate European Observatory (CEO). Letztere bezeichnete EU-Handelskommissar Karel de Gucht gar als zentralen Gegner der Kommission bei dem Thema.[278] Deren Arbeit belegt eindrucksvoll, was eine kleine NGO erreichen kann, wenn sie gute Argumente auf ihrer Seite hat, kluge Analysen anstellt und öffentlich geschickt agiert. Jedenfalls hat CEO maßgeblich Anteil daran, dass die Bevölkerung auf das sperrige Thema aufmerksam wurde. Mit ihrer Aufklärungsarbeit haben sie für Medien, andere NGOs und auch Gewerkschaften eine Menge Argumente geliefert, mit denen es der Koalition der TTIP-Skeptiker gelang, die Stimmung in der Bevölkerung innerhalb von eineinhalb Jahren zu drehen: Mehr als die Hälfte der Bundesbürger hielt das Abkommen im Februar 2014 noch für eine »gute Sache«, bei einer Umfrage nach der großen Demonstration im Oktober 2015 war es nur noch ein gutes Drittel, während die Zahl derjenigen, die von einer »schlechten Sache« sprachen, im gleichen Zeitraum von 25 auf 46 Prozent kletterte.[279] Nach öffentlichem Druck kassierten Wirtschaftslobbyisten auch fragwürdige Versprechungen, wie jenes von 400.000 neuen Jobs, die zwischen Lissabon und Warschau durch das Abkommen entstehen könnten, etwa jeder vierte davon in Deutschland. Oder die verheißungsvolle Rechnung, nach der jedem

---

[278] *TAZ*, 22.5.2014.
[279] *Spiegel*, 26.10.2015.

EU-Bürger ein Wohlfahrtsgewinn von jährlich 545 Euro winke.[280]

Größere Aufmerksamkeit erreichten die Aktivisten erstmals, als sie davor warnten, es käme künftig in Europa mit Chlor behandeltes Hühnchen oder Hormonfleisch auf den Essenstisch. In den US-amerikanischen Schlachtfabriken wird Geflügelfleisch in Wannen mit Chlor gebadet, um gefährliche Keime und Bakterien abzutöten. In der EU ist dieses Desinfektionsverfahren verboten, ebenso wie der Einsatz bestimmter Wachstumshormone, mit denen in den USA Rinder gemästet werden. Beide Methoden klingen in den Ohren europäischer Verbraucher abstoßend und gesundheitlich bedenklich. US-Fleischkonzerne drängen darauf, dass die Europäer solches Fleisch zulassen, damit sie es auch in hiesigen Supermärkten und Restaurants verkaufen können. Über die tatsächlichen Gefahren dieser Fleischbehandlungsmethoden für Leib und Leben kann man sich trefflich streiten, aber das Thema eignete sich hervorragend als medialer Aufhänger für das auf den ersten Blick staubtrockene Thema eines Handelsabkommens. Es war gewissermaßen das Pendant zu den Autoblinkern, mit denen die Konzerne gerne für das Abkommen warben. Gleiche Autoblinker auf beiden Seiten des Atlantiks, das ist harmlos, aber eben nur ein Aspekt. Mit dem Thema Chlorhühnchen bereiteten die Aktivisten den Boden, um Mitbürger auf die brisanteren, aber wesentlich komplexeren Themen hinzuweisen, die bei dem unter Ausschluss der Öffentlichkeit verhandelten TTIP diskutiert werden, wie ein Investitionsschutzabkommen mit weitgehenden Investor-Staat-Klagemöglichkeiten. Solche internationalen Vereinbarungen erlauben es Konzernen, einen Staat zu verkla-

---

280 Studie des Londoner Forschungsinstituts Centre for Economic Policy Research (CEPR) im Auftrag der EU-Kommission, http://trade.ec.europa.eu/doclib/docs/2013/march/tradoc_150737.pdf.

gen, wenn sie ihre Investitionen oder Gewinne durch politische Entscheidungen beschränkt sehen. Die Verhandlungen finden in diesen Fällen nicht vor ordentlichen Gerichten statt, sondern vor privaten Schiedskammern, wo keine unabhängigen Richter, sondern die Vertreter spezialisierter Anwaltsfirmen entscheiden. Das Thema beschäftigte Aktivisten schon länger wegen der Folgen für Entwicklungsländer. Dort sahen sich Regierungen diverse Male mit Klagen von Konzernen konfrontiert, wenn sie bessere Sozial-, Umwelt- oder Arbeitsstandards einführen wollten, anders als lange in Europa. Gerade auch Konzerne aus Europa zählen zu den Klägern in Entwicklungsländern. Fünfzehn Jahre lang habe sich kaum ein Bürger in Deutschland für den Welthandel interessiert, sagte Pia Eberhardt, eine der profiliertesten Vertreterinnen der Anti-TTIP-Bewegung. Die Politikwissenschaftlerin hatte sich mit Welthandelsfragen im Studium und beim globalisierungskritischen Netzwerk Attac beschäftigt, bevor sie zu CEO stieß und dort 2012 die Studie »Profiting from Injustice« schrieb, in der sie Hunderte Gerichtsprozesse analysierte, was Stoff für viele Medienberichte lieferte.

Brüssel, März 2014. In einem Konferenzzentrum im Europaviertel findet eine Tagung der TTIP-Gegner von beiden Seiten des Atlantiks statt. Manche der älteren Aktivisten kennen sich noch von der letzten großen internationalen Protestwelle zu Fragen des Welthandels. Einige gehörten zu den Demonstranten, die 1999 im kanadischen Seattle die Ausrichtung der WTO-Konferenz verhinderten. Dazu zählt auch Peter Fuchs, der sich seit Jahrzehnten mit Handelspolitik beschäftigt und dafür die NGO Powershift gegründet hat. Er bemüht sich vor allem darum, die Kompetenzen verschiedener NGOs zum Thema Welthandel zu verknüpfen. Bei der Tagung liefert Fuchs sich ein Redegefecht mit dem Vertreter der EU-Kommission. Es sei ein Unding, dass die Kommission Papiere veröffentliche, in denen von einer Stärkung der Regulierung die

Rede sei, während Juristen ganz klar sagten, dass durch TTIP das Recht zur Regulierung geschwächt werde, regt er sich auf. Für Fuchs ist TTIP ein Instrument, mit dem die Konzerne wieder einmal einseitig ihre Interessen durchsetzen wollen.

Kernaufgabe der Politik ist es, passende Regeln zu finden, besonders auch für die Wirtschaft. Ständig gibt es neuen Bedarf, beispielsweise wegen neuer wissenschaftlicher Erkenntnisse, Erfindungen oder gesellschaftlicher Probleme. Regelmäßig versuchen Gruppen, im Gesetzgebungsverfahren ihren jeweiligen Interessen Gehör zu verschaffen, ob Verbände, Konzerne, NGOs oder Gewerkschaften. Das ist normal in einer Demokratie. Wichtig ist aber ein gewisses Kräftegleichgewicht. Schon heute haben die Lobbyisten der Wirtschaft ein deutliches Übergewicht gegenüber Gewerkschaften und Zivilgesellschaft. Mit dem Freihandelsabkommen würde das Pendel noch drastischer zugunsten von Konzernen ausschlagen, sind sich die TTIP-Gegner einig. Ihre Arbeit wäre ohne besorgte Sympathisanten in den Machtzentralen der Politik kaum möglich, gerade bei einem Abkommen wie TTIP, über das geheim verhandelt wird.

»Wir selbst würden bei TTIP im Nebel stochern«, sagt Fuchs, aber manchmal gebe es eben »mutige Insider, die ein bisschen mehr von diesen schwarzen, dunklen Vorhängen aufmachen, sodass wir reingucken können«. Deswegen konnte CEO beispielsweise ein geheimes Papier der EU-Kommission zu sogenannter »regulatorischer Kooperation« veröffentlichen. Demnach müssten künftig neue Regeln bereits in der Planungsphase mit den Amerikanern abgesprochen werden, wenn die Gesetzesinitiative den transatlantischen Handel »wesentlich« beeinflusst. Bereits in diesem frühen Stadium sollen betroffene Unternehmen aus der EU und den USA eingeschaltet werden, was ihnen ihre Lobbyarbeit gegenüber der Zivilgesellschaft weiter erleichtern würde. Und vermutlich waren es auch mutige Insider, die der Umweltschutzorganisation Greenpeace geheime Papiere der US-Unterhändler zugänglich machten, die Anfang Mai 2016 für Furore sorgten. Diese Papiere zeigten, dass die »Realität der Verhandlungen die dunklen Ahnungen noch übertrifft«, kommentierte Heribert Prantl in der Süddeutschen Zeitung.[281]

Dank der Arbeit der NGOs werden auch die Nebenwirkungen des geplanten Abkommens für Arbeitnehmer deutlich. Bei einem Freihandelsabkommen gibt es Gewinner und Verlierer. Schließlich wollen sich die beiden Partner EU und USA gegenseitige Bevorzugung für ihre Wirtschaft einräumen, weshalb man von einem »präferenziellen Abkommen« spricht. Andere Länder würden dadurch logischerweise schlechtergestellt, und in diesem Fall hätte dies ein besonderes Gewicht, weil die EU und USA zwei Drittel des Welthandels bestreiten.

Aus möglichen Nachteilen für andere Länder macht auch Annika Stormy-Mildner, Handelsexpertin beim Bundesverband der Deutschen Industrie, keinen Hehl. Betroffen sein könnten beispielsweise Australien, Mexiko und einige afrikanische Länder. Gut möglich, dass kalifornische Agro-Industrielle ihre Datteln künftig leichter in Europa verkaufen könnten als tunesische Bauern. So könnte mit Tunesien ein Staat wirtschaftlich geschwächt werden, in dem es gerade demokratische Reformen gibt, an deren Gelingen Europa eigentlich großes Interesse haben muss. Wirtschaftliche Gewinne können eben ungewollte politische Nebenwirkungen haben.[282]

Insgesamt stehen durch das TTIP einige Hunderttausend Jobs außerhalb der EU und den USA auf dem Spiel. Verlierer gäbe es übrigens auch innerhalb der neuen Freihandelszone.

---

281 *SZ*, 2.5.2016.

282 Caspar Dohmen, »Vorfahrt für Investoren? Die geplante Freihandelszone zwischen EU und USA«, Feature, *SWR 2 Wissen*, 8.4.2014.

Wenn Handelsschranken wegfallen, setzen sich nämlich in der Theorie die wettbewerbsfähigsten Unternehmen durch – das ist ja gerade das Ziel von Freihandel. Weniger wettbewerbsfähige Unternehmen müssen ihre Produktion schließen, was deren Besitzer und Beschäftigte trifft. Profitieren würden durch das Abkommen vor allem große Konzerne, weswegen viele kleine und mittlere Firmen gegen das Abkommen sind, wie die Gründer der »Initiative kleine und mittlere Unternehmen gegen TTIP«.[283] Sie wollen sich nicht von den Wirtschaftsverbänden und Handelskammern vereinnahmen lassen, die ihrer Meinung nach einseitig die Chancen des Abkommens betonen und Vorteile für kleine und mittlere Unternehmen (KMU) anführten, die es ihrer Überzeugung nach gar nicht gebe.

Die TTIP-Kritiker haben einige Korrekturen der EU-Kommission erreicht, prozeduraler und inhaltlicher Art, auch bei den besonders umstrittenen Schiedsverfahren, was auch die Aktivisten Fuchs und Eberhard bei einem Gespräch im Februar 2016 in Berlin betonen, aber die Korrekturen seien unzureichend. Das vorgeschlagene »Investment Court System« sei doch nur dem Namen nach ein »Gericht« und diene weiterhin allein der Durchsetzung der Rechte von Investoren gegenüber den Vertragsstaaten. Dagegen gebe es keine Verbesserung für die Menschen, die von den Praktiken globaler Konzerne wie Lohndumping, fehlendem Arbeitsschutz, Landnahme und Umweltzerstörung betroffen seien.[284] Für ihre anhaltende Kritik bekommt die Anti-TTIP-Koalition gewichtige Unterstützung. »Ich glaube, die Gefahren von TTIP werden in Deutschland nicht übertrieben, sie werden unterschätzt. Der Nutzen für den Handel wäre nicht wirklich groß, der Scha-

---

283 www.kmu-gegen-ttip.de/.

284 *The zombie ISDS. Rebranded as ICS, rights for corporations to sue states refuse to die*, Published by CEO und anderen, Februar 2016.

den für Verbraucherschutz und Demokratie aber schon«, sagte Wirtschaftsnobelpreisträger Josef Stiglitz.[285]

Europäische NGOs bereiten sich auch auf den Fall vor, dass das Abkommen von der EU-Kommission und dem EU-Parlament grünes Licht bekommen sollte. Zu Fall bringen wollen sie es dann unter anderem mittels eines Referendums in den Niederlanden. Offiziell ist ein Referendum zwar nicht bindend für die dortige Regierung, aber das Parlament muss sich nach einem entsprechenden Votum des Volkes erneut mit einer Sache befassen. Politisch dürfte es für die niederländische Regierung schwer sein, sich über den Willen des eigenen Volkes hinwegzusetzen.

Peter Fuchs hofft, dass das TTIP am Ende genauso scheitert wie das Multilaterale Investitionsabkommen MAI 1998. Die Organisation der größten Industrieländer OECD hatte das Vorhaben geheim vorbereitet. Es sollte Konzernen unter anderem denselben Rechtsstatus wie Nationalstaaten verschaffen, soziale und demokratische Rechte der Parlamente drohten schon damals ausgehebelt zu werden. Die Gegner – darunter maßgeblich viele NGOs – skandalisierten das Vorhaben dermaßen erfolgreich, dass die beteiligten Regierungen es aus dem Verkehr zogen. Die Abwehr dieser Sonderrechte für Konzerne war einer der ersten großen Siege für die NGOs, die – so die Politikwissenschaftler Elmar Altvater und Achim Brunnengräber – als »Supernova« am Firmament globaler Politik in den 1990er-Jahren erschienen seien, beginnend mit der Konferenz »Umwelt und Entwicklung« in Rio 1992. Heute gehört das Kürzel NGO zu unserem Alltag.[286] Es ist die Abkürzung des englischen Begriffs *non-governmental organiza-*

---

[285] www.wiwo.de/politik/europa/joseph-stiglitz-gefahren-von-ttip-werden-in-deutschland-unterschaetzt/12868460-2.html.

[286] Elmar Altvater/Achim Brunnengräber, »NGOs im Spannungsfeld von Lobbyarbeit und öffentlichem Protest«, *APuZ*, 8.2.2002.

tion, was gewöhnlich mit Nichtregierungsorganisation übersetzt wird, wobei treffender der Begriff der nichtstaatlichen Organisation wäre. In NGOs schließen sich Menschen zusammen, die sich für gemeinnützige Zwecke einsetzen und nicht gewinnorientiert arbeiten sowie nicht von staatlichen Stellen organisiert oder von diesen abhängig sind. Der Bedeutungsgewinn der NGOs resultiert wesentlich aus der Globalisierung, die sich eklatant auf die politischen Kräfteverhältnisse ausgewirkt hat. Niemals zuvor hatten die Nationalstaaten – vom Westfälischen Frieden 1648 bis zum Ende des Kalten Krieges 1989 uneingeschränkte Hauptakteure des politischen Geschehens – so viel Gestaltungskraft eingebüßt.[287]

Der erste große Erfolg: Abschaffung der Sklaverei

Bereits nach dem Zweiten Weltkrieg hatten NGOs einen rechtlichen Status bei den Vereinten Nationen erlangt, sie erhielten einen Sitz im Wirtschafts- und Sozialrat der UN (ECOSOC), wenn sie bestimmte Kriterien erfüllten. Die UN fasst den Begriff der NGOs allerdings sehr weit. Dazu zählen alle nichtstaatlichen Organisationen, also auch Kirchen und Gewerkschaften, Stiftungen oder Industrieverbände. Im engeren Sinne versteht man unter NGOs vor allem jene Organisationen, die sich auf Fragen wie Asyl-, Menschenrechte, Entwicklung oder Umwelt spezialisiert haben, wie Greenpeace, Friends of the Earth, Ärzte ohne Grenzen oder Amnesty International.

Unverzichtbares Kapital für NGOs ist das Vertrauen, das sie genießen: Bei Umfragen schneiden sie regelmäßig besser ab als Parteien, Gewerkschaften und Unternehmen. Mancher Zeitgenosse verortet bei ihnen sogar das Gewissen der Welt.

---

[287] Siehe oben.

Natürlich wird nicht jede NGO den hochgesteckten Erwartungen gerecht, einige arbeiten unseriös, andere verfolgen fragwürdige Ziele. Für ihren Einfluss ist jedoch entscheidend, dass die Menschen den Organisationen eine »selbstlos-gemeinnützige Orientierung« attestieren.[288] Und das ist nur so lange der Fall, wie ein Großteil der Organisationen tatsächlich gute Arbeit leistet. Natürlich fehlt NGOs eine demokratische Legitimation, aber sie stehen unter ständiger Beobachtung der Öffentlichkeit. Verhalten sie sich fragwürdig, müssen sie mit negativen Schlagzeilen und einem entsprechenden Vertrauensverlust sowie sinkenden Spenden rechnen. So erging es beispielsweise der Umweltschutzorganisation WWF, wegen ihrer phasenweise großen Nähe zu Konzernen.[289] NGOs spielen, auch aufgrund der Schwäche der Gewerkschaften vielerorts, eine wichtige Rolle beim Kampf für bessere Arbeitsbedingungen und agieren als Gegengewicht zu Konzernen.

Mit der Sklaverei hatten die Vorfahren der heutigen Aktivisten bereits erfolgreich für eine Abschaffung der schlimmsten Form der Ausbeutung in der Arbeitswelt gekämpft. 1787 wurde in London die legendäre Society for Effecting the Abolition of the Slave Trade gegründet, 1823 die Foreign Anti-Slavery Society. Die Bewegung zur Abschaffung der Sklaverei hatte am meisten Zulauf in England und Nordamerika. Anfangs waren es vor allem Quäker und andere christliche Gruppen, die aus Glaubensüberzeugung gegen die Sklaverei vorgingen. Oft waren sie selbst wegen ihres Glaubens verfolgt worden, und öffentliche Ämter waren ihnen versperrt. Die Bewegung der Abolitionisten bemühte sich bis zum Wiener Kongress

---

288 Janina Curbach, »Zwischen Boykott und CSR«, *zfwu* 9/3, 368–391.
289 www.pro-regenwald.de/news/2011/06/23/WWF_am_Pranger/, abgerufen am 6.5.2016.

1814/15 um ein Verbot des Sklavenhandels. Ab den 1830er-Jahren versuchten die Aktivisten dann, »das wirtschaftliche Ausbeutungssystem ganz abzuschaffen und die Sklaven aus ihrer Unfreiheit herauszulösen«.[290]

Die Abolitionisten entwickelten Aktionsformen, die NGOs bis heute nutzen: Sie erstellten Berichte über die Misshandlung von Sklaven, sammelten Zeugenaussagen, wie etwa von dem Schiffsarzt, der heimlich den grausamen Alltag auf einem Sklaventransporter protokolliert hatte. Sie führten Zeitgenossen Fußfesseln, Peitschen und Daumenschrauben vor, mit denen Schwarze malträtiert wurden. Ihre Spendenbriefe an Wohlhabende versiegelten sie mit dem Bild eines angeketteten Afrikaners, kniend und mit flehend ausgestreckten Händen dargestellt. »*Am I not a Man and a Brother?*«, schrieben sie unter das vielleicht erste Logo einer zivilgesellschaftlichen Kampagne überhaupt. Sie setzten Petitionen auf, angesichts von gerade einmal fünf Prozent Wahlberechtigten in England, damals das gängige Mittel, um die Politiker auf den Willen derjenigen Mehrheit der Untertanen aufmerksam zu machen, die nicht an die Urne gehen durften. Allein während des Wiener Kongresses reichten sie rund 800 Petitionen im englischen Parlament ein, die 700.000 Menschen unterzeichnet hatten. Die Abolitionisten riefen Menschen auch erstmals zu einem Käuferstreik auf, zum Boykott von Zucker, dem damals wichtigsten Importgut Englands, der von Sklaven unter erbärmlichen Bedingungen angebaut wurde. Um Konsumenten ihre Mitverantwortung für das Elend der versklavten Mitmenschen zu verdeutlichen und sie zum Mitmachen zu bewegen, griffen die Abolitionisten zu propagandistischen Formulierungen: Der Sklavenhandel »ist eine Kette des Elends, jedes Glied ist befleckt mit Blut! Und alle han-

[290] Jan Eckel, *Die Ambivalenz des Guten. Menschenrechte in der internationalen Politik seit den 1940er Jahren*, Göttingen 2014, S. 25.

deln gleich verbrecherisch: der afrikanische Händler – der Sklavenhalter auf den Westindischen Inseln – und der britische Konsument!«, hieß es in einem typischen Boykottaufruf.[291] Rund 300.000 Menschen folgten dem Boykottaufruf. Auf dem Höhepunkt des Käuferstreiks brach der Zuckerabsatz in England um mehr als ein Drittel ein.[292]

Die Sklavenlobby malte ein düsteres Bild für den Fall der Abschaffung der Zwangsarbeit: Sie sprach vom Abbau von Arbeitsplätzen in den Werften und Fabriken, vom Elend der dort Beschäftigten. Solche Argumentationsmuster kennen wir auch heute. Aber die Argumente verfingen bei der Mehrheit der Engländer nicht mehr – das politische Klima und die Mehrheiten änderten sich. 1833 wurde die Sklaverei im Empire endgültig abgeschafft. Jetzt mussten alle Sklaven freigelassen werden – eine epochale Entscheidung. Treibende Kraft für die Belange der Beschäftigten wurde die Arbeiterbewegung, also Gewerkschaften und Arbeiterparteien. Angesichts deren Schwäche haben sich in den vergangenen Jahrzehnten vermehrt NGOs wieder mit dem Thema der Arbeitsbedingungen beschäftigt. Häufig agieren sie gemeinsam mit Vertretern der Gewerkschaften, wie bei der Anti-Sweatshop-Kampagne in den USA, der Kampagne für Saubere Kleidung aus Europa oder der Asia Floor Wage Campaign, also der Kampagne für einen existenzsichernden Lohn für Beschäftigte in Asien. Die Missachtung wirtschaftlicher und sozialer Rechte hat aber auch klassische Menschenrechtsorganisationen zum Strategiewechsel veranlasst, allen voran Amnesty International (AI).

---

[291] William Allen, The Duty of abstaining from the use of West India produce: a speech delivered an Coachmasters Hall, Jan. 12.1792, London: T.W. Hawkins, 1792, S. 7–8, zitiert nach Charlotte Sussman, Consuming Axiethies. Consumer Protest, Gender, and British Slavery, 1713–1833, Stanford, 2000, S. 40.

[292] Thomas Clarkson, *The History of the Rise, Progress and Accomplishment of the Abolition of the African Slave-Trade by the British Parlament*, Band 2, London 1808, S. 349 f.

Die Idee der Menschenrechte

Menschenrechte erkämpften Bürger ursprünglich als Schutz- und Freiheitsrechte jedes Einzelnen gegen die staatliche Obrigkeit. Für aufgeklärte Menschen ist es heute selbstverständlich, dass jeder Mensch die gleichen Rechte besitzt – das war früher nicht der Fall. In den feudalistischen Gesellschaften bestimmte die Herkunft weitgehend über die Möglichkeiten jedes Menschen. Gut dotierte Posten in Staat und Kirche teilte der Adel gewöhnlich unter sich auf. Die Masse der Menschen lebte als einfache Bauern oder Handwerker, denen die Machthaber regelmäßig hohe Abgaben und Frondienste abpressten. Die Ordnung galt als unangreifbar, da göttlich gewollt. Europas Machthaber beuteten nicht nur ihre eigene Bevölkerung aus, sondern auch Menschen in den Kolonien, also vor allem in Lateinamerika, Afrika und Asien. Erst die großen Revolutionen in Frankreich und USA setzten Ende des 18. Jahrhunderts der feudalen Herrschaft ein Ende und verankerten dort die Idee der Aufklärung und der Menschenrechte in den Verfassungen.

»Alle Menschen sind gleich geschaffen« und »Der Schöpfer hat ihnen bestimmte unveräußerliche Rechte verliehen«, zu denen »Leben, Freiheit und das Streben nach Glück gehören«, heißt es in der amerikanischen Unabhängigkeitserklärung von 1776. Die Franzosen bekräftigten mit der Erklärung der Menschen- und Bürgerrechte nach der Revolution von 1789, dass alle Menschen von Natur aus Menschenrechte haben. Die Bedeutung des Einzelnen leitete sich jetzt nicht mehr vom Staat als Untertan ab, sondern entsprang einzig und allein seinem Menschsein – das war ein epochaler Schritt mit enormem emanzipatorischem Potenzial. Wer heute gegen die Verletzung seiner Rechte als Mensch klagt, weiß das Völkerrecht hinter sich. Eine Idee mit unvergleichlich befreiender Sprengkraft. Unter Menschenrechten verstand man zunächst vor allem die bürgerlichen Grundfreiheiten wie die Rechte auf Meinungs- und Glaubensfreiheit, auf körperliche Unversehrtheit, auf Gleichheit, auf persönliches Eigentum sowie das Recht zum Widerstand gegen Unterdrückung. Menschenrechte galten anfangs jedoch keinesfalls für jeden: Frauen blieben in Frankreich ebenso außen vor wie Sklaven in den USA. Außerdem waren die »revolutionären Rechte nicht international gedacht«, schreibt der Historiker Jan Eckel in *Die Ambivalenz des Guten.* »Sie stellten keine Vereinbarung zwischen Staaten dar und hatten daher auch keine unmittelbare Geltungskraft für die internationalen Beziehungen.«[293] In der praktischen Politik spielten sie kaum eine Rolle. Es dauerte 150 Jahre, bis sich die Idee der Menschenrechte weltweit durchgesetzt hatte, nach den beiden horrenden Weltkriegen im 20. Jahrhundert mit Abermillionen Toten, einer Zerstörung großer Teile Europas und der systematischen Ermordung der jüdischen Bevölkerung in Konzentrationslagern durch das nationalsozialistische Deutschland. Erst 1948 wurde von den neu gegründeten Vereinten Nationen die Allgemeine Erklärung der Menschenrechte verabschiedet. Ausschlaggebend dafür, »dass Menschenrechtsbestimmungen in die Charta aufgenommen wurden, war zweifellos die Initiative der US-Regierung, die unter dem Einfluss US-amerikanischer NGOs zustande kam.«[294]

Die Verfasser der Menschenrechtserklärung waren keine Traumtänzer, sahen aber eine reelle Chance, mit der Erklärung eine Basis für eine funktionsfähige internationale Ordnung schaffen zu können. Vor allem auf Drängen der Entwicklungsländer und kommunistisch regierter Länder verankerte die Staatengemeinschaft auch wirtschaftliche und soziale und

---

[293] Jan Eckel, *Die Ambivalenz des Guten. Menschenrechte in der internationalen Politik seit den 1940er Jahren*, Göttingen 2014, S. 35.

[294] Ebenda S. 87.

kulturelle Menschenrechte. Völkerrechtlich verbindlich wurden die Vorgaben mit dem Inkrafttreten der großen Menschenrechtspakte der Vereinten Nationen in den 1960er-Jahren. Juristisch gelten die Menschenrechte als Rechte, die ein Staat nicht aufgrund seiner Verfassung verleihen, sondern nur anerkennen kann – woraus umgekehrt gefolgert wird, dass die Menschenrechte für alle Bewohner eines Staates (also nicht nur für die Staatsbürger) gelten.[295]

Von Anfang an gab es Kritik an dem Konzept der Menschenrechte. Der Ökonom Amartya Sen unterscheidet in seiner *Ökonomie für den Menschen* drei Haupteinwände: Zweifel gebe es an der Legitimität von Menschenrechten, weil diese sich vom Staat ableiten und deswegen nicht vorgelagert existieren können. Andere hielten es für unsinnig, von Rechten zu sprechen, solange nicht klar definiert sei, wer eigentlich die Pflicht zu deren Umsetzung trage »Kohärenzkritik«. Und wiederum andere stellten die universale Gültigkeit der Menschenrechte infrage »Kulturkritik«. Denn das zugrundeliegende Primat für Werte wie politische Freiheit und Demokratie sei in der westlichen Kultur verortet und könne nicht automatisch auf andere Kulturen übertragen werden. Als Gegenpol wird auf traditionelle, eher autoritäre Denkweisen in der asiatischen Kultur verwiesen, wie den Konfuzianismus.[296]

Die Achillesferse der Menschenrechte ist bis heute der fehlende Mechanismus für deren Durchsetzung. Denn das Völkerrecht verbietet Staaten, sich in Angelegenheiten einzumischen, die wesentlich der inneren Rechtsprechung eines anderen Staates unterstehen. Außerdem gibt es bis heute keine Instanz, die Staaten zwingen könnte, die Richtersprüche von ILO, UN-Gre-

---

295 Vgl. www.bpb.de/nachschlagen/lexika/recht-a-z/22559/menschenrechte.

296 Amartya Sen, Ökonomie für den Menschen. Wege zu Gerechtigkeit und Solidarität in der Marktwirtschaft, Hanser, München 1999, S. 273 ff.

mien oder der regionalen Menschenrechtsgerichtshöfen in Europa, Lateinamerika oder Afrika tatsächlich umzusetzen.[297]

Weltweit populär wurde die Idee der Menschenrechte vor allem durch das Engagement von Bürgern im Westen, wo seit den 1960er-Jahren eine regelrechte Menschenrechtsbewegung entstanden war. Treiber der Entwicklung waren neue Organisationen wie Human Rights Law Group, Survival International, Human Rights Watch und vor allem Amnesty International. Eigentlich als Gefangenenhilfsorganisation gegründet, entwickelte sich AI schnell zur bekanntesten Nichtregierungsorganisation überhaupt. Das war das vereinte Werk eines professionellen Mitarbeiterstabs in der Londoner Zentrale und zahlreicher lokaler Gruppen, in denen sich Ehrenamtliche engagierten. Mit ihrem Kampf für bürgerliche und politische Menschenrechte wie die Meinungsfreiheit sowie für die Freilassung politischer Gefangene halfen sie auch immer wieder Menschen, die wegen ihres Engagements für bessere Arbeitsbedingungen drangsaliert oder inhaftiert worden waren, ein wichtiger Beitrag, um indirekt auch für eine Verbesserung der Lage der Arbeitenden zu sorgen.

Helfer für Beschäftigte

In den vergangenen vierzig Jahren rückten jedoch immer öfter wirtschaftliche Missstände in den Fokus von Menschenrechtsaktivisten, regelmäßig auch die direkte und indirekte Beteiligung von Unternehmen an der Ausbeutung von Menschen. Besonders AI-Aktivisten aus Asien, Afrika und Lateinamerika war die Ausrichtung ihrer Organisation auf po-

---

[297] Wolfgang Kaleck und Miriam Saage-Maaß, *Unternehmen vor Gericht*, Berlin 2016, S. 55.

litische Menschenrechte zu wenig, angesichts wuchernder Slums und der Ausbeutung von Arbeitenden, die sie tagtäglich erlebten. 2003 setzten sie eine Erweiterung des Mandats um wirtschaftliche, soziale und kulturelle Menschenrechte durch. Dafür wurde die Organisation heftig kritisiert. So schrieb der erzliberale britische *Economist*, anders als das Recht auf Schutz vor Folter habe das Recht auf Nahrung und Obdach nicht den »Status eines absoluten moralischen Wertes an sich«.[298] Für manche sind wirtschaftliche, soziale und kulturelle Rechte Menschenrechte zweiter Klasse.

Menschenrechte seien »unteilbar«, verteidigt Monika Lüke, Amnesty-Generalsekretärin in Deutschland die Strategieerweiterung in der *Tageszeitung*. Kein Menschenrecht sei mehr wert als ein anderes. Außerdem könne sich jemand, der Hunger oder keine Wohnung habe, auch nicht für seine politischen Rechte einsetzen.[299] Der Wandel bei der größten Menschenrechtsorganisation zeigt, wie wichtig das Thema globaler Arbeitsbedingungen und wirtschaftlicher Teilhabe für NGOs ist. Sie sind eine wichtige Kraft geworden, wenn es um die Schaffung humanitärer Arbeitsbedingungen geht. Befördert hat diese Entwicklung sicherlich die Schwäche vieler Gewerkschaften. Beide Seiten verstehen sich jedoch gewöhnlich nicht als Konkurrenz und agieren oft in Netzwerken oder Bündnissen. Da kauft eine Organisation wie Medico International auch schon einmal einem kleinen Gewerkschaftsverband in Pakistan ein Haus, damit diese einen Arbeitsort hat. Bestes Beispiel für ein breites Bündnis ist die Kampagne für Saubere Kleidung, die 1989 in den Niederlanden gegründet wurde. Auslöser waren Berichte über skandalöse Arbeitsbedingungen bei Zulieferern des deutschen

---

[298] Irene Khan, *Die unerhörte Wahrheit. Armut und Menschenrechte*, Frankfurt 2009, S. 138.

[299] *taz*, 3.1.2011.

Modehändlers C&A. Mittlerweile machen mehr als 250 Organisationen aus 15 europäischen Ländern mit. Die Netzwerke in den Ländern agieren selbstständig. Ihnen gehören neben NGOs, Verbrauchergruppen und Wissenschaftlern auch Gewerkschaften an, in Deutschland beispielsweise die IG Metall oder die Dienstleistungsgewerkschaft Verdi.

Die Aktivistin Sandra Dusch Silva führt das Berliner Büro der Christlichen Initiative Romero, die an der »Kampagne für Saubere Kleidung« beteiligt ist. In ihrem Arbeitszimmer in einem Plattenbau im Stadtteil Friedrichshain hängt ein Plakat mit dem Konterfei von Oscar Romero, jenem Bischof, der sich in El Salvador für die Ärmsten der Armen einsetzte und deswegen 1980 von einer Todesschwadron vor dem Altar ermordet wurde. Zwei weitere Plakate beschäftigen sich in Dusch Silvas Büro mit Hungerlöhnen und strategischem Konsum. Den Zusammenhang erklärt sie: »Wir möchten die Stimmlosen unterstützen, und heutzutage haben ganz viele, die unsere Konsumgüter herstellen, keine Stimme.« Und deswegen beschäftige man sich als NGO mit den Arbeitsbedingungen auf den Orangenfarmen in Brasilien oder den Maquilas in Mittelamerika.

Wer für eine NGO arbeitet, braucht meist einen langen Atem, wenn er die Bedingungen für die Beschäftigten verbessern will. Als Erfolg können die Aktivisten der Kampagne verbuchen, dass die Konzerne ihre Verantwortung für die Bedingungen in den Fabriken nicht mehr rundweg abstreiten, so wie sie es anfangs taten. Fast alle großen Unternehmen haben CSR-Richtlinien für ein eigenverantwortliches Verhalten. Aber am neuralgischen Punkt der globalen Arbeitsteilung gelang den NGOs bisher kein Erfolg bei der Einführung von verbindlichen Regeln und einer entsprechenden Haftung für Unternehmen entlang der Beschaffungsketten. Dafür engagiert sich die Kampagne seit Langem – aber alle Vorstöße wurden von der Lobby der Unternehmen und der Mehrheit der Politik abgeblockt. Vergeblich setzte sich die Kampagne für Saubere Kleidung lange Zeit auch angesichts eklatanter Missstände für die Schaffung sicherer Fabriken ein.

Dusch Silva öffnet auf ihrem Rechner eine Videodatei über den Zusammensturz der Fabrik Rana Plaza in Bangladesch, bei dem mehr als 1.100 Menschen zu Tode kamen. Eine Frau, die bei dem Einsturz der Textilfabrik ihren Arm verlor, berichtet, dass alle Beschäftigten an dem Tag gezwungen worden seien, in der Fabrik zu arbeiten. Dabei gab es in dem illegal aufgestockten Bau unübersehbare Alarmzeichen, etwa Risse in den Wänden. Die in dem Gebäude tätigen Banken schickten ihre Beschäftigten wegen der Gefahr sogar nach Hause, in den fünf Textilfabriken wurde dagegen gearbeitet. Deswegen starben bei dem Einsturz so viele Menschen. »Das Unglück war schockierend für mich, weil es absehbar war«, sagt die Aktivistin und zuckt mit den Schultern: »Man macht Studien, man schickt sie den Unternehmen, man führt Gespräche, und dann ändert sich nichts.« Es sei frustrierend, dass so viele Menschen sterben und leiden müssen, bevor ein solches Problem überhaupt erst einmal wahrgenommen werde.

Veränderungen geschehen oft nicht durch Einsicht, sondern durch Katastrophen. Nach dem Gau des Kernkraftwerks im japanischen Fukushima machte die CDU beispielsweise eine politische Kehrtwende und stimmte für einen Ausstieg aus der Atomenergie. Ein solcher größter anzunehmender Unfall war der Einsturz der Fabrik von Rana Plaza für die Textilindustrie. Selbst mächtige Konzerne gerieten dermaßen in die Defensive, dass sie einem Vorhaben zustimmten, das NGOs schon lange gefordert hatten, einer Überprüfung von Sicherheit und Brandschutz in den Fabriken durch unabhängige Experten und der Behebung der Mängel. Drei Wochen nach dem Unglück unterschrieben unter anderem Marks & Spencer, Tchibo oder Aldi, Gewerkschaften und NGOs den Accord for Fire and Building Safety in Bangladesch.[300] Geschäftsführer wurde der Amerikaner Rob Wayss, der lange für Gewerkschaften und die ILO gearbeitet hatte.

In der Bar eines Berliner Hotels erzählt er eineinhalb Jahre später von der Arbeitsweise. Man habe in rund 1.100 Fabriken mehr als 80.000 Sicherheitsmängel festgestellt. Die Ergebnisse habe man ins Internet gestellt, weswegen sich künftig kein Auftraggeber mehr damit herausreden könne, er habe von Missständen in einer Fabrik nichts gewusst. Das ist ein Fortschritt. Bilder von toten Arbeitern neben Labeln ihrer Marke in Ruinen wollen Konzerne eben tunlichst vermeiden. Sie sind deswegen bereit, auf bessere Sicherheit der Fabriken zu achten. Aber das bedeute keinesfalls, dass sie den Zulieferern bei der Finanzierung der notwendigen Sicherheitsmaßnahmen helfen, sagt Wayss, indem sie beispielsweise mehr für Lieferungen bezahlten.

Wie zementiert scheinen Missstände, von deren Beseitigung eine wirkliche Verbesserung der Lebensbedingungen der Beschäftigten in Textilfabriken abhängt: die Zahlung existenzsichernder Löhne, die Beseitigung unbezahlter Überstunden und eine Gewährleistung der Organisationsfreiheit der Beschäftigten. Und genauso sieht es in anderen Bereichen aus. In Asien arbeiten die Näherinnen immer noch für Billiglöhne. Bisweilen fallen Arbeiter entkräftet von Hunger in Ohnmacht. Proteste der Textilarbeiter werden oft von Sicherheitskräften gewaltsam beendet. In Kambodscha schossen Polizisten sogar gezielt auf Demonstranten, wobei mehrere streikende Textilarbeiter starben.[301] Wenig hält die »Kampagne für Saubere Kleidung« übrigens von Verbraucherboykotten, die sich

---

300 200 Markenhersteller, Importeure und Einzelhändler haben das Abkommen unterschrieben, dazu 12 Gewerkschaften und 4 NGOs. http://bangladeshaccord.org/signatories/.

301 *The Guardian* 21.1.2014.

mittlerweile in verschiedenen Bereichen etabliert haben. In den USA nahm jeder vierte Verbraucher zwischen 1999 und 2004 mindestens einmal an einem Boykott teil, in Großbritannien jeder Sechste und in Deutschland knapp jeder Zehnte. Aber unter einem Boykott würden ja gerade die Arbeiter vor Ort besonders leiden, die auf ihr Einkommen angewiesen seien, sagt Dusch Silva.

Tatsächlich haben Verbraucher Konzerne auch nur selten zum Einlenken bewegt, so wie bei dem legendären Boykott der Shell-Tankstellen 1995, mit dem sie ein Versenken der Ölplattform Brent Spar im Meer verhinderten. Aber der Konsument ist ein unsicherer Verbündeter. Es gibt grauenhafte Zustände, bei denen er überhaupt nicht reagiert, beispielsweise ist er auf dem Apple-Auge blind. Obwohl die Ausbeutung in den chinesischen Fabriken seines Zulieferers Foxconn ein globales Thema war, schadeten sie den Absatzzahlen des kalifornischen Konzerns offensichtlich nicht. Ohnehin können Verbraucher nur Unternehmen abstrafen, wenn sie deren Produkte kaufen können. Wer genau hinschaut, bemerkt, dass es jedoch ziemlich viele Firmen gibt, die keine Waren für den Endverbraucher herstellen und Boykottaufrufe daher sinnlos sind. Dazu zählen alle Firmen, deren Produkte nur Staaten kaufen, zum Beispiel Waffen, oder solche, die nur Rohstoffe fördern, wie Kohle oder seltene Metalle, oder Vorprodukte oder Produkte für andere Firmen herstellen, ob Chemikalien, Computer oder Smartphones, wie eben Foxconn. Solchen Unternehmen kann das Image beim Endverbraucher ziemlich egal sein, solange nur die Großkunden weiter bei ihnen bestellen.[302]

---

302 Ausführliche Informationen über die Möglichkeiten des Einzelnen als Konsumenten finden Sie in dem Buch des Autors »Otto Moralverbraucher«.

Der Kampf für Mindestlöhne

In vielen Staaten gibt es gesetzliche Mindestlöhne. Allerdings sind sie häufig dürftig, selbst in den reichen USA mit Werten von 5,50 bis 7,25 US-Dollar je Stunde[303] oder in Deutschland mit 8,84 Euro ab 2017. Aber hier gibt es sozialstaatliche Hilfen, auf die ärmere Beschäftigte einen Anspruch haben. In den meisten Ländern ist dies nicht der Fall. Wenn in Bangladesch, Äthiopien oder Guatemala die Mindestlöhne nicht ausreichen für Essen, Wohnen und Gesundheit, dann sind die Lebensumstände der Familien entsprechend armselig. Entsprechend ist es ein elementares Problem, dass viele Regierungen den Mindestlohn nicht nach den Grundbedürfnissen ihrer Bürger ausrichten, sondern als zentrales wirtschaftspolitisches Instrument ansehen, um Investoren anzulocken oder zu halten. Bereits bei der Gründung der ILO 1919 hatten Staaten genau dies als eine große Gefahr angesehen und versucht, einen Wettbewerb der Staaten über Lohndumping zu verhindern. Das ist bis heute nicht gelungen. Deswegen ist der Ansatz so wichtig, den asiatische NGOs und Gewerkschaften entwickelt haben, die Asien Floor Wage Campaign. Die beteiligten Organisationen haben eingesehen, dass es sinnlos ist, allein für die Erhöhung des Mindestlohns in einem Land zu streiten. Ein echter Fortschritt könnte dagegen gelingen, wenn tatsächlich alle Länder Asiens gleichzeitig ihre Mindestlöhne hochsetzen würden.

Armutslöhne in der Textilindustrie sind übrigens kein Phänomen, das nur entfernte arme Länder betrifft. Teilweise liegen die Löhne in Osteuropa im Verhältnis zu den Grundbedürfnissen unter dem asiatischen Niveau. So beträgt in den EU-Mitgliedsländern Rumänien und Bulgarien der gesetzli-

---

303 Bei Firmen, die auf Vertragsbasis für die US-Regierung arbeiten, beträgt der Mindestlohn 10,10 Dollar.

che Mindestlohn weniger als ein Fünftel dessen, was die NGO »Kampagne für Saubere Kleidung« für ausreichend hält. Zunehmend fertigen Firmen deswegen wieder in Europa, zumal der europäische Absatzmarkt näher liegt und entsprechend Transportkosten und Zeit gespart werden kann, vor allem jedoch, weil das Label »Made in Europe« gut für das Image ist.[304]

Das Verhältnis zwischen NGOs und Unternehmen schwankt zwischen Konflikt und Kooperation. Zu den kooperativen Ansätzen zählt die Beteiligung an sogenannten Stakeholder-Prozessen, bei denen Politik, Wirtschaft, Gewerkschaften und NGOs gemeinsam an einen Tisch geholt werden. Dabei müssen die NGOs aufpassen, nicht als reiner Alibigeber für Politik und Wirtschaft dazustehen. Wie schwierig das ist, zeigt das Textilbündnis. Die Idee dafür hatte Entwicklungshilfeminister Gerd Müller (CSU). Mitte 2014 hatten sich auf seine Initiative hin etwa 60 Vertreter – von NGOs wie der Christlichen Initiative Romero bis zum Modehändler C&A – bei einem runden Tisch im Ministerium beraten. Sie einigten sich später auf Ziele für bessere Umwelt- und Sozialstandards für die Fertigung von Textilien entlang der Beschaffungsketten, die zwischen 2015 und 2020 umgesetzt werden sollten. Und sie beschlossen, ein Textilbündnis zu gründen, was sich jedoch schwierig gestaltete. Anfangs wollte kaum ein Unternehmen mitmachen.

Im Saal der Bundespressekonferenz nahmen neben Müller an einem Oktobertag 2014 je ein Vertreter der Gewerkschaften, der Zivilgesellschaft und der Unternehmen auf dem Podium Platz. Sie präsentierten einen Aktionsplan, der 64 Seiten dick war. Es ging um die Zulassung von Chemikalien, die Standards fürs Spinnen, Weben, Stricken, um »ethische Ge-

---

[304] Siehe Report Im Stich gelassen. Die Armutslöhne der Arbeiterinnen in Kleiderfabriken in Osteuropa und der Türkei, Clean Cloth Campaign 2014.

schäftspraktiken« und »Zeitziele«, bis zu denen bestimmte Normen, wie die Zahlung existenzsichernder Löhne, zu erfüllen sein sollten. Die Wirtschaft war jedoch nur kärglich vertreten. Textilgrößen wie Adidas, der Textildiscounter KiK, H&M, Puma, C&A, die Otto Group fehlten, auch Aldi und Lidl waren nicht dabei, ebenso klassische Unternehmensverbände wie der HDE. Allerdings bekundeten einige hinter vorgehaltener Hand, dass sie Interesse hätten. Aber dafür müsste sich das Vorhaben ändern, was dann auch geschah, der Ansatz wurde verwässert.

Anfangs hatte der Minister noch für den Fall des Scheiterns des Prozesses mit gesetzlichen Regeln gedroht, dann sprach er nur noch über freiwillige Standards, die Unternehmen für sich zu verbindlichen Regeln machen sollten, später war auch dies Makulatur. Wie unverbindlich die Pläne des Textilbündnisses zum Schluss ausfielen, zeigt das Rundschreiben des Modeverbands Deutschland »German Fashion 4-2015«: Man habe »alle problematischen Punkte aus dem Aktionsplan herausverhandeln« können, es gebe nun »keine Verbindlichkeit mehr«.[305] Weil es außerdem gelungen sei, für alle Beschlüsse das Einstimmigkeitsprinzip zu verankern, könne nichts gegen die Interessen der Wirtschaft beschlossen werden. Wer als Firma mitmache, könne jedoch damit werben und würde sich quasi unter einen Schutzschirm der Bundesregierung begeben, rät der Verband seinen Mitgliedern, zu denen Firmen wie Esprit, Gerry Weber und Puma gehören. Auch die Arbeit gestaltet sich schwierig. Wie soll man beispielsweise die Einführung existenzsichernder Mindestlöhne für die Textilarbeiter auf Dauer erreichen, wenn nicht über Preise gesprochen wird. Genau dies lehnen jedoch beteiligte Unternehmen in den Arbeitsgruppen regelmäßig ab.

---

305 *SZ*, 15.10.2015.

Beim einjährigen Geburtstag im Oktober 2015 gab sich Müller dennoch demonstrativ zufrieden: Das Bündnis sei »quicklebendig« und habe jetzt knapp 160 Mitglieder, rund die Hälfte der deutschen Textilindustrie und des Handels sei mit dabei. Mancher beteiligte NGO-Vertreter im Raum dachte jedoch bereits wieder über einen Ausstieg nach, aus Angst um die Glaubwürdigkeit der eigenen Organisation. Die Glaubwürdigkeit ist die Achillesferse der NGOs, und hier ist Vorsicht geboten. Übrigens trat im Frühjahr 2016 wegen des Beitritts von Primark zum Textilbündnis die Firma MDC Sportwear aus. »Unternehmen wie Primark, Lidl, KiK, Aldi und Tchibo sind ursächlich verantwortlich für die Missstände, gegen die sich das Textilbündnis einsetzen wollte«, schrieb Geschäftsführer Michael Pfister in einem offenen Brief an Minister Müller. Pfister sprach von Greenwashing und kritisierte, seit der Gründung der Initiative habe sich überhaupt nichts getan.[306] Angesprochen darauf, schimpfte die Aktivistin Gisela Burckhardt, seit Jahren in der »Kampagne für Saubere Kleidung« aktiv: »Das ist doch nur PR.« Sie wirbt für Geduld, bis Ende 2016 müssten alle Beteiligten aufzeigen, wie sie die Ziele des Bündnisses erreichen wollten. Vorher sei es zu früh, um über das Bündnis zu urteilen.

Die Kritik von NGOs ist naturgemäß selektiv: Angeprangert werden vor allem Missstände bekannter Unternehmen, weil sich die NGOs davon eine größere Resonanz versprechen. Natürlich fehlen den Konzernkritikern auch die Mittel, um alle Geschehnisse zu untersuchen und in die Öffentlichkeit zu tragen. Rechtfertigen müssen sich ganz sicher öfter Unternehmen aus dem Westen, weil es dort eine breitere Szene engagierter NGOs, eine kritische Öffentlichkeit und eine freie Presse gibt, die eben nicht mit Repressalien bedroht sind

---

[306] Mitteilung MDC Sportswear GmbH, März 2016.

wie in autoritären Ländern wie China, Saudi-Arabien oder Russland, aus denen eine zunehmende Zahl großer Konzerne stammt.

Mitunter nimmt auch die Glaubwürdigkeit einer NGO Schaden, wenn ihre Mitarbeiter im Zuge der Professionalisierung von Aktivisten zu Angestellten werden. Mit diesem Rollenwechsel geben manche auch die ohnehin nur noch seltene Forderung nach einer grundsätzlichen gesellschaftlichen Veränderung als unrealistisch auf. Kritisch sehen das die Menschenrechtsanwälte Kaleck und Saage-Maaß: »Die punktuellen Kampagnen fokussierten auf singuläre Probleme wie Kinderarbeit. Zugunsten der Kampagnenförmigkeit vereinfachten derartige Aktionen globale Problemlagen und entpolitisierten Fragen der Verteilungsgerechtigkeit und globalen Wirtschaftsweise, indem sie suggerierten, die sozialen Probleme der Globalisierung seien in den Griff zu bekommen, wenn etwa ein Unternehmen aufhören würde, eine bestimmte Chemikalie zu benutzen.«[307]

Konzernkritik

Die Wiege der zivilgesellschaftlichen Konzernkritik steht in den USA, wo Bürgerrechtler beispielsweise in den 1960er-Jahren die Ungleichbehandlung von Weißen und Schwarzen bei Konzernen anprangerten, unter anderem bei General Motors. Ins Visier der Aktivisten gerieten auch Konzerne, die Gewinne mit Waffen machten, allen voran der Chemiekonzern Dow Chemical wegen der Herstellung von Napalm, einem brennbaren Kampfstoff, und dem hochgiftigen Ent-

---

307 Wolfgang Kaleck und Miriam Saage-Maaß, *Unternehmen vor Gericht*, Berlin 2016, S. 32..

laubungsmittel Agent Orange. Beide Chemikalien wurden von der US-Armee im Vietnamkrieg eingesetzt, mit fatalen Folgen für die Menschen, viele starben, andere sind bis heute verkrüppelt.

»Worin besteht der Unterschied zwischen einem Juden in einer deutschen Gaskammer und einem vietnamesischen Bauern in einem Erdloch, das von Napalm getroffen wird?«, fragte damals der Börsenmakler Daniel J. Bernstein empört bei einer Hauptversammlung des Konzerns. Dow-Generaldirektor Herbert Doan blieb gelassen, von der Richtigkeit seines Tuns überzeugt: »Selbst wenn Lyndon B. Johnson später einmal von der Geschichte als Massenmörder oder als zweiter Hitler gerichtet werden sollte, würden wir mit Freuden bekennen, im Glauben an das moralische Recht unseres Landes gehandelt zu haben«, sagte er.[308]

In Europa nahmen Aktivisten Anfang der 1970er-Jahre Konzerne ins Visier, die Geschäfte in Entwicklungsländern machten, die ihnen verwerflich erschienen. Dazu zählte der Schweizer Nahrungsmittelkonzern Nestlè mit seinen aggressiven Verkaufsmethoden von Babymilch in Entwicklungsländern. Die Babymilch war für den Tod von Neugeborenen mitverantwortlich, weil den Müttern sauberes Wasser für das Mischen der künstlichen Milch ebenso fehlte wie das Geld für den Kauf einer ausreichenden Menge künstlicher Babynahrung, was zu Mangelernährung und Tod führte. Als zynisch empfanden es die Aktivisten, dass als Krankenschwester verkleidete Frauen in den Geburtskliniken unterwegs waren, um die künstliche Babynahrung unter die Frauen zu bringen. Für Schlagzeilen sorgte der Slogan der Kritiker: »Nestlé tötet Babys«. Der Konzern klagte wegen Verleumdung, konnte aber ein Verbot des Slogans nicht durchsetzen. Daraus lernten Konzerne, dass es

---

[308] *Spiegel*, 21/1968.

grundsätzlich besser ist, Prozesse zu vermeiden, wegen der negativen Schlagzeilen.[309]

Angeprangert wurden Konzerne, die Geschäfte mit dem rassistischen Apartheidsystem in Südafrika machten, wie Daimler, Rheinmetall oder die Deutsche Bank, oder mit dem Militärregime in Argentinien. Dabei etablierte sich die Protestform des kritischen Aktionärs auch in Deutschland. Denn einem Aktionär müssen börsennotierte Unternehmen anders als einem Aktivisten, Journalisten oder Verbraucher Rede und Antwort stehen, zumindest bei der jährlichen Hauptversammlung. NGOs nutzen deswegen die Rede- und Fragerechte der Aktionäre. So können sie ihr Wissen, welches sie über die Tätigkeiten von Konzernen erworben haben, direkt den anderen Aktionären, aber vor allem auch indirekt der Öffentlichkeit präsentieren. Erstmals tauchten Konzernkritiker in Deutschland auf Hauptversammlungen in den 1980er-Jahren auf, kritisierten Menschenrechtsverletzungen und Umweltverschmutzung. Damals fanden das manche Versammlungsleiter noch unerhört und drehten den Rednern kurzerhand das Mikrofon ab oder beförderten sie gar aus dem Saal. Aber das änderte sich. Heute reagieren die Konzerne gelassener auf die Kritik. 2015 meldeten sich die Kritischen Aktionäre auf vierunddreißig Hauptversammlungen im In- und Ausland zu Wort, einige Male sprachen auf ihrem Ticket Betroffene. So reiste Jo Seoka, der Bischof von Pretoria, auf Einladung von sechsundzwanzig NGOs, die im Dachverband der Kritischen Aktionäre zusammenarbeiten, nach Deutschland.

Bischof Jo Seoka ergriff bei der Hauptversammlung 2015 von BASF das Wort, um die Aktionäre des größten Chemieherstel-

---

309 *Exportinteressen gegen Muttermilch, Eine Dokumentation der Arbeitsgruppe Dritte Welt Bern*, rororo, Hamburg 1976.

lers der Welt über Nebenwirkungen der Geschäfte zu informieren, die ihnen ihre Dividende einbringt. Er beschrieb die Verletzung von Menschenrechten bei der britischen Bergbaufirma Lonmin, bei der BASF Platin in großem Stil kauft und unter anderem für den Bau von Katalysatoren verwendet, die in Autos eingebaut werden.

Vier Fünftel der Vorkommen des Edelmetalls liegen in südafrikanischem Boden. Nordwestlich von Johannesburg liegt der Platingürtel. Hier reihen sich Schuttberge und Fördertürme aneinander. Auf Flaggen stehen die Namen der Konzerne, die hier das Sagen haben: Anglo Platinum, Impala Platinum und Lonmin.

In der Mine Marikana kam es 2012 zu einem Streik mit einem fatalen Ausgang.[310] Der Konflikt um höhere Löhne hatte sich aufgeheizt, auch, weil die Arbeiter der nationalen Bergbaugewerkschaft NUM nicht mehr vertrauten. Zu oft hatten sie mit ihren Forderungen nach höheren Löhnen und besseren Arbeitsbedingungen kein Gehör gefunden. Ihre Wut richtete sich ausgerechnet gegen einen ehemaligen Arbeiterhelden. Cyril Ramaphosa hatte während der Apartheid für die Rechte der Bergleute gekämpft und war später Geschäftsmann geworden. Zum Zeitpunkt des Streiks war er Multimillionär und saß im Verwaltungsrat des Lonmin-Konzerns, heute ist er Vizepräsident des Landes. Seine Korrespondenz belegt, dass er seine Verbindungen spielen ließ, um für ein schnelle Beilegung des Streiks zu werben.[311]

---

[310] Zur Chronik: Siehe die sehenswerte Dokumentation *Minders shot down Rehad Desai.*

[311] Die Untersuchungskommission in Südafrika, welche die Vorfälle untersuchte, hat in ihrem Bericht vor allem die Polizei und deren Chefin Riah Phiyega scharf kritisiert. Dem Konzern Lonmin wurde vorgeworfen, zu wenig zur Streitschlichtung unternommen zu haben. Außerdem habe das Management unangemessen auf die Gewalttaten während des Streiks reagiert. Schlechte Lebens- und Arbeitsbedingungen hätten die Wut und Gewaltbereitschaft der Minenarbeiter angeheizt. Der

Sechs Tage vor dem Massaker waren etwa 3.000 Arbeiter der Mine in den Streik getreten. Manche trugen traditionelle Waffen wie Speere, Einzelne Schusswaffen. Die Streikenden hatten sich der neuen Arbeitnehmervertretung AMCU angeschlossen. Sie forderten eine Verdopplung des Lohns, auf 12.500 Rand, umgerechnet knapp 900 Euro. Aber Lonmin erkannte die AMCU nicht als Tarifpartner an und verweigerte deswegen jedes Gespräch. Von Tag zu Tag spitzte sich die Lage zu – zwischen Mitgliedern der beiden rivalisierenden Gewerkschaften, dem Sicherheitspersonal der Platinmine, der Polizei und den streikenden Bergleuten. Es kam zu Zwischenfällen, bei denen mehrere Menschen starben, auch Polizisten. Nach einigen Tagen schien sich die Lage zu entspannen, auch wegen Joseph Mathunswa. Der Führer der Gewerkschaft AMCU suchte am 16. August 2012 die Streikenden auf, die sich in großer Zahl auf einem staubigen Felshügel in der Nähe der Mine versammelt hatten, wo sie sangen und diskutieren. Er appellierte inständig an die Streikenden, friedlich abzuziehen. Als die Versammelten tatsächlich seiner Aufforderung folgten, eröffneten Polizisten das Feuer. Staub wirbelte auf, und als er sich legte, lagen einige Dutzend Bergarbeiter tot auf dem Boden. Ein Verletzter rappelte sich auf und blickte geschockt um sich. Niemand half ihm. Aufgezeichnet wurden die Vorgänge von Fernsehkameras. Erst eine Stunde später ließen die Sicherheitskräfte Notärzte auf das Gelände. 34 Menschen waren getötet worden und mehr als doppelt so viele verletzt, teils lebensbedrohlich. Das Massaker weckte Erinnerungen an die schlimmsten Zeiten der Apartheid in Südafrika, wie an das Sharpeville-Massaker oder die blutige Niederschlagung des Schüleraufstands von Soweto. »Wie, um Gottes willen, könne BASF Geschäfte mit einer Firma

damalige Lonmin-Aufsichtsrat Cyril Ramaphosa wurde von einer Mitschuld freigesprochen. Siehe auch *Guardian*, 25.6.2015.

machen, die einen solchen Tod seiner Beschäftigten mitverantworte?«, fragte der Bischof die Aktionäre.[312]

BASF-Chef Kurt Bock reagierte »bestürzt« über die Vorgänge in Südafrika, aus der »Distanz ist es für die BASF aber schwer, sich ein eigenes Urteil zu bilden«. BASF sprach jedoch auch von einer langjährigen und vertrauensvollen Zusammenarbeit mit Lonmin, das wiederum zu Anglo Platinum, einer Tochter des Bergbaukonzerns Anglo American, gehört. Die Dinge müssten in Südafrika geklärt werden, sagte Bock, der keine Zugeständnisse in der Sache machte, also vor allem keine Hilfszahlungen in einen Entschädigungsfonds. Jakob Krameritsch, der mit Maren Grimm für den Kirchlichen Arbeitsdienst Südliches Afrika den Aufenthalt von Seoka in Deutschland organisierte, sprach von Ausflüchten des BASF-Managements. Einerseits berufe sich der Konzern stolz darauf, global und weltweit erfolgreich zu agieren. Andererseits gebe er vor, die BASF könne wegen der großen Distanz zu Südafrika nichts tun. Dieses Ausweichmanöver sei »zynisch und beschämend«. Ein Betrieb, der jährlich rund 450 Millionen Euro für Rohstoffe einer Mine bezahlt, wisse genau Bescheid. »Er weiß auch, dass er in Südafrika billige Arbeitskraft ausbeutet.«[313] »Möge der Allmächtige Gott sie segnen«, verabschiedete sich der Bischof, der mit leeren Händen in seine Heimat zurückreiste, fast schon böse von den versammelten Aktionären und Managern.

Der direkte Einfluss Kritischer Aktionäre auf ein Unternehmen ist minimal, da sie nur wenige Aktien besitzen. Und da jede Aktie einer Stimme entspricht, bestimmen regelmäßig die großen Investoren, die viele Aktien halten, wo es langgeht. Sie entscheiden gewöhnlich unter Renditegesichtspunkten und nicht nach Menschenrechten. Trotzdem dürften die Kritischen Akti-

---

[312] *FAZ*, 6.5.2015.

[313] Pressemitteilung des Dachverbands der Kritischen Aktionäre vom 1. 5. 2015.

onäre einige Entscheidungen von Konzernen beeinflusst haben, weil ihre Argumente via Hauptversammlung den Weg in die Öffentlichkeit fanden, was für negative Schlagzeilen sorgte.

Als einen der größten Erfolge in jüngster Zeit betrachtet Barbara Happe, Vorstandsmitglied des Dachverbands, den Rückzug des Energieversorgers RWE und zahlreicher deutscher Banken aus dem in einem bulgarischen Erdbebengebiet geplanten Atomkraftwerk Belene, das deswegen bis heute nicht gebaut worden sei. »Punkten konnten wir auch, als sich die Deutsche Bank nach jahrelangem Druck der Kritischen Aktionäre aus der Finanzierung von Konzernen, die Streumunition produzieren, zurückzog«, sagte Happe, Bankenreferentin bei der Umwelt- und Menschenrechtsorganisation urgewald.

Selten finden die Kritischen Aktionäre mit ihren Forderungen jedoch bei Konzernchefs direkt Gehör, zum Schaden von Menschen. So hatten Aktivisten immer wieder bei Siemens-Hauptversammlungen vor der lebensbedrohlichen Lage für Staudammgegner in Honduras gewarnt. Trotzdem hielt der Konzern an dem Vorhaben fest, über ein Joint Venture mit Voith-Hydro Turbinen für den Staudamm Agua Zarca zu liefern. In der Nacht vom 2. auf den 3. März 2016 wurde dann Berta Cáceres in ihrem Haus ermordet. Die Anführerin der lokalen indigenen Lenca-Bevölkerung hatte seit Jahren gegen das Großstaudammprojekt Agua Zarca gekämpft, das ein internationales Konsortium unter Beteiligung von Siemens auf Lenca-Gemeindeland in der Region Río Blanco errichtet. Auf die Proteste hatten die staatlichen Sicherheitskräfte und lokale Sicherheitsfirmen mit massiven Repressionen reagiert und mehrere Aktivisten ermordet.[314]

Offenbar waren die Mörder von Cáceres gut informiert. Jedenfalls waren laut Medienberichten zum Tatzeitpunkt die Po-

---

[314] Presseinfo von Oxfam am 9.3.2016.

lizisten abwesend, die der Staat auf Anordnung der Interamerikanischen Menschenrechtskommission abstellen musste, um die Aktivisten zu schützen. Die Behörden behaupteten nach dem Mord, es handele sich um eine interne Abrechnung unter Aktivisten. Dagegen ging die indigene Organisation Copinh davon aus, dass der honduranische Energiekonzern Desa die Aktivisten beseitigen wollte. Wenige Tage nach Cáceres kam bereits der nächste Umweltaktivist ums Leben. Nelson García wurde bei einer gewaltsamen Räumungsaktion durch honduranische Sicherheitskräfte in Río Chiquito erschossen.[315]

Auf die beiden Morde reagierten die niederländische Entwicklungsbank FMO und die finnische FinnFund mit einer Beendigung ihrer Geschäftsaktivitäten in Honduras und stellten die Unterstützung für das Agua-Zarca-Projekt sofort ein. Dagegen hielten der über das Joint Venture Voith Hydro beteiligte Siemens-Konzern und die Voith GmbH am Projekt fest, zum Entsetzen der NGOs. »Angesichts des jahrelangen Widerstandes war es fahrlässig, sich an dem Projekt zu beteiligen. Jetzt daran festzuhalten ist skandalös. Am Agua-Zarca-Staudamm klebt immer mehr Blut«, sagt Marita Wiggerthale, Expertin für Landrechte bei Oxfam Deutschland. Siemens habe sich durch seine Mitgliedschaft beim Global Compact verpflichtet, sich nicht an Menschenrechtsverletzungen mitschuldig zu machen. Diesem Anspruch werde der Konzern nicht gerecht. Siemens selbst zeigte sich in einer Stellungnahme bestürzt.

Nach öffentlichem Druck entschloss sich Voith fast zwei Monate nach den Morden dann doch noch, die Geschäfte einzustellen.[316] Zuvor hatten die Behörden in Honduras vier Männer verhaftet, von denen zwei Verbindungen zu der Be-

---

[315] Presseinfo von Oxfam am 17.3.2016.

[316] Pressemitteilung Voith vom 4.5.2015.

treiberfirma des Staudamms Desa haben sollen.[317] Womöglich werden diesmal tatsächlich die Täter zur Rechenschaft gezogen, anders als bei den mehr als hundert Morden an Umweltaktivisten in den vergangenen Jahren in Honduras, dringend notwendig wäre es.

Wer sich gegen Wirtschaftsinteressen wehrt, lebt gefährlich, besonders Umweltschützer. Laut der in London ansässigen NGO Global Witness sind zwischen 2002 und 2014 in fünfunddreißig Ländern mehr als 1.000 Umweltaktivisten getötet worden, entweder durch Sicherheitskräfte bei Protesten oder durch Mordkommandos. »Ins Visier geraten dabei vor allem jene, die Macht und Kontrolle hinterfragen, Korruption und Ungerechtigkeiten offenlegen und sich nicht in Initiativen der Industrie einbinden lassen, sondern deren politischen Einfluss zurückdrängen wollen.«[318] Am meisten Morde gab es in Süd- und Mittelamerika. Experten gehen davon aus, dass die Zahl der Opfer wesentlich höher liegt. Ermittelt und bestraft werden die Mörder nur in Einzelfällen. vierzig Prozent der Toten sind übrigens laut der NGO Global Witness Angehörige indigener Völker, von denen die meisten bei Konflikten um Staudämme oder Minenprojekte starben. Wenn schon so selten die Täter verurteilt werden, wie soll es da gelingen, diejenigen in den fernen Konzernzentralen zur Verantwortung zu ziehen, die mit ihren Entscheidungen direkt oder indirekt solche Taten befördert haben? Genau dies versuchen Aktivisten in den USA und Europa.

---

317 Oxfam, 4.5.2015.

318 Barbara Unmüßig, Der Aktivist als Agent: Zivilgesellschaft am Pranger. Blätter für deutsche und internationale Politik, Heft 4/2016, S. 31.

Konzerne verklagen: Shell, Trafigura und KiK

In Deutschland gibt es erste Ansätze, Unternehmen wegen Menschenrechtsverletzungen juristisch zur Verantwortung zu ziehen. Gemeinsam mit der Verbraucherzentrale Hamburg klagte der ECCHR beispielsweise 2010 gegen den Discounter Lidl, weil dessen Werbung den Eindruck erwecke, dass die Arbeitsbedingungen in Lidl-Zulieferbetrieben grundsätzlich gut seien und den von Lidl aufgestellten Mindeststandards entsprächen. Aktivisten vom ECCHR und der Kampagne für Saubere Kleidung hatten in einer Studie den gegenteiligen Eindruck gewonnen. Der Discounter zog das beanstandete Werbeversprechen zurück, womit die Klage hinfällig war. Im gleichen Jahr erstattete der ECCHR auch Strafanzeige gegen zwei leitende Angestellte des hessischen Ingenieurbüros Lahmeyer und machte sie im Zusammenhang mit einem Staudammprojekt im Sudan für die Überflutung von 30 Dörfern und die Vertreibung von mehr als 4.700 Familien mitverantwortlich[319]. Das Verfahren schleppt sich bis heute hin[320]. In Deutschland sind die Anfänge nicht grandios, aber bei den niederländischen Nachbarn gab es schon einen Paukenschlag. Richter ließen hier Ende 2015 die Klage von Bauern aus Nigeria gegen den britisch-niederländischen Shell-Konzern wegen der Ölverschmutzung im Nigerdelta zu. Und in Großbritannien hatte der Konzern bei einem Vergleich bereits siebzig Millionen Euro an 15.600 betroffene Fischer und Farmer gezahlt.[321] Aktivisten gründeten 2015 in den Niederlanden eine Stiftung für die Opfer eines gigantischen Giftmüllskandals in der afrikanischen

---

[319] www.ecchr.eu/de/unsere-themen/wirtschaft-und-menschenrechte/lahmeyer.html/ abgerufen am 20.5.2016.

[320] http://www.ecchr.eu/de/unsere-themen/wirtschaft-und-menschenrechte/lahmeyer.html.

[321] *Spiegel-Online*, 7.1.2015/ abgerufen am 20.5.2016.

Elfenbeinküste, um eine Sammelklage von mehr als hunderttausend Betroffenen gegen das multinationale Unternehmen Trafigura einbringen zu können. Und in Deutschland versucht die Menschenrechtsorganisation ECCHR sogar gerichtlich, mit dem Textildiscounter KiK eine Firma für die Zustände bei einem ihrer Zulieferer in Pakistan haftbar zu machen.[322]

Der Fall eröffnet die Möglichkeit, auf juristischem Wege eine zentrale Frage für die Arbeitswelt des 21. Jahrhunderts zu klären: Haften Konzerne für die Arbeitsbedingungen bei einem Zulieferer? Und können Arbeiter im Heimatland des auftraggebenden Konzerns eines Zulieferers vor Gericht Ansprüche wie Schmerzensgeld erfolgreich durchsetzen? Theoretisch ist dies in Ländern der Europäischen Union möglich, geregelt durch die EG-Verordnung Nr. 864/2007 (»Rom II«). Aber praktisch nutzte diese Möglichkeit noch kein Opfer eines Zulieferers in Deutschland, wegen vieler Hürden. Nicht abschrecken ließen sich vier Betroffene des Brandes bei Ali Enterprises. Sie reichten im 5.783 Kilometer entfernten Dortmund im März 2015 Klage ein: Muhammad Hanif, der mit neun Jahren in der Fabrik anfing und den Brandanschlag nur um Haaresbreite überlebte. Der Witwer Muhammad Jabbir, der seinen Sohn Muhammad Jahanzab verlor. Abdul Aziz Khan Yousuf Zai, der seinen toten Sohn Attaullah Nabeel in den Ruinen fand. Und Saeeda Khatoon, die ihren verkohlten Sohn Ijaz Ahmed auf der Treppe in der Brandruine sofort erkannte, weil der sein Gesicht mit einem Teller geschützt hatte. Die Kläger verlangen mit ihrer Zivilklage Schmerzensgeld von KiK. Das Landgericht Dortmund ist zuständig für Bönen, jenen Ort am Rande des Ruhrgebiets, wo die Zentrale des Textildiscounters KiK liegt.

322 www.ecchr.eu/de/unsere-themen/wirtschaft-und-menschenrechte/arbeitsbedingungen-in-suedasien/pakistan-kik.html.

KiK – ein Tochterunternehmen von Tengelmann – verkauft überwiegend zeitlose Basiskleidung wie Unterwäsche, T-Shirts oder Jeans. Gründer Stefan Heinig hat das Discount-Konzept der Brüder Aldi in den 1990er-Jahren auf die Textilbranche übertragen. Das Unternehmen geriet immer wieder in die Schlagzeilen. Mal ging es um den Rauswurf eines Betriebsratskandidaten, mal um Abfragen über die finanzielle Lage von Mitarbeitern bei einer Auskunftei, wiederholt um Arbeitsbedingungen und Löhne bei den Mitarbeitern in Deutschland und den Lieferanten in Asien. Das Image der Firma ist denkbar schlecht. Bei einer Umfrage des Instituts für Handelsforschung zur sozialen Verantwortlichkeit von Handelsunternehmen landete KiK vor einigen Jahren hinten.

Lange kopierte das KiK-Management auch die Aldi-Kommunikationsstrategie, schwieg also oft. Mittlerweile lässt sich KiK jedoch von der Agentur WMP EuroCom AG beraten. Mitgründer ist der ehemalige *Bild*-Chefredakteur Hans-Hermann Tiedje. Die Agentur bot mir ein Interview mit dem damaligen KiK-Chef Heinz Speet für die *Süddeutsche Zeitung* an. Am 20. März 2015 betrat ich erstmals die Zentrale des Unternehmens in Bönen, einem im typischen KiK-rot gestrichenen Zweckbau. Im Büro des Firmenchefs Heinz Speet, einem hemdsärmeligen Typ, hing eine mit Tausenden Fähnchen gespickte Karte, jedes markierte eine Filiale des Discounters. Das Konzept mit Billigkleidung floriert. Der Umsatz liegt bei rund zwei Milliarden Euro. Als ich den KiK-Chef fragte, ob er nach dem Unglück persönlich in Karatschi gewesen sei, wirkt er überrascht. Er verneinte, sagte, man habe Experten geschickt. Auf die Klage der vier Opfer reagierte Speet gelassen. »Wir begrüßen die Klage, weil sie – sollte sie zugelassen werden – uns Gelegenheit gibt, zu zeigen, dass an den Vorwürfen nichts dran ist. Unabhängig von der Quote, mit der wir im Vergleich zu anderen Kunden diese Fabrik auslasten, ist sie nicht unsere Fabrik. Nur, weil ein Lieferant von einem Unternehmen mehrere Wochen ausgelastet wird und zeitweise im Schwerpunkt nur ihn beliefert, kommt ja keiner auf die Idee, den Lieferanten zum Tochterunternehmen zu erklären.«[323]

Erstaunlich ist es schon, dass KiK die Klage nicht verhindert hat. Das Verfahren könnte einen Präzedenzfall schaffen. Wer mit den Betroffenen in Pakistan spricht, gewinnt den Eindruck, mit einer Entschuldigung und einem großzügigen Scheck hätte KiK die Klage durchaus abwenden können. Warum haben sie es nicht getan? Offenbar geht es ihnen ums Prinzip. Sie wollen nicht unter Druck irgendeine Summe zahlen, nur um aus dem Schneider zu sein. Möglicherweise haben sie auch die Hartnäckigkeit der Betroffenen in Karatschi unterschätzt. Vielleicht spekulierten sie darauf, dass diese Leute nicht die Hürden für eine Klage in Deutschland nehmen würden. Tatsächlich kennt das deutsche Recht für solche Fälle keine Sammelklagen. Folglich müssen sich die Betroffenen organisieren und Kläger auswählen, was schwierig ist. Einige Versuche, Konzerne gerichtlich zur Verantwortung zu ziehen, scheiterten daran, dass sich die Betroffenen dagegen sträubten, einzelne Kläger auszuwählen. In anderen westlichen Ländern gibt es die Möglichkeit von Sammelklagen, beispielsweise in England oder den USA – hier finden deswegen auch öfter Klagen gegen Konzerne statt.

Bei Straftaten multinationaler Unternehmen seien die Gesetze in den USA oft auf der Seite der Kläger, sagte Liesbeth Enneking, Juristin an der Universität Utrecht. Rechtskräftige Urteile seien jedoch trotzdem selten, weil bei drohenden Prozessniederlagen Konzerne zu außergerichtlichen Vereinbarungen neigten.[324] In den USA wurden sogar schon europäi-

---

323 *SZ*, 23.4.2015.

324 www.dw.com/de/shell-vor-gericht-ein-pr%C3%A4zedenzfall/a-16296477.

sche Unternehmen wegen Vorfällen in Drittstaaten verklagt. Mittlerweile seien solche Klagemöglichkeiten jedoch erschwert worden, auch »auf Druck der Bundesregierung«, sagte Michael Windfuhr, Direktor des Deutschen Instituts für Menschenrechte.[325] Anlass war eine Klage gegen Daimler-Benz wegen mutmaßlicher Menschenrechtsverletzungen während der Militärdiktatur in Argentinien.

In den Niederlanden können Gerichte Prozesse gegen ein Mutterunternehmen mit der Klage gegen ein Tochterunternehmen nach dem jeweiligen ausländischen Recht verbinden und sich ebenfalls für zuständig erklären, wenn die Betroffenen im eigenen Land kein faires Verfahren erwarten können. So geschehen ist es bei der Klage nigerianischer Bauern und einer NGO gegen Shell vor dem Bezirksgericht in Den Haag. Fünf Jahre dauerte der Prozess. 2013 verurteilte ein Gericht Shell Nigeria in einem von fünf Fällen zu Schadenersatz, ein Erfolg für die Aktivisten, die die Kläger unterstützt hatten. Allerdings zerschlug sich deren Hoffnung auf eine Verurteilung der Mutterfirma Shell – die Kläger hatten hier auf einen Präzedenzfall gehofft. Trotzdem sprach die Menschenrechtsorganisation Amnesty International hinterher von einem »Durchbruch für die Gerechtigkeit«, da die Haftbarkeit des Unternehmens festgestellt worden sei.[326]Das deutsche Recht sieht weder eine Klageverbindung vor noch eine Notzuständigkeit. Und wenn ein deutsches Gericht eine Klage wegen Menschenrechtsverstößen im Ausland annimmt, darf es in der Regel nicht deutsches Recht anwenden, sondern muss sich nach der Gesetzeslage des Landes richten, in dem der Schaden eingetreten ist. So ist es auch im Falle der vier KiK-Kläger, hier gilt das pakistanische Recht, welches in einer ganz anderen Rechtstradition

[325] *SZ*, 20.2.2015.
[326] *handelsblatt,com* 30.1.2013.

steht, dem britischen Common Law. Für die Richter an einem Landgericht bedeutet dies eine Menge Arbeit.

Kopf der Klageaktion ist die Juristin Miriam Saage-Maaß, die beim ECCHR das Programm Wirtschaft und Menschenrechte koordiniert. Beteiligt sind Anwälte aus Deutschland und Pakistan. Eingereicht hat die Klage der Berliner Anwalt Remo Klinger. Die Kläger und deren Helfer betreten juristisches Neuland. Es ist schon ziemlich schwierig, ein deutsches Unternehmen für Geschehnisse bei einer ausländischen Tochterfirma haftbar zu machen. Denn Mutter- und Tochterunternehmen gelten als rechtlich selbstständige Einheiten. Bei der KiK-Klage gehen die Anwälte jedoch noch weiter und wollen den Nachweis erbringen, dass ein Konzern auch für Geschehnisse bei einem seiner Zulieferer im fernen Ausland verantwortlich gemacht werden kann. Das hat noch niemand versucht. »Das ist der zusätzliche Schritt, den wir mit der KiK-Klage gehen«, sagt Saage-Maaß, die hofft, dass die Richter eine Verantwortung des Auftraggebers feststellen werden. Die Verbindung der Firma zu diesem Unglück sei »sehr stark und sehr eng«. Denn unstrittig ist, dass KiK die Fabrik zum Zeitpunkt des Unglücks zu drei Viertel ausgelastet hat.[327] Als Saage-Maaß dies hörte, war sie wie elektrisiert. Denn das war für sie die ersehnte Konstellation, die sich für einen Präzedenzfall eignete. Ganz anders als beispielsweise im Falle von Rana Plaza, wo etwa dreißig Auftraggeber zum Zeitpunkt des Unglücks gleichzeitig fertigen ließen.

Die Besitzer der Unglücksfabrik konnten sich übrigens ins Ausland absetzen, nachdem sie zuvor von einem pakistanischen Gericht gegen Kaution aus der Untersuchungshaft entlassen worden waren. Was vor den Gerichten der Islamischen Republik selbst abläuft, entpuppt sich zunehmend als Farce. Am Second Court des Gerichtsdistrikts Karatschi

---

[327] *SZ*, 23.4.2015.

West herrscht an einem Julitag 2015 reges Treiben. Hunderte Menschen sind auf dem Gelände unterwegs, sitzen in Cafés oder der Wartehalle, ein Fernsehteam fährt vor, vier Gefängnistransporter parken, Gefangene werden in Ketten zu ihren Verhandlungen geführt. Anwälte hasten mit dicken Papierkladden über den Hof. Heute steht auch ein Verfahren gegen die Fabrikbesitzer auf dem Plan.

Mit einer halben Stunde Verspätung ruft Richterin Nawshaba Kazi den Fall Ali Enterprises auf. Vor der Richterin türmen sich Papierberge. Davor stehen zwölf Plastikstühle für Besucher. Nur wenige Minuten berät sich die Richterin mit den Anwälten beider Seiten – dann ist die Verhandlung auch schon wieder vorbei, weil die entscheidenden Personen wieder einmal fehlen: die Angeklagten. Opferanwalt Azmat Hussain, ein Kollege von dem Menschenrechtsanwalt Siddiqui, ist gleichermaßen wütend und frustriert. Die Hauptangeklagten hätten eine E-Mail geschickt, aus Sicherheitsgründen könnten sie nicht vor Gericht erscheinen, sagt er. Einige Zeugen hätten außerdem ihre Aussagen zu dem Fabrikbrand wieder zurückgezogen, nachdem die Fabrikbesitzer ihnen Geld gezahlt hätten, erzählen die Opferanwälte, für die ein solcher Prozess wirklich gefährlich ist. Am Anfang habe es eine Menge Druck gegeben und Morddrohungen, erzählt Siddiqui, aber mit der Zeit, wenn man weitermache und sie einen nicht töten, tolerieren sie einen irgendwann.

Dem Gewerkschaftsveteran Nasir Mansoor gelang es als Erstem, unter den betroffenen Arbeitern und Angehörigen Widerstandsgeist zu entfachen. Wo andere Menschen in ihrer Brieftasche Bilder ihrer Liebsten stecken haben, trägt Mansoor ein blutgetränktes Label mit dem Schriftzug »Okay«, einer Jeansmarke von KiK. Gefunden hat er es in der Ruine. Seine Kollegin Zehra Khan hatte nach dem Unglück in wochenlanger Arbeit Interviews mit hunderteins Betroffenen über den Vorfall geführt und Adressen gesammelt. Nasir riet den Betroffenen, sich zu organisieren. Anfangs waren es ungefähr zwanzig Familien, mit denen die National Trade Union Federation zusammenarbeitete. Im August 2014 gründeten dann 190 Betroffene ganz offiziell die Opfervereinigung Baldia Factory Fire Affectees Association.

Mansoor steuert den kleinen Suzuki geschickt durch den Verkehr quer durch die Stadt in das Viertel Baldia Town zu einer Versammlung der Organisation. Die Regenzeit hat begonnen. Auf den Straßen steht Wasser, vermischt mit Müll. Vorbei geht es an einer toten Kuh, Eselskarren und Massen von Fußgängern. Unterwegs steigt Muhammad Jabbir zu, Vorsitzender der Opfervereinigung und einer der vier Kläger. Er lotst uns zu einem kleinen Bürgerhaus, indem sie sich heute versammeln. Zwei Teegefäße aus Blech stehen auf einem Ofen. Fetzen von Luftballons hängen mit Klebestreifen befestigt an Wänden und Decke – sie erinnern daran, dass gewöhnlich in dem Raum gefeiert wird. Durch die offenen Türen und Fenster dröhnt der Verkehrslärm. Auf Plastikstühlen nehmen rund achtzig Menschen Platz, blockweise verschleierte Frauen, unverschleierte Frauen und Männer. Die Leute stammen aus den unterschiedlichsten Vierteln, gehören verschiedenen Ethnien an. Alle sind gleichberechtigt, sie entscheiden demokratisch, auch als es darum ging, zu klagen und die Kläger auszuwählen.

Es habe ein großes Treffen im Hotel Mehran gegeben, sagt Saeeda Khatoon, eine der Klägerinnen. Zunächst hätten sie fünfzehn Leute aus jedem Viertel bestimmt. Am zweiten Tag hätten sie dann wieder mit dem Einverständnis aller fünfzehn Leute bestimmt. Daraus wählte schließlich Saage-Maaß die Kläger aus, unter juristischen und prozesstaktischen Aspekten. Gewinnen die vier vor dem Landgericht, dann bekommen jedoch nur sie Geld. Darüber hätten sie in der Gruppe offen diskutiert und gemeinsam entschieden, sagt Khatoon. Sollten die Opfer Schmerzensgeld erhalten, werden sie es unter allen aufteilen. Und sollte KiK eine Einigung außerhalb des Gerichts mit ihnen suchen, dann werden sie selbst entscheiden, wie sie damit umgehen wollen, und niemand sonst.

Sollte es zu einem Verfahren kommen, dürfte das Unternehmen gezwungen sein nachzuweisen, wie es seiner Verantwortung entlang der Lieferkette nachgekommen ist. Schließlich verfügt KiK über einen Code of Conduct, der Bestandteil von Verträgen mit Zulieferern ist. Nach Ansicht der Kläger gab es gravierende Sicherheitsmängel in der Fabrik, insbesondere beim Brandschutz. Die Rede ist von fehlenden Feuermeldern, der hölzernen und damit leicht entflammbaren Konstruktion des Zwischengeschosses, dem Fehlen von Notausgängen und vergitterten Fenstern. KiK sah indes keinen Grund für Beanstandungen. »Mangelnder Brand- und Sicherheitsschutz konnte seit den Audits im Jahr 2009 und 2011 nicht festgestellt werden. Daher hatten wir auch keinen Grund, uns von diesem Produzenten zu trennen«, hieß es in einer Stellungnahme. Umstritten ist bis heute die Ursache des Fabrikbrandes. Erste Gutachten der Behörden waren von einem Kurzschluss der Elektrizität als Brandursache ausgegangen. Möglicherweise handelt es sich jedoch auch um Brandstiftung im Zusammenhang mit Schutzgelderpressung. Eine pakistanische Ermittlungskommission sprach Anfang 2016 von einem »terroristischen oder Sabotageakt«.[328] Für die KiK-Anwälte ein wichtiges Argument: Die Klage habe »keine hinreichenden Erfolgsaussichten«, schrieben sie an das Dortmunder Landgericht. Nach Ansicht der Kläger würde dieser Sachverhalt nichts an der Verantwortung der Fabrikbesitzer für den Brandschutz ändern: Die Arbeitnehmer seien nicht wegen des Feuers, sondern wegen mangelnder Sicherheitsvorkehrungen gestorben,

---

[328] *Dawn*, 24.2.2016.

betonte Menschenrechtsanwalt Faisal Sidiqqi schon lange vor der Veröffentlichung des Gutachtens.

Egal wie das Verfahren im Fall KiK ausgeht, es hilft in jedem Fall den Befürwortern einer höheren Verantwortung von Unternehmen für ihre Produktionsbedingungen. Selbst wenn das Landgericht Dortmund eine Verantwortung von KiK zurückweisen sollte, wäre dies ein wichtiger Beleg für eine Gesetzeslücke, die es zu schließen gilt. Gewinnen die Kläger das Verfahren, wäre es ein Paukenschlag. Das weiß auch die Gegenseite. KiK-Manager Ansgar Lohmann: Sollten die Kläger gewinnen, wären alle Unternehmen betroffen, die im Ausland produzieren. Sie könnten dann haftbar gemacht werden für Zustände in Fabriken, die ihnen gar nicht gehören. Ein solches Urteil würde die Kalkulation vieler Unternehmen gehörig durcheinanderwirbeln. Die Menschenrechtsanwälte hoffen auf den »Pinochet-Effekt«. Unter der Regentschaft des chilenischen Diktators wurden in Chile viele Regimegegner gefoltert oder umgebracht. Solche Diktatoren hatten bislang keine Verfolgung der Justiz zu befürchten. Diesmal war es anders, weil der spanische Richter Baltazar Garzón ein Verfahren eröffnete und Augosto Pinochet in England 1998 verhaftet wurde, wo er sich damals aufhielt. Nach langem Hin und Her wurde der Exdiktator zwar freigelassen und kehrte in seine Heimat zurück, aber mit der Unantastbarkeit der Despoten war Schluss. Bevor Pinochet aufgrund eines spanischen Haftbefehls in London festgenommen wurde, sagt die Menschenrechtsanwältin Saage-Maaß, »glaubte man, solche Menschen werden nie angeklagt«. Gleiches erhofft sie sich für die Rechtsprechung über Menschenrechtsverletzungen durch Unternehmen. Sie zieht auch eine Parallele zum Korruptionsstrafrecht für Unternehmen. Am Anfang des Kampfes gegen Korruption hätten freiwillige Standards gestanden, aber innerhalb von zehn bis fünfzehn Jahren seien diese »ganz schön verbindlich geworden«. Möglich sei dies gewesen, als einige amerikanische Konzerne entdeckten, dass es in ihrem ureigenen Interesse lag, solche verbindlicheren Vorschriften umzusetzen, weil sie ansonsten Wettbewerbsnachteile bei Geschäften befürchten mussten, bei denen zunehmend der Ausschluss von Korruption als Entscheidungskriterium galt.

Ziemlich isoliert ist Deutschland innerhalb Europas in der Frage einer Strafbarkeit von Unternehmen: In Großbritannien, Irland, Frankreich, den Niederlanden, Island, Belgien, Dänemark, Schweden, Norwegen, Portugal, Slowenien, Malta, Ungarn, Estland, Lettland, Liechtenstein, Litauen, der Tschechischen Republik, Österreich und der Schweiz gibt es beispielsweise eine Unternehmensstrafbarkeit, auch der Europarat gab eine entsprechende Empfehlung ab. Entsprechend sind in diesen Ländern Strafverfahren gegen Unternehmen bei schweren Verstößen gegen die Sorgfaltspflichten oder gar bei vorsätzlichem Fehlverhalten möglich, während in Deutschland nur das Ordnungswidrigkeitenrecht greift, wo nur sehr geringe Strafen drohen. Außerdem können die Staatsanwaltschaften aufgrund des Opportunitätsgrundsatzes weitgehend frei entscheiden, ob sie ein solches Ordnungswidrigkeitsverfahren führen. Nach der Einführung eines Unternehmensstrafrechts müsste eine Staatsanwaltschaft automatisch jeden entsprechenden Vorwurf gegen ein Unternehmen prüfen.

Verkaufsalternativen schaffen: Der faire Handel

Die breite Masse der Menschen genoss in den Industrieländern zwischen 1950 und 1970 Jahr für Jahr einen höheren Wohlstand. Verglichen damit blieben die Möglichkeiten und Bedingungen sowie die Entlohnung von Beschäftigten in den Entwicklungsländern extrem niedrig. Der Wohlstand der einen beruhte teilweise auch auf der Armut der anderen, beispielsweise wegen der Dominanz von Nordamerika, Westeuropa und Japan bei der Herstellung von Investitionsgütern wie Maschinen und Autos. Deren Preise stiegen ständig in Relation zu den Rohstoffen und Nahrungsmitteln, welche die Entwicklungsländer auf dem Weltmarkt verkaufen konnten.

Die Entwicklungsländer pochten nach der Erlangung ihrer Unabhängigkeit in den 1960er-Jahren auf gerechtere Regeln für den Warenaustausch. Einer ihrer Wortführer war der brasilianische Bischof Dom Héleder Camara: »Wenn die Länder des Überflusses den Entwicklungsländern gerechte Preise für ihre Produkte zahlen würden, könnten sie ihre Unterstützung und ihre Hilfspläne für sich behalten«, sagte er und forderte »Handel statt Hilfe«.[329] Die Konferenz der Vereinten Nationen für Handel und Entwicklung (UNCTAD) übernahm 1968 den Ausspruch und machte damit deutlich, dass auch sie eine Neugestaltung der Handelsbeziehungen zwischen Nord und Süd für notwendig hielt. Es ging um andere Austauschpreise und den Zugang zu den Märkten im Norden. Eine wichtige Rolle spielten in der Diskussion die christlichen Kirchen und ihre Hilfswerke, Gewerkschaften sowie NGOs.

Auf Entscheidungen von Regierungen, gerechtere Handelsregeln umzusetzen, wollten nicht alle warten. So bildeten sich verschiedene Initiativen, die einen fairen Handel organisierten. Beteiligte Kleinbauern und Arbeiter auf Plantagen sollten einen faireren und stabileren Preis bezahlt bekommen. Der Preis, der sich durch Angebot und Nachfrage auf dem Weltmarkt bildet, gilt den Verfechtern des fairen Handels als ungerecht. Und weil davon ein Teil der Verbraucher ebenfalls überzeugt ist und bereit, mehr für fair gehandelte Waren zu bezahlen, funktioniert

---

[329] Zitiert nach: Markus Raschke: *Fairer Handel. Engagement für eine gerechte Weltwirtschaft,* Tübingen, 2. Auflage 2009, S. 16

das System. Allerdings sind es nur wenige Verbraucher, weswegen von dem fairen Handel nur ein kleiner Teil der Arbeitenden profitiert, insgesamt sind es auf Plantagen rund um die Welt etwa 1,6 Millionen Bauern und Arbeiter.[330]

Auch der Verkauf der fairen Waren an den Endverbraucher verläuft letztlich nach dem Gesetz von Angebot und Nachfrage. Entsprechend müssen sich die Verkäufer fairer Waren auf dem Markt behaupten. Deswegen sind die fairen Preise und damit die Arbeitseinkommen von Kleinbauern und Arbeitern weitaus niedriger, als es sich die Beteiligten wünschen. Schließlich konkurrieren die Produkte mit konventionellen Waren im Einkaufsregal, die regelmäßig auch deswegen billiger sind, weil Bauern oder Arbeiter entlang der Lieferkette ausgebeutet werden. »Fair« bedeutet in der Praxis eben nur so fair, wie es sinnvoll und möglich erscheint, um eine ausreichende Menge Waren zu verkaufen. Die Arbeitenden leben auf einem ziemlich bescheidenen Level, wie der Kaffeebauer in Nicaragua, der in einer Holzhütte mit Lehmboden und mit Zeitungspapier tapezierten Wänden wohnt. Daran hängt aber ein Foto von der Tochter beim Studienabschluss und verweist darauf, welch wichtige Rolle der faire Handel für bessere Arbeitsperspektiven der Kinder hat.

Gefährdung von NGOs

Die Arbeit der zivilgesellschaftlichen Vertreter ist oft gefährlich, nicht nur für Umweltaktivisten. Der Einfluss von NGOs ist vielen Machthabern ein Dorn im Auge. Diverse Staaten haben in den vergangenen Jahren Gesetze erlassen, mit denen vor allem die Arbeit von ausländischen NGOs und deren Unterstützung

---

[330] Jahres- und Wirkungsbericht Transfair 2015/16

für inländische Organisationen begrenzt werden sollen. Dazu gehören China, Russland, Ungarn und Israel. So beschloss die rechtskonservative Regierung in Israel Ende 2015 ein Gesetz, das die Arbeit regierungskritischer NGOs erheblich einschränken dürfte, weil es eine Art Kennzeichnungspflicht für NGOs einführt, die überwiegend von ausländischen Staaten finanziert werden. Bei Verstößen droht eine Geldbuße von 7.500 US-Dollar. Bereits seit 2012 müssten sich in Russland Organisationen, die »Geld aus dem Ausland bekommen« und »sich politisch betätigen«, als »ausländische Agenten« registrieren lassen, schreibt Barbara Unmüßig, Vorstand der Heinrich-Böll-Stiftung. Mittlerweile könne der Staat eine Organisation auch gegen deren Willen in diese Kategorie einsortieren. Russlands Vorgehen gegen NGOs war Vorbild für Regierungen in Äthiopien, Algerien, Jordanien, Nepal und Turkmenistan. Andere Länder gingen sogar noch weiter, darunter Indonesien, Indien und Bangladesch. Typisch für solche neue NGO-Gesetze sei, dass den Organisationen vorgegeben wird, nicht gegen die »öffentliche Ordnung und Sicherheit« oder gegen nationale Interessen zu verstoßen. Die Formulierungen seien meist offen gefasst, »um den Spielraum der Regierung zu erweitern«.[331] Und der türkische Präsident Recep Tayyip Erdogan will sogar das Strafrecht ändern, auch um NGOs leichter unter dem Rubrum des Terrorismus verfolgen zu können. »Nur weil jemand einen Titel wie Abgeordneter, Akademiker, Autor, Journalist oder Leiter einer Nichtregierungsorganisation trägt, ändert das nichts an der Tatsache, dass diese Person eigentlich ein Terrorist ist«, sagte Erdogan im März 2015.[332] Vielerorts stehen die NGOs also unter dem gleichen repressiven Druck von Staaten wie die Gewerkschaften.

---

[331] Barbara Unmüßig, *Der Aktivist als Agent: Zivilgesellschaft am Pranger, Blätter für deutsche und internationale Politik*, 42016, S. 31.

[332] *Spiegel.de*, 15.3.2016.

Kapitel 5: Wie wir regiert werden

»Die politische Macht ist der Schlüssel zum wirtschaftlichen Schutz (…). Die ökonomische Macht darf die politische Macht nicht beherrschen.«
Karl Popper, österreichisch-britischer Philosoph

Oktober 2014. Rushhour. Auf der Schnellstraße von Delhi ins dreißig Kilometer entfernte Gurgaon geht es zäh voran. Nach zwei Stunden biegt der Wagen in ein Industriegebiet ab. »Keine Kinderarbeit« steht auf einem roten Schild an der Einfahrt der Firma »Rakheja Enterprises«. Hinter der Einfahrt geht es vorbei an einem kleinen Hindutempel in das Fabrikgebäude. Nähmaschinen rattern. Ventilatoren laufen. Ein Arbeiter zeichnet mit Kreide auf einem dicken Stapel Stoffe die Silhouette der Vorderseite eines T-Shirts auf. Ein anderer führt eine Bandsäge entlang der Kreidelinie. Stoffballen türmen sich in Regalen. Blaue Schilder weisen auf die Auftraggeber hin, Jac Jac aus Frankreich, Zero aus Deutschland oder Primark Stores aus Irland. Ich treffe den Fabrikbesitzer Rajesh Rakheja, blicke in ein freundliches Gesicht mit tiefen Augenringen und schüttele eine kräftige Hand. Im Showroom, an dessen Wänden Kinderröcke, Babyhosen und Frauenblusen hängen, spricht er über die Anfänge des Textilgeschäfts seiner Familie, die Goldgräberstimmung in den 1970er-Jahren in Südostasien in der Branche, da die westlichen Konzerne damals in großem Stil begannen, die Fertigung von Textilien in Billiglohnländer auszulagern, zu Zulieferern wie Rakheja. In den drei Fabriken seiner Familie arbeiten heute 800 Menschen. Ihnen fehle ständig

Geld für das Nötigste, erzählen mir Beschäftigte, mit denen ich mich ungestört unterhalte. Der Lohn sei zu niedrig, gibt auch Rahkheja offen zu. Er kennt die Zahlen der Asia Floor Wage Campaign, dem Zusammenschluss von NGOs und Gewerkschaften, der eine Vervierfachung des gesetzlichen Mindestlohns in der indischen Textilindustrie für notwendig hält, damit er existenzsichernd wäre. Gerne würde er seinen Arbeitern mehr bezahlen, behauptet der Fabrikant, aber er könne es nicht, wegen des knallharten Preisdrucks. Seiner Meinung nach sollte der Staat das Problem regeln und den gesetzlichen Mindestlohn anheben und dessen Zahlung durch die Fabrikanten durchsetzen – dann gäbe es für alle Unternehmer die gleichen Rahmenbedingungen. Die Forderung nach staatlicher Regelung ausgerechnet von einem Unternehmer leuchtet ein. Schließlich haben reihenweise Staaten in den vergangenen hundert Jahren die Arbeitsbedingungen in ihren Ländern enorm verbessert, besonders in Europa. Es war ein riesiger Fortschritt, als Staaten diese Verantwortung annahmen und Unternehmer beim Umgang mit den Arbeitern nicht mehr frei schalten und walten ließen, wie im 19. Jahrhundert.

Die Entdeckung des Sozialen

Als die Lebensverhältnisse der Menschen in Europa während der industriellen Revolution auf den Kopf gestellt wurden, hielten sich die Regierungen heraus, was die sozialen Folgen für die Menschen anbelangte. Sie sahen sich nicht in der Verantwortung für die Zustände in Fabriken oder Bergwerken. Der Soziologe Robert Castel spricht von einem »staatlichen Tabu« des Liberalismus als damals vorherrschender Staatsphilosophie, »sich mit Fragen der Arbeit zu befassen, ein Verbot jeglichen Staatseingriffes außer zu dem

Zweck, die Freiheit der Arbeit und den Schutz des Eigentums zu gewährleisten«.[333] Der Staat verstärkte sogar den Druck auf die Armen. Mit dem New Poor Law stellten die Machthaber in England, wo die industrielle Revolution begann, die Armen und Arbeitslosen vor die Wahl zwischen einer schlecht bezahlten Arbeit und dem Arbeitshaus, gefängnisartigen Einrichtungen. Tatenlos schauten die Machthaber auch zu, als Kleinbauern reihenweise ihre Existenzgrundlage verloren, weil sich Adlige widerrechtlich Wiesen, Äcker und Wälder aneigneten, die bislang alle Bewohner als sogenannte Allmende genutzt hatten. Scharen entwurzelter und hungriger Kleinbauern strömten infolgedessen in die entstehenden Industriestädte Nordenglands, wo sie ihre Arbeitskraft an Fabrikanten verkauften und das neue Proletariat bildeten. Massen mittelloser Menschen mussten sich auf einem unregulierten Arbeitsmarkt verdingen. Denn die Eliten folgten bei der Gesetzgebung der damals vorherrschenden Wirtschaftstheorie, wonach es auf einem gut organisierten Markt überhaupt keine Arbeitslosigkeit geben dürfte. Sei der Lohn niedrig genug, finde jeder eine Arbeit. Angesichts solch zynischer Einstellungen bei den tragenden gesellschaftlichen Kräften verelendete ein Großteil der Menschen. Immer vehementer stellte sich damit die soziale Frage.

Arbeiter begannen, sich zu organisieren, gründeten Gewerkschaften und Arbeiterparteien, die von den Machthabern oft behindert und verboten wurden. Die Arbeiterbewegung konnte trotzdem im Laufe der Zeit enormen Druck entfalten. Die Regierungen führten, auch aus Angst vor einer Revolution, einen Politikwechsel durch. Sie regulierten jetzt den Arbeitsmarkt, indem sie Höchstarbeitszeiten und häufig Min-

---

[333] Robert Castel, *Die Krise der Arbeit. Neue Unsicherheiten und die Zukunft des Individuums,* Hamburg 2011, S. 158.

destlöhne festsetzten und die arbeitende Bevölkerung gegen soziale Grundrisiken absicherten, wie Unfall, Krankheit, Altersarmut. Die Gewerkschaften wurden erlaubt, in Deutschland 1871. Die Arbeits- und Lebensverhältnisse der Arbeiter verbesserten sich.[334]

Die Staaten in Europa bauten die sozialen Errungenschaften im Laufe des 20. Jahrhunderts aus, nach dem Zweiten Weltkrieg erblühte der Wohlfahrtsstaat. Dabei gab es jedoch deutliche Unterschiede. Am weitesten gedieh der Ausbau des Sozialstaats in Skandinavien. Wichtig war, dass sich das Verhältnis des Einzelnen im Staat änderte. Jeder hatte nun als Bürger einen Anspruch auf gewisse Leistungen. Wer seine Arbeit verlor oder erkrankte, musste sich seines Missgeschicks nicht mehr schämen und wurde nicht mehr kriminalisiert.

Seit dem Ende des Zweiten Weltkriegs war es für die Arbeitenden in den früh industrialisierten Ländern stetig aufwärtsgegangen. Es herrschte weitgehend Vollbeschäftigung, und die Löhne stiegen stetig und üppig. Ganz gewöhnliche Arbeiter und Angestellte konnten sich einen Lebensstil leisten, der eine Generation zuvor noch wohlhabenden Bürgern vorbehalten gewesen war, mit Kühlschrank, Waschmaschine, Telefon, Auto und einem Strandurlaub am Mittelmeer. Der Soziologe Helmut Schelsky sah bereits eine »nivellierende Mittelschicht« entstehen, also eine Gesellschaft, bei der die sozialen Unterschiede zwischen allen Schichten eingeebnet werden.

Fortschritte gab es übrigens fast überall auf der Welt – ob im Westen, in den sozialistischen Staaten des Ostens oder den jungen selbstständigen Staaten in Asien und Afrika, in denen die Kolonialherrschaft europäischer Mächte endete. So stieg die

---

334 Tony Judt, *Dem Land geht es schlecht. Ein Traktat über unsere Unzufriedenheit*, München 2011, S. 139.

Lebenserwartung zwischen den 1930er- und 1960er-Jahren weltweit um durchschnittlich siebzehn Jahre an[335]. Zwar war der weitaus größte Teil der Menschen auf der Welt immer noch arm, aber es schien nur eine Frage der Zeit zu sein, bis der wirtschaftliche Fortschritt allerorten Früchte tragen würde. Große Zuversicht herrschte bei den Vereinten Nationen, sie schrieben 1972: »Es gibt keinen Anlass zu bezweifeln, dass sich die dem Wachstum zugrundeliegenden Trends in den frühen und mittleren Siebzigerjahren nicht auf die mehr oder weniger gleiche Weise fortsetzen sollten, wie sie es in den sechziger Jahren getan haben.« Dabei gab es damals bereits erste Alarmzeichen.

Der Schriftsteller John Lancester schwärmte mit Blick auf die Jahrzehnte nach Ende des Zweiten Weltkriegs: »Der Düsenantrieb des Kapitalismus wurde vor den Ochsenkarren der sozialen Gerechtigkeit gespannt. Das führte zu dumpfem Gemecker bei den Vertretern des reinen Kapitalismus, aber im Ergebnis entwickelten sich die freien westlichen Demokratien zu der »bewundernswertesten Gesellschaftsform, die es je auf der Welt gegeben habe – nicht die bewundernswerteste, die wir uns vorstellen können, und keineswegs perfekt, aber immerhin das Beste, was die Menschheit bisher zustande gebracht hatte«.[336] Zu den Hauptgewinnern zählten die Erwerbstätigen, von denen es vielen materiell besser ging, als sie es sich je erträumt hätten. Und sie hatten allen Grund, zuversichtlich in die Zukunft zu schauen. Auch der französische Ökonom Thomas Piketty zeigte in seinem bahnbrechenden Werk *Das Kapital im 21. Jahrhundert*, wie einzigartig in den drei prosperierenden Jahrzehnten nach dem Zweiten Weltkrieg, den berühmten

---

[335] David Morawetz, *Twenty-five years of Economic Development 1950-1975*, Report No 10098, The international bank of reconstruction /The world bank, Washington 1977, S. 48.

[336] John Lancester, *Warum jeder jedem etwas schuldet und keiner jemals etwas zurückbezahlt,* Stuttgart 2013, S. 35.

Trente Glorieuses, der Wohlstand in den westlichen Nationen für alle wuchs und dank sozialstaatlicher Politik die Unterschiede zwischen Arm und Reich sogar verringert wurden.

Arbeitsstandards für alle

Seit den Anfangstagen der Industrialisierung gab es immer wieder den Ruf nach einer internationalen Regulierung der Arbeit, seitens der Arbeiterschaft und Unternehmer. So schrieb 1832 Daniel Legrand, Besitzer einer Seidenmanufaktur im Elsass, Eingaben an europäische Parlamente, in denen er sie ersuchte, international gültige Arbeitsgesetze zu erlassen, weil dies die einzige Möglichkeit sei, die sozialen Probleme zu lösen.[337] Anfang des 20. Jahrhunderts rückten die internationalen Arbeitsbedingungen auf die internationale Agenda. Anlässlich der Brüsseler Weltausstellung im Jahr 1900 entstand die Internationale Vereinigung für gesetzlichen Arbeitsschutz.[338] Die private Initiative erreichte 1906 das erste zwischenstaatliche Abkommen über Produktionsbedingungen. Der Einsatz des hochgiftigen weißen Phosphor bei der Fertigung von Streichhölzern wurde verboten. Aber erst nach dem »Zivilisationsschock des Ersten Weltkriegs« gab es weitgehende Maßnahmen bei der sozialen Frage auf internationaler Ebene. Staaten beschlossen im Rahmen des Friedensvertrages von Versailles 1919 auch die Gründung einer Internationalen Arbeitsorganisation, in deren Präambel es heißt, der »Weltfrieden kann auf die Dauer nur auf sozialer Gerechtigkeit aufgebaut werden«.[339] Den

---

[337] Zitiert nach Anton Burghardt, *Kompendium der Sozialpolitik*, Berlin 1979, S. 48.

[338] Die Organisation bestand bis 1925 und war eine Vorläuferorganisation der Internationalen Arbeitsorganisation.

[339] *APuZ*, 23.2.2010.

Regierungen ging es jedoch weniger um bessere Bedingungen für die Arbeiter anderswo, sondern um die Wettbewerbsfähigkeit der eigenen Industrie. Sie wollten Nachteile für die eigenen Unternehmen durch Sozialdumping anderswo unterbinden.

Die Internationale Arbeitsorganisation ist heute eine Sonderorganisation der Vereinten Nationen. Sie ist die einzige UN-Organisation, in deren Entscheidungsgremien neben Repräsentanten der Mitgliedsstaaten auch Vertreter von Arbeitnehmern und Arbeitgebern abstimmen. Die Organisation widmet sich den zentralen Problemen der arbeitenden Bevölkerung und entwickelte im Laufe der Zeit auch die Kernarbeitsnormen:

Beseitigung der Zwangsarbeit: Bereits im Jahr 1930 verpflichteten sich die ILO-Staaten, Zwangsarbeit »möglichst bald zu beseitigen«. Gemeint sind Arbeiten, die »unter Androhung irgendeiner Strafe« verlangt werden und die nicht freiwillig erfolgen. Ausgenommen sind: Militärdienst, von Gerichten verhängte Arbeitsstrafen und »übliche Bürgerpflichten« (zum Beispiel Kehrpflicht). Vereinigungsfreiheit: Aus dem Jahr 1948 stammt das Recht für alle Arbeitnehmer und Arbeitgeber, Organisationen zu bilden, zum Beispiel Gewerkschaften. Vereinigungsrecht und Recht zu Kollektivverhandlungen: Arbeitgeber dürfen Beschäftigte oder Bewerber nicht benachteiligen, weil sie Mitglieder einer Gewerkschaft sind. Scheingewerkschaften, die von Arbeitgebern abhängig sind, dürfen die Arbeit regulärer Gewerkschaften nicht behindern (beschlossen 1949).Gleichheit des Entgelts: gleicher Lohn für gleiche Arbeit: Frauen und Männer sollen für »gleichwertige Arbeit« auch in gleicher Höhe entlohnt werden. Die ILO-Staaten verpflichten sich, diesen Grundsatz »zu fördern und sicherzustellen« (beschlossen 1951). Abschaffung der Zwangsarbeit:

Verschärfung des Übereinkommens von 1930. Die Staaten verpflichten sich, Zwangsarbeit »in keiner Form zu verwenden« (1957). Diskriminierungsverbot: Auf dem Arbeitsmarkt darf es keine Diskriminierung geben – weder aufgrund der Hautfarbe noch aufgrund von Geschlecht, Glaube, politischer Meinung, Nationalität, sozialer Herkunft (1958). Kinderarbeit: Kinderarbeit ist abzuschaffen. Jugendliche dürfen erst arbeiten, wenn ihre »volle körperliche und geistige Entwicklung gesichert ist« – frühestens mit vierzehn Jahren (1973).

Verbot und Beseitigung der schlimmsten Formen der Kinderarbeit: 1999 befasste sich die ILO erneut mit Kinderarbeit: Die Staaten verpflichteten sich, »unverzügliche und wirksame Maßnahmen zu treffen, um sicherzustellen, dass die schlimmsten Formen der Kinderarbeit vordringlich verboten und beseitigt werden«.

Die Kernarbeitsnormen bilden die Basis für einen fairen Wettbewerb. Sie sind mittlerweile Bestandteil diverser Vorgaben, an die sich Unternehmen halten sollen, wie die Leitlinien der OECD, also der großen Industrieländer. Wenn Unternehmen im Rahmen ihrer CSR-Strategie einen eigenen Verhaltenskodex entwickeln, legen sie gewöhnlich ebenfalls die Kernarbeitsnormen zugrunde. Wichtig: Die Kernarbeitsnormen schaffen für sich genommen keinen materiellen Schutz für die Arbeitenden. Niemand erhält deswegen automatisch einen Lohn, der seine Grundbedürfnisse deckt, oder gesunde Arbeitsbedingungen. Die Kernarbeitsnormen seien zur Förderung der Menschenwürde bei der Arbeit »unabdingbar, zur Verbesserung der Arbeits- und Lebensbedingungen allein unzureichend«, schreibt die Soziologin Eva Senghaas-Knobloch.[340] Die Umsetzung der Kernarbeits-

---

340 *APzu,* 23.10.2010.

normen allein reicht für eine faire Beteiligung der Arbeitenden also bei Weitem nicht aus. Vielmehr sind dafür starke und freie Gewerkschaften notwendig. Fatal ist es deswegen, dass viele Staaten die Arbeit von Gewerkschaften behindern. Schutzrechte werden selbst in EU-Ländern abgebaut. Gerade die für den Schutz von Gewerkschaften gedachten Kernarbeitsnormen zum Schutz der Organisationsfreiheit und kollektiver Tarifverhandlungen sind es, die viele Staaten auf der Welt nicht ratifiziert haben. Die Realität der Arbeitenden steht oft in großem Widerspruch zu den Vorgaben der ILO-Kernarbeitsnormen. Diskriminierung und grobe Verstöße gibt es in der heutigen Arbeitswelt überall. Bis heute werden beispielsweise Männer und Frauen für die gleiche Arbeit oft unterschiedlich bezahlt, selbst in Deutschland noch um beachtliche einundzwanzig Prozent.[341]

Die ILO dringt im Konzert der internationalen Organisationen seltener durch, verglichen mit IWF und Weltbank. In der praktischen Politik werden regelmäßig die Interessen der Geld gebenden internationalen Institutionen höher bewertet als die Vorgaben der ILO, des Anwalts der Arbeitenden. Bestes Beispiel sind Kreditkonditionen, welche Arbeitsrechte ignorieren. Die internationale Politik hat bei der Gestaltung der Globalisierung in den vergangenen Jahrzehnten oft versagt, weil sie regelmäßig Maßnahmen der Marktöffnung und finanziellen sowie wirtschaftlichen Überlegungen Vorrang vor sozialen Aspekten gab. »Gegenwärtige Regeln und Politiken sind das Ergebnis eines weitgehend von einflussreichen Ländern und Akteuren gestalteten Systems globaler Entscheidungsstrukturen«, urteilte die Weltkommission für die soziale Dimension der Globalisierung bereits 2004. »Auch Arbeitnehmer und

---

341 *Die Welt*, 12.5.2016.

Arme haben bei der Gestaltung von Entscheidungsstrukturen nur geringe oder keine Mitsprachemöglichkeiten.«[342]

Von Anfang an gab es eine unselige Trennung von sozialen und ökonomischen Dimensionen in der internationalen politischen Architektur, was mit der Gründung der Welthandelsorganisation WTO 1996 verstärkt wurde. Damals wurde die Gelegenheit verpasst, zumindest einige arbeitsrechtliche Standards (Kinderarbeit, Umgang mit giftigen Materialien wie Asbest) im Handelsrecht zu verankern, wie es vor allem die USA wollten.[343] Das EU-Parlament verabschiedete 1993 sogar eine Resolution »Menschenrechte, Demokratie und Entwicklung« – mit der die Abgeordneten erreichen wollten, dass Waren vom EU-Markt ferngehalten werden sollten, bei deren Produktion bestimmte Menschenrechte verletzt worden waren.[344]

Aber der Widerstand gegen solche allgemeinen Sozialklauseln und deren Verbindung mit dem Freihandel war groß. Gegenwind kam vor allem von Regierungen und Unternehmerverbänden des Südens. Sie befürchteten, dass die reicheren Länder des Nordens ihre Märkte mit solchen Sozialklauseln abschotten und die Entwicklungsländer ihren größten Trumpf beim Kampf um Investitionen verlieren würden, eben niedrige Löhne. Die Gefahr bestand in der Tat.

Das Nichtdiskriminierungsverbot verbietet einem Staat heute, die Importe aus einem anderen Staat zu sanktionieren, weil dort beispielsweise die Arbeits- oder Umweltstandards verletzt werden. Völkerrechtlich gestattet sind jedoch Sonderkonditionen für Staaten, welche sich verpflichten, die Arbeits- oder Umweltstandards zu verbessern. So gewährt die EU beispielsweise derzeit Zollfreiheit für Textilien aus Pakistan. Im

---

342 Weltkommission für die soziale Dimension der Globalisierung, ILO 2004.

343 Vgl.Richard Senti, ApuZ 13/2007.

344 Vgl. Frank Braßel/Michael Windfuhr, *Welthandel und Menschenrechte*, Bonn 1995, S. 60.

Gegenzug hat sich die Regierung Pakistans verpflichtet, eine Reihe von ILO-Standards zu unterschreiben. Das bedeutet jedoch keinesfalls, dass sie diese umsetzt.

Staaten lassen zu, dass Unternehmen vielfach die Menschenrechte verletzen und bei ihren Geschäften Sozialarbitrage betreiben, also an Löhnen, Sozialabgaben und Ausgaben für vernünftige Arbeitsbedingungen sparen, indem sie die Produktion von Ländern mit höheren Arbeitsstandards und Kontrollen in Staaten mit schwächeren Schutzmechanismen für Arbeitende verlegen, wodurch eine allgemeine Abwärtstendenz in Kraft tritt. Das geschieht über lange Beschaffungsketten.

Beim Thema Menschenrechte gibt es weltweit keinen juristisch eindeutigen Standard für Unternehmen. Sie agierten deswegen häufig in Räumen der Rechtsunsicherheit, warnen Juristen. Das gilt übrigens nicht nur für international agierende Konzerne, sondern für jede Firma, die Produkte oder Bauteile aus aller Welt kauft. Selbst wenn Firmen die Gesetze im Gastland beachten, bedeutet dies keinesfalls automatisch, dass sie die Menschenrechte einhalten.[345] Denn in vielen Ländern werden Menschenrechte systematisch verletzt, gerade in der Arbeitswelt.

So gibt es in den reichen Ölstaaten am Golf eine anachronistische Zweiklassengesellschaft unter Beschäftigten. Allein in Saudi-Arabien arbeiten etwa 8,3 Millionen Migranten legal, vor allem aus Nepal, Indien und Pakistan – sie stellen 90 bis 95 Prozent der Erwerbsbevölkerung im privaten Sektor und schuften vor allem auf dem Bau, den Ölfeldern oder als Hausangestellte.[346] Gewöhnlich gelten für sie die Regeln des berüchtigten Kafala-Systems, bei dem der Arbeitgeber

---

345 Vgl. www.umweltdialog.de/de/csr-management/Gastbeitrag/2015/Berlin-kuendigt-Aktionsplan-der-UN-Leitlinien-zu-Menschenrechten-fuer-2016-an.php.

346 http://survey.ituc-csi.org/Saudi-Arabia.html?lang=de#tabs-3.

für einen Beschäftigten bürgt und dafür weitgehende Rechte über ihn erhält, eine moderne Form der Knechtschaft. Ohne eine schriftliche Genehmigung des Arbeitgebers dürfen solche Beschäftigte weder den Job wechseln noch ausreisen. Die Arbeitgeber haben die Beschäftigten völlig in der Hand, was viele dazu nutzen, Arbeiter und Hausangestellte auszubeuten. Hartnäckig halten sich die Missstände, auch in Katar. Als Ausrichter der Fußball-WM 2022 steht das Land im besonderen Fokus und hatte nach internationaler Kritik wegen Missstände auf WM-Baustellen tatsächlich das Kafala-Systems reformiert, aber unzureichend. »Das neue Gesetz macht deutlich, dass die Arbeitsmigranten der katarischen Regierung ziemlich egal sind«, sagte Joe Stork, stellvertretender Leiter der Abteilung Naher Osten bei Human Rights Watch. Hunderttausenden schlecht bezahlten Arbeitsmigranten drohten weiter Zwangsarbeit und andere Menschenrechtsverletzungen.[347]

In vielen Staaten kooperieren korrupte Eliten mit in- und ausländischen Unternehmen zulasten der eigenen Bevölkerung. Wer beispielsweise mit dem Boot durch das verästelte Delta des Niger fährt, findet zerstörte Fischgründe, giftigen Öldunst, verseuchtes Trinkwasser und vergiftetes Ackerland. Den Einwohnern des Deltas, unter deren Füßen der Reichtum weggepumpt wird, fehlen selbst elementarste Dinge wie Strom oder fließendes Wasser. Die Regierung schaut seit Jahrzehnten tatenlos zu, wie die westlichen Ölkonzerne an der einfachsten Sicherheit sparen. Oft schlagen deswegen alte, rostige Ölleitungen leck, ganze Landstriche werden verseucht und die Lebensgrundlage von Bauern und Fischern zerstört.

Momentan ist es undenkbar, dass Nigeria die Ölkonzerne zu Entschädigungen zwingen könnte, wie dies beispielsweise die

---

347 www.hrw.org/de/news/2015/11/08/katar-neue-reformen-schutzen-arbeitsmigranten-nicht.

amerikanische Regierung nach der Ölkatastrophe im Golf von Mexiko mit BP gemacht hat. Der Konzern musste 20,8 Milliarden Dollar Strafe zahlen, weil er nachweislich bei der Ölsuche an der Sicherheit gespart und damit maßgeblich mitverantwortlich für die riesige Ölverseuchung war, die vielen Menschen die Lebensgrundlage entzog.[348] »Es gibt alleine dreißig Staaten mit sehr schwachen Regierungen«, sagt Michael Windfuhr, Direktor des Deutschen Instituts für Menschenrechte. Die Staaten wollen oder können die Einhaltung der Menschenrechte nicht garantieren, auch nicht in der Arbeitswelt. Staaten agieren somit oft als Gegner der eigenen Bevölkerung. Ein reflexartiger Ruf nach dem Staat greift deswegen manchmal auch zu kurz.[349]

Wenn Unternehmer Behörden schikanieren

Selbst gestaltungswillige Politiker haben bisweilen einen schweren Stand, wenn sie die Arbeitsverhältnisse verbessern wollen. Sánchez Cerén, ein ehemaliger Guerillakämpfer, regiert in El Salvador. Die Arbeitsministerin ist eine engagierte Frauenrechtlerin, ihre rechte Hand und Chefinspektor für die Fabrikkontrollen ist Jorge Bolaños. Sein Herz schlägt wahrhaft für die Arbeiter, wegen gewerkschaftlicher Aktivitäten war er selbst von seinem Arbeitgeber vor Gericht gezerrt worden, als er noch in der Privatwirtschaft arbeitete. Heute wird er von Unternehmen offen angefeindet.

Früher hätten die Arbeitgeber nach Belieben im Land gewaltet, sagt Bolaños. Sie entließen, wann und wen sie wollten, sie zahlten Löhne, wann und wie viel sie wollten, ignorierten Arbeitsgesetze. Die jetzige Regierung sei die erste in der Geschich-

---

348 *Spiegel.de*, 6.10.2015.
349 *SZ*, 20.2.2015.

te des Landes, die sich um die Arbeiter bemühe, sagt Bolaños im Arbeitsministerium, einem unscheinbaren Regierungsbau. Mittlerweile trauten sich Arbeiter, zumindest Verletzungen ihrer Rechte anzuzeigen, ein Fortschritt, findet er. 19.000 Meldungen habe es in den vergangenen sieben Monaten gegeben, erzählt er im Februar 2015. Zur Vereinfachung der Beschwerden habe das Ministerium ein Callcenter eingerichtet.

Die Behörde gehört zum Ministerium mit dem kleinsten Budget, gerade einmal elf Millionen Dollar. Hundertelf Inspektoren sollen für die Einhaltung der Rechte von drei Millionen Arbeitnehmern in dem mittelamerikanischen Land von der Größe Hessens sorgen. Aber ihnen stehen nur fünunddreißig Autos zur Verfügung, und regelmäßig fehlt das Geld zum Tanken. Mehr Mittel für das Arbeitsministerium und die Inspektoren verhindern die rechten Parteien, die traditionell die Regierungen in dem Land stellen und im Parlament immer noch über die Mehrheit der Sitze verfügen, was ihnen bei den Haushaltsberatungen großen Einfluss gibt.

Staatliche Autorität in punkto Arbeitsschutz wird von vielen Unternehmern ohnehin nicht akzeptiert. Selbst wenn die Inspektoren es dank Fahrzeug und Benzin zur Fabrik schaffen, ist noch lange nicht sicher, ob sie eingelassen werden. Die Besitzer zahlen oft lieber eine geringfügige Strafe, als die Tore für die Kontrolleure zu öffnen. Und die Kontrollen rechtlich durchzusetzen kostet Zeit und Nerven. Kassieren muss eine solche Strafe die Staatsanwaltschaft. Und da säßen oft noch »die Alten im Sattel«, sagt Bolaños, weswegen die Verfahren oft im Sande verliefen. Inspektoren würden in den Fabriken auch offen »angefeindet« und beispielsweise von den Mitgliedern der gelben Gewerkschaften beschimpft, es gebe Drohungen, direkter und indirekter Art.

Bolaños ist ein politischer Beamter, der bei einem Regierungswechsel wieder ausgetauscht werden dürfte. Auch die berufliche Zukunft seines jungen Teams ist unsicher, wenn die Machtverhältnisse wechseln. Schon jetzt drohten die Unternehmer: Niemand von ihnen werde bei einem Regierungswechsel noch einen Job in der Privatwirtschaft des Landes bekommen, erzählt er. Während Bolaños in El Salvador für mehr Gerechtigkeit in der Arbeitswelt streitet, gibt es in vielen Staaten eine Verschlechterung bei Arbeitsstandards, selbst in Europa. Es gab eine folgenreiche Zäsur für Beschäftigte: Die Etablierung neoliberaler Normen in fast allen Bereichen des Staates.

Die Zäsur: Der Siegeszug des Neoliberalismus

Viele Politiker haben sich den neoliberalen Konzepten verschrieben, darunter Konservative, Liberale, Grüne oder Sozialdemokraten. Der Prozess begann mit der Krise des »fordistisch-sozialstaatlich« regulierten Kapitalismus der Nachkriegsjahrzehnte in den 1970er-Jahren. Nach der Ölkrise stotterte der Wirtschaftsmotor, gleichzeitig nahmen sowohl die Geldentwertung als auch die Arbeitslosigkeit in besorgniserregendem Maße zu. Das bisherige nachfrageorientierte wirtschaftspolitische Konzept schien nicht mehr zu taugen, also die Ankurbelung der lahmenden Konjunktur durch staatliche Ausgaben. Die westlichen Staaten nutzten die damalige Krise nicht zu einer Weiterentwicklung des sozialdemokratischen Zeitalters, sondern setzten auf einen neoliberal geprägten Kapitalismus.[350] Als Erstes fanden neoliberale Ratgeber beim US-Präsidenten Ronald Reagan und der britischen Premierministerin Margret Thatcher Gehör, dann bei vielen anderen Regierungschefs und in wichtigen wirtschaftlichen

---

350 Institut Solidarische Moderne, *Sozialökologischer Gesellschaftsumbau auf dem Weg in eine Solidarische Moderne*, 5. Oktober 2011.

Institutionen wie der Weltbank, des IWF und der EU-Kommission. Die Ratgeber überzeugten große Teile der politischen Elite davon, dass die Eingriffe der Staaten in die Wirtschaft reduziert und wieder mehr auf die Selbstheilungskräfte des Marktes vertraut werden müsse, wie sie das nannten. Politische Reformen drehten sich fortan um Steuersenkungen für Unternehmen und Vermögende, den Abbau von Subventionen, weniger Regeln für die Wirtschaft, die Privatisierung öffentlicher Unternehmen und den Abbau von Schutzrechten Beschäftigter.

Das gesellschaftliche Klima veränderte sich zulasten von Armen und Arbeitslosen, und die Rhetorik erinnerte bisweilen an die utilitaristisch und liberal geprägten Zeiten vor der Einführung des Wohlfahrtsstaates. Wo zuvor noch der freie Austausch die Kräfte des Marktes beflügelte, sollte dies nun in allen Bereichen der Wettbewerb tun. Zu den Lieblingsvokabeln von Politikern gehörten jetzt die Anreize, welche entscheidend für Wachstum und Beschäftigung seien. Wenn erst die notwendigen Anreize da seien, würden die Arbeitslosen sich schon wieder nach Arbeit umschauen. Anreize, das bedeutete vor allem eine Erhöhung des Drucks auf jeden Einzelnen. Die Regulierung des Arbeitsmarkts galt als eine tendenziell schädliche Marktverzerrung. Die Märkte wurden dereguliert, am weitesten die Finanzmärkte, mit den bekannten katastrophalen Folgen.

Die Wende begann in Deutschland noch recht sanft unter der schwarz-gelben Bundesregierung Helmut Kohls. Sie erlaubte 1985 befristete Arbeitsverhältnisse, erklärte die 60-Stunden-Woche für zulässig und erhöhte den Schwellenwert für die Gültigkeit des Kündigungsschutzgesetzes, von fünf auf zehn Beschäftigte in einem Betrieb.[351] Das war jedoch nur der Auf-

---

[351] Jürgen Zerche, Werner Schönig, David Klingenberger, *Arbeitsmarktpolitik und*

takt für eine Flexibilisierung der Beschäftigungsverhältnisse und Einschnitte in soziale Schutzrechte auch in Deutschland, dessen Höhepunkt die Agenda 2010 der rot-grünen Regierung unter Kanzler Gerhard Schröder war. Die Ansprüche und Bezugsdauer aus der Arbeitslosenversicherung wurden deutlich gesenkt und das umlagefinanzierte, solidarische Rentensystem geschrumpft, zugunsten privater Formen der Vorsorge. In vielen Ländern kehrte die unselige Bedürftigkeitsprüfung zurück. Vor allem erhöhte der Staat den Druck auf den Einzelnen, eine Arbeit anzunehmen. Fördern durch Fordern, lautete das Motto. Es folgten Gesetze zur Erleichterung befristeter Arbeitsverträge und Leiharbeit, die Lockerung des Kündigungsschutzes sowie Vorbehalte gegen den Flächentarifvertrag. Von einer »Entregelung der Arbeitsverhältnisse« spricht der Sozialphilosoph Friedhelm Hengsbach.[352] Vor Kritik feite sich die Politik mit Verweis auf die Zwänge des globalen Wettbewerbs.

Die Träume von einem sozialen Europa wurden beim Gipfel von Lissabon im Jahr 2000 begraben. Die EU übernahm den Washington Consensus, also jenes Bündel wirtschaftspolitischer Maßnahmen, das auf neoliberale Vordenker zurückgeht und erstmals vom IWF und der Weltbank bei der lateinamerikanischen Schuldenkrise in den 1980er-Jahren angewandt worden war. »Wozu ist Europa nütze, wenn es sich als Kopie der Vereinigten Staaten erweist?«, fragte damals selbst das liberale britische Magazin *Economist*.[353] Die Forcierung der neoliberalen Politik geschah übrigens in einer Zeit, in der Sozialdemokraten die Mehrheit der europäischen Regierungen stellten. Ein »linkes Europa« wagten sie nicht. Der Tanz

---

-theorie, München 2000, S. 72 f.

352 Friedhelm Hengsbach, »Das Arbeitsvermögen im Finanzkapitalismus: Ein historischer Kompromiss«, in: Wolfgang Thierse und Heiner Ludwig (Hrsg.), *Arbeit ist keine Ware*, Freiburg 2009, S. 133.

353 *The Economist*, 12.2.2000.

mit dem neoliberalen Zeitgeist fällt heute ganz besonders den Sozialdemokraten vor die Füße, weil viele Menschen von ihnen mehr Solidarität und Gerechtigkeit erwarten als von konservativen oder liberalen Parteien.

Der Philosoph Jürgen Habermas, eine der gewichtigsten intellektuellen Stimmen Europas, warnte bereits 2005 vor den Konsequenzen und forderte die EU-Staaten auf, einen neuen Weg einzuschlagen. Wenn es nicht gelinge, bis zur Europawahl im Jahre 2009 die polarisierende Frage nach der Finalité, dem Willen der europäischen Einigung, zum Gegenstand eines Referendums zu machen, sei »die Zukunft der Europäischen Union im Sinne der neoliberalen Orthodoxie entschieden«. Werde um eines faulen Friedens willen das heikle Thema vermieden, werde der Dynamik der entfesselten Märkte freier Lauf gelassfen – dann werde die »bestehende politische Gestaltungsmacht der Europäischen Union zugunsten einer diffus erweiterten europäischen Freihandelszone abgewickelt«.[354] Aber diesen elementaren Diskurs führten Europas Politiker nicht. Sie waren ab 2008 mit den Folgen der schweren Finanzkrise beschäftigt, was vielerorts weitere neoliberale Politikreformen brachte, jedoch nicht in Deutschland. Aber das kann sich ändern, sobald die deutsche Exportwirtschaft ins Stocken gerät. Dann könnte auch hier weiter an Arbeitnehmern, Erwerbslosen und sozial Ausgegrenzten gespart werden und eine neue Welle der Privatisierung durch das Land schwappen.

Schon jetzt gibt es Stimmen aus der Wirtschaft und Politik, die eine erneute Reformpolitik in Anknüpfung an die Hartz-IV-Reformen anmahnen. Und die Flüchtlingskrise hät-

[354] Preisrede von Jürgen Habermas anlässlich der Verleihung des Bruno-Kreisky-Preises für das politische Buch 2005, www.renner-institut.at/fileadmin/user_upload/downloads/ kreisky_ preis/habermas2006-03-09.pdf.

te manch einer gerne dafür genutzt, den Mindestlohn wieder außer Kraft zu setzen. Dabei ist die Verteilung des gesellschaftlichen Wohlstandes schon heute schreiend ungerecht. Globalisierung hat eben keinesfalls zu einer gerechteren Einkommensverteilung geführt, wie das von ihren Befürwortern gerne behauptet wird. Zwar haben sich die Unterschiede zwischen Ländern verringert, aber dafür haben sich in vielen Ländern die Unterschiede zwischen Reichen und Armen verschärft. Das gilt heute für den Süden und den Norden. »In den USA, Großbritannien und anderen Ländern, die dem angelsächsischen Wirtschaftsmodell folgten, hat die Armut – gemessen an Kindersterblichkeit, Lebenserwartung, Zugang zu medizinischer Versorgung, regelmäßiger Arbeit oder verfügbarem Einkommen – seit den Siebzigerjahren jedoch kontinuierlich zugenommen. (…) Die Folgen von Benachteiligung und Armut – Kriminalität, Alkoholismus, Gewalt und psychische Krankheiten – sind unübersehbar. Unsere Großeltern würden die Symptome sozialer Dysfunktion sofort erkennen. Die soziale Frage steht wieder auf der Agenda«, schreibt der britische Historiker Tony Judt.[355]

In den USA besitzen die 400 reichsten Bürger so viel Vermögen wie die unteren 61 Prozent der Bevölkerung. Das Jahreseinkommen einer Durchschnittsfamilie ist in den vergangenen 20 Jahren sogar um fast 5.000 Dollar gesunken. Besorgniserregend ist die Lage auch in Deutschland. Laut dem Armutsbericht des Paritätischen Wohlfahrtsverbandes leben 15,4 Prozent der Menschen unterhalb der Armutsschwelle, mehr als 12 Millionen Menschen. Und die Bundesbank beschrieb im März 2016 eine zunehmende Kluft beim Vermögen: So besaß 2014 die ärmere Hälfte der Haushalte lediglich 2,5 Pro-

---

355 Tony Judt, *Dem Land geht es schlecht. Ein Traktat über unsere Unzufriedenheit*, München 2011, S. 139.

zent des gesamten Nettovermögens. Den obersten 10 Prozent der Haushalte gehörten dagegen 59,8 Prozent des Vermögens. Und die Mittelschicht schrumpft.

»Die Verteilungsgerechtigkeit, der oberste Grundsatz jeder seriösen Steuerpolitik, wird bei der Distribution des erwirtschafteten Sozialprodukts krass missachtet«, warnte der Historiker Hans-Ulrich Wehler und fragte in einem Spiegel-Interview 2013: Wie lange kann das gut gehen, diese extreme Verzerrung nach oben, ohne dass es politisch gefährlich wird?[356]Drei Jahre später erzielt die AfD bei Landtagswahlen zweistellige Ergebnisse.

Rechtspopulistische Politiker wie Frauke Petry und Björn Höcke wirken auf Humanisten abstoßend, und das Programm der AfD verheißt den Arbeitenden nichts Gutes, denn die Partei will beispielsweise die Arbeitslosenversicherung privatisieren.[357] Zwischenzeitliche Überlegungen, den Mindestlohn abzuschaffen, sind vorerst vom Tisch. Es ist höchste Zeit, dass die etablierten Parteien sich mit echten Lösungen für die Menschen beschäftigen, die hier und in aller Welt arbeiten. Unverständlich ist es, dass die SPD sich nicht viel stärker auf ihr Uranliegen stürzt, soziale Gerechtigkeit. Die drastischen Veränderungen der Arbeitswelt werden hier nach ganz neuen Antworten verlangen.

Mehr Soziales gemeinsam gestalten wollten Politiker schon ganz zu Anfang der Europäischen Idee. So forderte der französische Premierminister Guy Mollet bereits bei den Verhandlungen über die Römischen Verträge in den 1950er-Jahren eine Vereinheitlichung der Sozialpolitik in der Gemeinschaft. Bundeskanzler Konrad Adenauer (CDU) gehörte zu denjenigen Po-

---

356 *Spiegel*, 9.2.2013.
357 *Die Welt*, 16.3.2016.

litikern, die Mollet diese Idee ausredeten, leider erfolgreich.[358] Im europäischen Projekt dominieren bis heute die Wirtschaftsthemen. Es gibt eine gemeinsame Währung, aber keine einheitliche Grundabsicherung für Arbeitslose oder Kranke. Die Finanzkrise wäre ein guter Anlass gewesen, um umzusteuern und in der Gemeinschaft soziale Mindeststandards einzuführen. Mit einem solchen Projekt hätte die Politik etwas für große Teile ihrer Bevölkerung und das Projekt Europa tun können. Allein der politische Wille fehlte. Das muss Bürger frustrieren, die in der Finanzkrise erlebten, dass Staaten – trotz der Globalisierung und ihrer Schwächung am Anfang des 21. Jahrhunderts – in unmittelbaren Krisensituationen sehr wohl handlungsfähig sind. Schließlich retteten die Regierungen in der Finanzkrise erst Banken und dann mit milliardenschweren Konjunkturprogrammen ganze Volkswirtschaften vor dem Absturz. Aber die Renaissance einer solch keynesianisch orientierten Wirtschaftspolitik währte in Europa nur kurz. Bald griff die Politik wieder auf neoliberale Politikrezepte zurück. Diverse Regierungen beschnitten die Arbeitsstandards, die wieder einmal nicht als bewahrenswerte Errungenschaft galten, sondern als Kostenfaktor mit negativen Folgen für die Wettbewerbsfähigkeit der Unternehmen und den eigenen Standort.

Ein kleiner Ausschnitt: Atypische Beschäftigungsformen wie Minijobs und Zeitarbeit wurden auf breiter Front in der EU ausgeweitet. In Tschechien dürfen Arbeitgeber mittlerweile Beschäftigte neun Jahre lang mit Kettenverträgen beschäftigen, und Portugal erlaubte befristete Arbeitsverträge mit einer Dauer von bis zu drei Jahren. Griechenland führte für unter 25-Jährige spezielle Arbeitsverträge ein, sie erhalten ein Fünftel weniger Lohn, haben eine Probezeit von zwei Jahren, und

[358] www.konrad-adenauer.de/files/1013/8925/4868/Brosch_KA_europ_Integration_2013.pdf.

weil die Arbeitgeber für sie keine Sozialversicherung zahlen, haben die Beschäftigten keinen Anspruch auf Arbeitslosengeld, wenn sie ihren Job verlieren. Der Kündigungsschutz für Arbeitnehmer wurde in vielen Ländern aufgeweicht, ob in Estland, Tschechien, Portugal, Spanien, Großbritannien, Rumänien oder Griechenland. Diverse Länder erlaubten mehr Überstunden. In Ungarn sind jetzt 250 statt 200 Überstunden erlaubt. Litauen strich das generelle Verbot von Überstunden, und in Portugal wurden die Zuschläge für Überstunden halbiert. Das Tarifsystem wurde, wie oben beschrieben, vielerorts geschwächt.[359] In Frankreich will die sozialistische Regierung die Regeln zum Kündigungsschutz, zur Sonntagsarbeit und der 35-Stunde aufweichen, was im Frühjahr 2016 zu massiven Protesten vor allem junger Menschen führte.

Helfer der Konzerne

Natürlich haben Staaten ein Interesse daran, dass die eigene Wirtschaft floriert, und sorgen sich deswegen um das Wohlergehen der großen Unternehmen. Schließlich bildet die Wirtschaft die Grundlage für den Wohlstand eines Staates und seiner Bürger. Längst haben sich Staaten jedoch in einen fatalen Wettbewerb um Konzerne eingelassen, bei dem alle gemeinsam verlieren. Regierungen rollen den Investoren den roten Teppich aus. Reiche Länder locken internationale Konzerngiganten mit Steuersparmodellen, wie Luxemburg, Irland oder die Niederlande. Ärmere Länder setzen dagegen vor allem auf laxe Umweltbestimmungen und Sozialdumping. Bestes Beispiel sind die Sonderwirtschaftszonen, wo regelmäßig elementare Rechte wie Gewerkschaftsfreiheit

---

[359] Böckler Impuls Ausgabe 09/2012.

oder Streikrecht außer Kraft gesetzt werden und gleichzeitig noch Steuervergünstigungen für die Betriebe gelten. China hat ganze Provinzen zu Sonderwirtschaftszonen gemacht, Nordkorea betreibt sie, vor allem jedoch viele Entwicklungs-

Krisenpolitik schwächt Arbeitsrechte

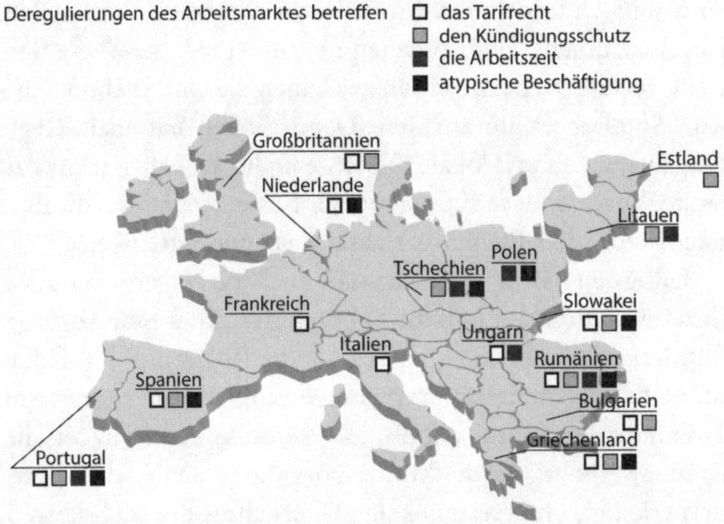

Quelle: ETUI2012/Hans-Böckler-Stiftung 2012

länder. Staaten gewichten fatalerweise die Rechte von Menschen und Konzernen höchst unterschiedlich, besonders ersichtlich beim Vergleich zweier aktueller politischer Vorhaben, bei denen es einmal um das Thema Handels- und Investitionsrechte und zum anderen um Unternehmen und Menschenrechte geht.

Schieflage zwischen Konzern- und Menschenrechten

Die Debatte um das geplante Freihandelsabkommen zwischen der EU und den USA hat vielen Bürgern klargemacht, welche Sonderrechte Konzerne durch solche Abkommen genießen. Es gibt mehr als 3.000 solcher bilateraler Verträge[360], die entweder zwischen den Regierungen zweier Länder oder im Rahmen allgemeiner Freihandelsabkommen ausgehandelt worden sind und Unternehmen Investitionssicherheit geben sollen. Ein Instrument sind sogenannte Investor-Staat-Schiedsgerichtsverfahren. Bei Streitfällen können die Unternehmen private Sondergerichte anrufen. Damit haben nationale Regelungsinstanzen und lokale Gerichte in diesen Fällen nicht das letzte Wort, sondern supranationale Schiedsgerichte, »die ihre neue Macht dem Rechtsverzicht der Staaten verdanken«.[361]

Unternehmen können Staaten auch verklagen, wenn sie ihre Investitionen durch die Erhöhung sozialer Standards gefährdet sehen, wie in Ägypten. Als die Regierung 2011 den monatlichen Mindestlohn von umgerechnet einundvierzig auf zweiundsiebzig Euro anhob, intervenierte der französische Konzern Veolia, der die Müllversorgung in der Stadt Alexandria erledigt, und verlangte eine Übernahme der Mehrkosten. Als die Stadt dies ablehnte, klagte der Konzern wegen entgangener Gewinne vor einem Schiedsgericht und berief sich auf das französisch-ägyptische Investitionsschutzabkommen.[362]

Vom freien Handel profitieren in der ökonomischen Theorie alle. Aber in der Praxis wird die Gesamtwohlfahrt eben nicht auf alle Menschen verteilt. Solange dies so bleibt, bietet ein gewisser lokaler Schutz von Märkten für die Menschen, insbe-

---

360 www.bmwi.de/DE/Themen/Aussenwirtschaft/investitionsschutz.html.

361 *Le Monde Diplomatique*, 13.6.2014.

362 http://library.fes.de/pdf-files/iez/global/10773-20140603.pdf.

Geflügelfleischexporte der EU der Jahre 2000 bis 2014

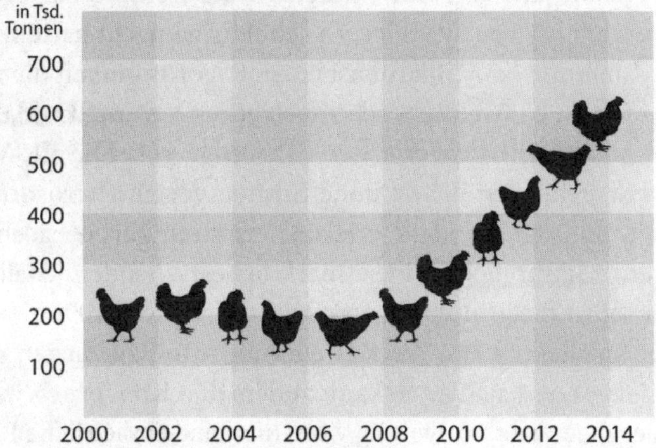

Geflügelfleischexporte der EU der Jahre 2000 bis 2014. Zahlen: Eurostat Quelle: Studie von Brot für die Welt. Mein Auto, mein Hähnchen, mein Kleid.

sondere in Entwicklungsländern, bessere Chancen für die Entwicklung als das Schleifen aller Handelsbarrieren. Heute wird der afrikanische Markt mit asiatischen Billigtextilien und europäischen Altkleidern, italienischem Tomatenmark oder Geflügelresten aus deutschen Schlachthöfen überschwemmt. Dadurch verlieren lokale Näher und Kleinbauern ihre Existenzgrundlage. Solange dies so bleibt, werden zwangsläufig Wirtschaftsflüchtlinge nach Europa kommen. Sie arbeiten dann teilweise in europäischen Betrieben, beispielsweise in italienischen und spanischen Agrofabriken. Und weil sie ausgebeutet werden, verschärft sich der Lohndruck auf die Einheimischen, was die Fremdenfeindlichkeit schürt. Was für ein Irrsinn!

Zweifellos können starke Staaten wie die USA oder eine Staatengemeinschaft wie die EU Konzerne regulieren. Besonders eindrucksvoll demonstrieren dies die Vereinigten Staaten. Sie zwangen beispielsweise Schweizer Banken zu der Herausgabe von Daten, die sich der Beihilfe zur Steuerhinterziehung von US-Bürgern schuldig gemacht hatten, und zur Zahlung von Milliardenstrafen. Rigoros gingen die amerikanischen Umweltbehörden auch gegen VW im Skandal um manipulierte Abgaswerte der Fahrzeuge vor. Die EU-Wettbewerbsbehörden haben hohe Strafen gegen Microsoft verhängt, und das Bundeskartellamt ermittelt gegen Facebook wegen Missbrauchs einer marktbeherrschenden Stellung. Aber selbst die großen Staaten haben Schwierigkeiten, wenn es beispielsweise um die Besteuerung von Konzernen geht. Ein Großteil der Staaten kann zudem den Konzernen wenig entgegensetzen. Notwendig wäre hier eine einheitliche Regulierung auf internationaler Ebene. Dafür müssten die Staaten aber an einem Strang ziehen, zumindest die Industriestaaten und großen Schwellenländer. Es gab diverse Anläufe von Staaten, verbindliche Regeln zu schaffen – sie sind alle gescheitert.

Konzerne regulieren: Eine unendliche Geschichte

Die jungen Staaten, die nach ihrer Unabhängigkeit von den Kolonialmächten entstanden, sahen sich in den 1960er-Jahren von den wirtschaftlichen Aktivitäten der transnationalen Konzerne betroffen. Sie unternahmen einen Anlauf für eine völkerrechtlich verbindliche Regulierung von Konzernen auf Ebene der Vereinten Nationen. Ihre Idee stieß auf Resonanz. Im Auftrag des Wirtschafts- und Sozialrats der Vereinten Nationen legte Mitte der 1970er-Jahre das UN-Zentrum für Transnationale Unternehmen (CTC) einen Verhaltenskodex für transnationale Konzerne vor. Darüber stimmten die

Staaten jedoch nie ab, zu groß waren die Differenzen zwischen dem Westen und dem Osten zu Zeiten des Kalten Krieges. Die konzernkritische Arbeitsgruppe CTC wurde sogar im Jahr 1992 als eigenständige Einheit der Vereinten Nationen aufgelöst, nicht zuletzt infolge erfolgreicher Kampagnen der erzkonservativen amerikanischen Heritage Foundation und der Internationalen Handelskammer.[363]

Einen Ausweg aus der drohenden Blockade bei dem wichtigen Thema Wirtschaft und Menschenrechte hielten die Vereinten Nationen nur noch für möglich, indem sie das Vorhaben verbindlicher Regeln aufgaben und auf Soft-Law-Regeln setzten. Sie beauftragten den Harvard-Professor John Ruggie mit der Bildung einer Kommission. Diese erstellte die UN-Leitprinzipien für Unternehmen und Menschenrechte. Dabei sind die Staaten die Hauptadressaten, aber den Unternehmen werden sogenannte menschenrechtliche Sorgfaltspflichten zugewiesen. Sie sollen menschenrechtliche Risiken ihrer Tätigkeiten identifizieren, Schäden vorbeugen und eingetretene Schäden beheben. Die Leitprinzipien wurden 2011 einstimmig im Menschenrechtsrat der Vereinten Nationen verabschiedet. Damit gibt es erstmals einen globalen Rahmen für die Umsetzung der staatlichen Schutzpflicht und der unternehmerischen Verantwortung in Bezug auf Wirtschaft und Menschenrechte. Die Vereinbarung fand innerhalb der Wirtschaft große Zustimmung.[364] Die Zivilgesellschaft reagierte skeptisch, weil der Ansatz – anders als von ihnen gefordert – völkerrechtlich unverbindlich ist. Zentrale Forderungen der

363 James A. Paul, »Der Weg zum Global Compact. Zur Annäherung von UNO und multinationalen Unternehmen«, in: Tanja Brühl u. a. (Hrsg.), *Die Privatisierung der Weltpolitik. Entstaatlichung und Kommerzialisierung im Globalisierungsprozess*, Bonn 2001, S. 104-129.

364 Vgl. ICC, the IOE and BIAC, *Joint Statement on Business & Human Rights to the United Nations Human Rights Council*, 30.5.2011.

Menschenrechtsbewegung, insbesondere die nach einer »extraterritorialen Dimension der Menschenrechtsverpflichtungen, hat Ruggie nicht anerkannt«, schreibt Sarah Lincoln, die sich mit dem Thema bei Brot für die Welt beschäftigt.[365]

Jeder einzelne Staat ist aufgerufen, die Leitprinzipien in einem Nationalen Aktionsplan umzusetzen. Die Bundesregierung ließ sich damit einige Zeit. Den Startschuss gab sie erst im November 2014 bei einer Veranstaltung im Auswärtigen Amt. Dort machte der damalige Menschenrechtsbeauftragte der Bundesregierung Christoph Strässer klar: »Die Pflicht für die Umsetzung menschenrechtlicher Standards liegt in erster Linie bei den Staaten, aber die Leitprinzipien verdeutlichen, dass Unternehmen als Akteure der Wirtschaft eine Verantwortung für den Schutz der Menschenrechte im Rahmen ihres Handlungs- und Einflussbereiches haben.«[366]

Michael Windfuhr beschäftigt sich schon sein ganzes Berufsleben mit dem Thema Wirtschaft und Menschenrechte, heute als Leiter des Deutschen Instituts für Menschenrechte, das bei der Erstellung des Nationalen Aktionsplans eine beratende Funktion hat. Schon 1995 hatte Windfuhr das Buch *Welthandel und Menschenrechte* geschrieben. Das Grundproblem sei damals wie heute das gleiche, sagt er bei einem Gespräch, »das Menschenrechtsregime hinkt dem globalen Handelsregime hinterher«. Wenn bei einem Teddy der Knopf abgeht oder eine Holzschutzlasur einer Spielzeugeisenbahn für den Benutzer gesundheitsgefährdend ist, kann man sie an der Grenze zurückweisen. Diese Möglichkeiten bietet das Handelsrecht. Keine Rolle spiele es aber im

[365] Sarah Lincoln, »Das Regime der Konzerne«, aus: Blätter für deutsche und internationale Politik, 3/2014, S. 69.

[366] www.auswaertiges-amt.de/DE/Infoservice/Presse/Reden/2014/141106-MRHH_Wi_Menschenrechte.html.

Handelsrecht, wie gefährlich beispielsweise die Herstellung der Holzschutzlasur für den Arbeiter war. Auf eine gewisse Verbindlichkeit für die Unternehmen durch den Gesetzgeber setzten für den deutschen Aktionsplan die fünf NGOs Brot für die Welt, Amnesty International, Oxfam, evangelischer Entwicklungsdienst und Germanwatch. Sie brachten in die Beratungen über den Aktionsplan einen Gesetzentwurf ein, der Unternehmen die Einhaltung der Sorgfaltspflichten und eine Risikoanalyse vorschreiben würde. Gelten solle er für Unternehmen ab 500 Beschäftigten, und nur grobe Verstöße sollten geahndet werden, sagt die Juristin Sarah Lincoln. »Wenn es zu einem Schaden kommt und das Unternehmen zumutbare Maßnahmen nicht getroffen hat, dann soll es auch für diesen Schaden haften«, sagt Lincoln. Das bedeute aber nicht, dass ein Unternehmen für die nicht bezahlten Überstunden an der zehnten Stelle in der Lieferkette aufkommen solle.[367] Mitte Mai 2016 gingen die NGOs selbst nicht mehr davon aus, dass sie mit ihrem Ansinnen Erfolg haben könnten. Enttäuschung machte sich breit, spürbar bei einer Veranstaltung im Dietrich-Bonhoeffer-Haus in Berlin Mitte. Bärbel Koffler, SPD-Bundestagsabgeordnete und neue Menschenrechtsbeauftragte der Bundesregierung, erklärte auf dem Podium, sie sei »sehr für verbindliche Standards«, stellte aber gleichzeitig infrage, ob der Nationale Aktionsplan dafür der richtige Rahmen sei.

Den großen deutschen Unternehmensverbänden gehen die Ideen der Zivilgesellschaft ohnehin viel zu weit. Sie pochten darauf, dass die unternehmerischen Sorgfaltspflichten gemäß den Leitprinzipien freiwillig sind, und wollten verhindern,

---

[367] Gutachten im Auftrag von AI, Brot für die Welt, Germanwatch und Oxfam Deutschland: *Verankerung menschenrechtlicher Sorgfaltspflichten von Unternehmen im deutschen Recht*, Remo Klinger, Markus Krajewski, David Krebs & Constantin Hartmann.

dass durch die Hintertür bei der Umsetzung des Nationalen Aktionsplans irgendwelche verbindlichen Elemente eingeführt werden. Deutliche Kritik hatten Unternehmensverbände bereits an der Bestandsaufnahme des Deutschen Instituts für Menschenrechte geübt, welche in die Beratungen eingeflossen ist. 246 mögliche Umsetzungslücken hatte das Institut aufgezeigt und entsprechende Prüfaufträge formuliert.[368]

Offene Kritik an der Haltung ihrer Verbände übten Unternehmen nicht. Aber im Vertrauen zeigte sich manche Firma durchaus offener für die Forderungen der Zivilgesellschaft als die Verbandsvertreter. Manche Firmenvertreter brachten sogar eigene Ideen in den Beratungsprozess ein, wie die spezieller Produktionszonen, in denen die Einhaltung von Arbeits- und Umweltstandards garantiert wird.

Einigen Ländern ist das ganze Vorhaben zu lasch, und sie starteten deswegen 2015 einen neuen Anlauf für verbindliche Vorgaben für Konzerne. Initiatoren waren Staaten des Südens, vor allem Ecuador und Südafrika. Unterstützt wird ihr Vorhaben von einer Koalition von 600 NGOs.[369] Die Industrieländer lehnen das Vorhaben ab. Die EU und auch Deutschland weigerten sich, an dem Prozess teilzunehmen. Der Versuch, verbindliche völkerrechtliche Regeln für transnationale Unternehmen zu erreichen, erweist sich einmal mehr als Sisyphusaufgabe.

---

368 www.arbeitgeber.de/www/arbeitgeber.nsf/res/Euro-Info_3_15.pdf/$file/Euro-Info_3_15.pdf.

369 www.treatymovement.com/.

Die Automatisierungsdividende

Setzt sich die gesellschaftliche Entwicklung in derselben Richtung fort, wird einer kleinen Minderheit von Gewinnern eine immer größere Mehrheit von Verlierern gegenüberstehen. Und dazu werden zunehmend Menschen aus den früh industrialisierten Ländern gehören. Denn die Kräfte werden sich aufgrund der technologischen Entwicklung rasant weiter zugunsten der Kapitalgeber und zulasten der Arbeitnehmer verschieben. Die Furcht vor dem Verlust von Arbeit durch die Automatisierung vergleicht der Wirtschaftsnobelpreisträger Robert Solow mit der Angst vor dem Einschlag eines Kometen, hält sie also für verschwindend gering.[370] Andere, wie der Autor Jeremy Rifkin, sehen dagegen ein Ende der Arbeitsgesellschaft, wie wir sie kennen.[371] Tatsächlich dürfte den Menschen die Arbeit im weitesten Sinne nicht ausgehen, zu der neben Erwerbsarbeit auch die Subsistenzarbeit, Familienarbeit sowie das ehrenamtliche Engagement für das Gemeinwesen zählen. Entscheidend ist aber, dass erstmals seit Beginn der Industrialisierung die Zahl der gut bezahlten Arbeitsplätze sinken dürfte. Dabei finden schon heute viele qualifizierte Menschen keinen Job. Selbst im aufstrebenden China bekam nur jeder dritte Hochschulabsolvent eine Stelle, die seiner Qualifikation entsprach. Ein Drittel fand gar keinen Job.[372]

Wer sich bildet und anstrengt, der kann etwas erreichen und wird belohnt – dieses Grundversprechen der kapitalistischen Leistungsgesellschaft wird millionenfach gebrochen, künftig noch öfter, jedenfalls, wenn es beim gesellschaftlichen Status quo bleibt. Denn künftig erledigen ja nicht nur Robo-

---

[370] www.theeuropean.de/robert-solow/7088-angst-vor-der-automatisierung-der-arbeit.

[371] www.theeuropean.de/jeremy-rifkin/9333-die-zukunft-der-arbeitswelt.

[372] www.zeit.de/2014/44/china-studium-ausbildung-arbeitsmarkt.

ter immer mehr manuelle Arbeit, sondern auch immer mehr Algorithmen Kopfarbeit. Um die verbleibende Erwerbsarbeit werden mehr Menschen konkurrieren, weil immer mehr Arbeit standardisiert, zerteilt und weltweit verteilt werden wird. Bewerben werden sich angesichts steigender Bevölkerungszahlen immer mehr. Die Voraussetzungen für einen brutalen Wettbewerb werden gerade geschaffen. In wenigen Jahren könnte jeder Mensch an ein leistungsfähiges Internetnetz angeschlossen werden, via Satellit. Dann werden viel mehr Menschen um Arbeit konkurrieren. Dabei geht es übrigens nicht nur um die Tätigkeiten, die sich direkt am Computer erledigen lassen, sondern auch um alle Tätigkeiten, bei denen die Auftragsvergabe über die Rechner erfolgt. Bleibt es beim gesellschaftlichen Status quo, werden noch weniger Menschen eine feste Erwerbsarbeit haben und diejenigen, die noch eine Stelle ergattern, noch härter arbeiten müssen.

Angesichts der Möglichkeiten des technischen Fortschritts haben Menschen im Laufe des 20. Jahrhunderts von einem goldenen Zeitalter für Menschen geträumt. Aber bislang haben sie es nicht geschafft, die großartigen Produktivitätsgewinne zum Wohle aller einzusetzen. Und jetzt steht ein neuer Schub an. Geht die politische Entwicklung weiter wie in den vergangenen dreißig Jahren, werden viele Arbeitende immer härter für immer weniger Lohn arbeiten – triste Aussichten. Es bedarf einer gewaltigen Kraftanstrengung, um diese Entwicklung zu verhindern und die jahrelange Prekarisierung der Arbeits- und Erwerbsverhältnisse zu stoppen, und gleiche Rechte in der Arbeitswelt auf dem ganzen Globus zu befördern und die Weichen für eine gerechtere Verteilung des Erwirtschafteten zu stellen.

Obwohl die Modelle des Physikers Isaac Newton die Ökonomen maßgeblich zu mechanischen Wirtschaftsmodellen inspiriert haben, unterliegt die Wirtschaft keinen physikalischen Naturgesetzen, wie sie beim Fall eines Apfels vom Baum gelten. Die Welt der Wirtschaft läuft nach von Menschen gemachten Regeln ab, und entsprechend können wir deren Abläufe beeinflussen. Der Staat ermöglicht das moderne arbeitsteilige Wirtschaften überhaupt erst, indem er beispielsweise den Schutz von Eigentum und die Einhaltung von Verträgen gewährleistet oder den Unternehmen eine Infrastruktur bereitstellt, ob Straßen, Häfen oder Flughäfen, Schulen und Universitäten, in denen Menschen ausgebildet werden.

Die Gestalltung einer menschengerechten Wirtschaft gehört auf der Agenda unserer Zeit ganz nach oben. Bleibt es beim politischen Status quo, werden die realen Löhne für viele Menschen weiter sinken, sich die Arbeitsbedingungen verschlechtern. Es bedarf eines immensen Kraftakts, um der weiteren Erosion des Wohlfahrtsstaates, der Deregulierung des Arbeitsmarktes und der schwindenden Macht der Gewerkschaften entgegenzuwirken. Dafür müssen wir die nationalstaatliche Brille ablegen. Wer die globalen Arbeitsbedingungen zur Richtschnur seiner moralischen Ansprüche macht, wird automatisch die Frage nach der globalen sozialen Gerechtigkeit für die Arbeitenden stellen. Über die Arbeitsbedingungen bei uns entscheiden maßgeblich die Arbeitsbedingungen anderswo. Noch stehen vielen Menschen ihre Gewohnheiten und Interessen im Weg. Man kann nur hoffen, dass sie bald bemerken, dass sie in punkto Arbeit alle in einem Boot sitzen.

Kapitel 6: Was können wir tun?

»Schon die großen Reformer des 19. Jahrhunderts wussten, dass die soziale Frage nicht verschwindet, wenn sie nicht gelöst wird. Sie sucht sich einfach radikalere Antworten.«
Tony Judt, britischer Historiker,
in *Das vergessene 20. Jahrhundert*

Verbesserungen in unserer global vernetzten Wirtschaft sind für die Arbeitenden – überspitzt gesagt – nur für alle oder niemanden erreichbar. Deswegen nutzen Fortschritte bei Sozial- und Arbeitsstandards und eine angemessenere Teilhabe der Arbeitenden am Erwirtschafteten am Ende des Tages entsprechend allen Beschäftigten, weil nur sie eine Entwicklung zum Besseren befördern können. Auf diese Weise kann das Boot, in dem alle Arbeitenden sitzen, nach oben steigen. Ansonsten werden die Beschäftigten gegeneinander ausgespielt. Es sind allerdings eine Menge Änderungen politischer, rechtlicher und mentaler Art notwendig, damit die Arbeitsrechte für alle Wirklichkeit werden und eine faire Verteilung der Früchte der Arbeit erreicht wird, ohne die eine humane nachhaltige Entwicklung eine Illusion bleiben wird. Das Paradies auf Erden bleibt ein Ideal. Aber die Menschen können die Verhältnisse in der Arbeitswelt verändern, wenn sie die richtigen Ziele anstreben. Fortschritte können wir erreichen, wenn viele von uns an möglichst vielen gesellschaftlichen Stellschrauben drehen, ob als Politiker, Wähler, Beschäftigter, Gewerkschafter, Aktivist oder Konsument. Einige Stellschrauben seien hier genannt, die ich für wichtig erachte. Aber es gibt noch viele mehr.

Gleiches Recht für alle

Im Hier und Jetzt ist es wichtig, die Rechte all derjenigen Arbeitenden zu stärken, die von Arbeitsrechtsverletzungen im weltweiten Wirtschaftskreislauf betroffen sind. Langfristig sollte natürlich jeder die Chance auf ein faires Gerichtsverfahren in seinem Heimatland haben. Solange dies jedoch nicht der Fall ist, wegen der Vielzahl von despotischen Regimen und menschenverachtenden Eliten in vielen Ländern, gibt es einige wichtige Zwischenschritte, mit denen den Beschäftigten in der arbeitsteiligen Wirtschaft besser zu ihrem Recht verholfen werden könnte. Wichtig ist es, für die Betroffenen die Klagemöglichkeiten vor den Gerichten in den Ländern zu erleichtern, in denen die für die Verletzungen der Arbeitsrechte mitverantwortlichen Entscheidungszentralen von Unternehmen sind. Die Hauptsitze der grenzüberschreitend tätigen Konzerne liegen zu mehr als zwei Dritteln in Europa und Nordamerika. Sie beeinflussen das Geschehen bei ihren Tochterunternehmen und durch die Auftragsvergabe bei Zulieferern. In Deutschland gibt es deutlichen Verbesserungsbedarf. So sollten die Betroffenen von Arbeitsrechtsverletzungen eine Möglichkeit für eine Sammelklage erhalten, so wie es in anderen Ländern schon gang und gäbe ist. Außerdem könnte der deutsche Gesetzgeber über eine Unterbrechung von Verjährungsfristen in Fällen nachdenken, in denen ein Betroffener eine erste Klage gegen ein Unternehmen vor einem deutschen Gericht eingereicht hat.

Sinnvoll wäre es auch, eine Regelung aus den Niederlanden zu übernehmen. Dort können Gerichte Prozesse gegen ein niederländisches Mutterunternehmen mit der Klage gegen ein ausländisches Tochterunternehmen nach dem jeweiligen ausländischen Recht verbinden und sich ebenfalls für zuständig erklären, wenn die Betroffenen im eigenen Land kein faires Verfahren erwarten. Bedenkenswert wäre auch die Einführung eines Zeugenschutzprogrammes für Mitarbeiter von Unternehmen, die ihre Arbeitgeber wegen Arbeitsrechts- oder Menschenrechtsverletzungen von Dritten anzeigen. Gute Erfahrungen gibt es in Deutschland auch mit Kronzeugenregelungen bei der Aufdeckung von Kartellen. Solch eine Regelung könnte man ebenfalls zur Klärung schwerwiegender Arbeitsrechts- und Menschenrechtsverletzungen in der Wirtschaft einführen.

Die Politik hat in den vergangenen Jahrzehnten eine Menge getan, um den Unternehmen das Wirtschaften zu erleichtern. So fielen viele Handelsbarrieren, vor allem Zölle wurden drastisch gesenkt, aber auch viele sogenannte nichttarifäre Handelshemmnisse beseitigt, beispielsweise spezielle Normen. Der Freiheitsgrad für Unternehmen, Geschäfte zu tätigen, hat deutlich zugenommen. Davon profitieren vor allem die grenzüberschreitend tätigen Konzerne. Freiheit sollte jedoch immer mit Verantwortung korrespondieren.

Es ist an der Zeit, die Haftung der Wirtschaftsentscheider für die Folgen ihres Tuns deutlich zu verschärfen, zumal viele Unternehmen die Freiheit in den vergangenen dreißig Jahren regelmäßig dazu genutzt haben, den Gewinn durch die Ausbeutung von Menschen zu erhöhen, indem sie beispielsweise bei Zulieferern mit unsäglichen Arbeitsbedingungen produzieren lassen und aufgrund ihrer Vertragsgestaltung gar keine besseren humanen Arbeitsbedingungen zulassen. Die Möglichkeiten der Konzerne, Nutzen aus der globalen Arbeitsteilung zu ziehen, steigen gerade immens. Hier spielen neue technische Entwicklungen den Unternehmen in die Hände, weil sich Arbeit immer leichter portionieren und verlagern lässt. Bislang ist die Bestrafung von Entscheidungsträgern nur bei schweren völkerrechtlichen Verstößen möglich. Überfällig ist deswegen die Einführung eines Unternehmensstrafrechts in Deutschland, wie es in anderen Ländern wie Österreich schon üblich ist. Hierzulande werden dagegen selbst schwere Verstöße gegen die Sorgfaltspflichten oder gar vorsätzliches Fehlverhalten von Unternehmen bislang als Ordnungswidrigkeit behandelt. Hier sollte das Strafrecht greifen, vor allem weil nur dadurch gewährleistet ist, dass die Ermittlungsbehörden in jedem Fall tätig werden, wenn ihnen Missstände vorliegen. Derzeit gibt es hier einen Ermessensspielraum.

Aktienrecht anpassen

Eine Stellschraube bietet auch das Gesellschaftsrecht. Wichtig wäre es, das deutsche Aktienrecht zu verändern. Bislang muss der Vorstand einer Aktiengesellschaft beispielsweise menschenrechtliche, soziale und ökologische Standards im gesamten Geschäftsbereich nicht unbedingt berücksichtigen – ein Unding. Weil er allein dem Unternehmensgewinn verpflichtet ist, kann ein Vorstand theoretisch sogar von den eigenen Aktionären belangt werden, wenn auf seine Anordnung hin die Firma an einem Produktionsstandort höhere Standards erfüllt, als der jeweilige Gesetzgeber vorgibt. Ein Schadenersatzanspruch der Gesellschafter gegen den Vorstand sollte für solche Fälle ausgeschlossen werden, so wie es die Grünen-Fraktion bereits im November 2012 dem Bundestag vorgeschlagen hatte.[373]

Von der Idee her sind Aktiengesellschaften eine gute Sache, weil sie es Geschäftsleuten erlauben, Risiken zu begrenzen. Auf diese Weise können wirtschaftlich Tätige größere und riskantere Vorhaben in Angriff nehmen, wovon die Gesellschaft

---

[373] Deutscher Bundestag, Drucksache 17/11686.

profitieren kann, beispielsweise die Entwicklung eines neuen Antriebsmotors oder Medikaments. Schädliche Folgen hat es jedoch, wenn es Aktionären nur noch um eine kurzfristige Maximierung ihrer Gewinne geht, was sich etwa in der drastisch gesunkenen Haltedauer von Aktien widerspiegelt. Zugunsten kurzfristiger Gewinne sparen heutzutage viele Kapitalgesellschaften sogar an Forschung und Entwicklung. Ein Großteil der Innovationen kommt heute nur noch zustande, weil die Staaten die grundlegenden Innovationen fördern.[374] Es ist höchste Zeit, die Spekulationsanfälligkeit von Aktien zu reduzieren. Hier könnte man einen Vorschlag des Ökonomen Christoph Binswanger aufgreifen und zwei Arten von Aktien einführen: Die Namens- oder Eigentümeraktien wären nicht an der Börse handelbare Vollaktien; erst nach einer bestimmten Frist, sinnvollerweise frühestens nach drei Jahren, dürften die Aktionäre diese Papiere außerbörslich veräußern. Daneben gäbe es noch Inhaberaktien, die an der Börse gehandelt werden könnten. Sie hätten allerdings eine Laufzeitbegrenzung, vielleicht von zwanzig bis dreißig Jahren. Danach würden sie zum ursprünglichen Kurs zurückgezahlt. Das Prinzip kennen wir heute schon bei Anleihen. »Das würde schon rein mathematisch die Kursentwicklung der Aktien deutlich bremsen.«[375] Wichtig wäre es auch, andere, weniger spekulationsanfällige Unternehmensformen zu fördern, also beispielsweise Genossenschaften, öffentliche Unternehmen oder Stiftungen.

---

[374] Mariana Mazzucato, *Das Kapital des Staates*, München 2014.

[375] Interview mit Christoph Binswanger in: Caspar Dohmen, *Good Bank. Das Model der GLS Bank*, Freiburg 2011, S. 162 f.

Soziale Mindeststandards einführen

Natürlich verschiebt der Aufstieg Chinas und anderer großer Schwellenländer die Machtverhältnisse im Welthandel zuungunsten der USA und der EU. Das verheißt für die Zukunft der Arbeitenden bislang wenig Gutes. Denn die Handelspolitiker aus China oder Brasilien verfolgen die gleiche Strategie wie bisher ihre Kollegen aus den westlichen Industriestaaten, sie wollen andere Märkte im Interesse wettbewerbsfähiger eigener Unternehmen aufbrechen. Unter die Räder kommen dabei regelmäßig die Interessen der Beschäftigten, egal, wo auf der Welt. Seitens der EU und der USA wird im Zusammenhang mit dem geplanten gemeinsamen Handelsabkommen TTIP gerne betont, wie wichtig es sei, dass die beiden Wirtschaftsräume heute Standards für den internationalen Handel setzen, solange sie dazu noch in der Lage sind. Schafften sie es nicht, würde morgen China die Standards setzen, zum Schaden aller. Auf absehbare Zeit wird es nicht so weit kommen, schon wegen erheblicher Schwächen der chinesischen Wirtschaft, die zutage treten. Unabhängig davon wäre es jedoch angesichts der zunehmenden Stärke anderer Wirtschaftsakteure umso wichtiger, dass die EU und die USA durch ihr eigenes Handelsabkommen Sozial- und Arbeitsstandards nicht abbauen, sondern stärken. Möglich wäre dies allerdings wahrscheinlich nur, wenn der ganze Prozess von TTIP neu aufgesetzt würde. Wenn dann jedoch entsprechende Standards für Arbeitende, Umwelt und Gesellschaft geschaffen würden, könnte ein solches Abkommen durchaus als willkommene Blaupause für andere Abkommen dienen und einen Gewinn auch für die Arbeitenden bringen, und nicht nur für Konzerne.

Langfristig muss die Vereinbarung und Erfüllung von Mindeststandards in der globalen Arbeitswelt das Ziel der internationalen Politik sein. Es gilt, endlich die ILO-Kernarbeitsnormen zu verwirklichen und eine vor allen Dingen materielle Mindestbeteiligung der Arbeitenden einzuführen, welche deren elementaren Grundbedürfnisse deckt.

Wo immer möglich, sollte die Stellung der Beschäftigten in den Betrieben gestärkt werden. Dazu bedarf es vor allem zweier Maßnahmen: Der Anteil von flexibel einsetzbaren Beschäftigten sollte gesenkt werden, also vor allem der Anteil der Leiharbeit an einer Belegschaft begrenzt werden, beispielsweise auf maximal zehn Prozent. Das reicht für Firmen, um Arbeitsspitzen abzufangen, ist aber gering genug, damit nicht mehr ganze Belegschaften verunsichert und damit erpressbar werden. Solche Grenzen sollten in Europa genauso wie in Entwicklungsländern eingeführt werden, vor allem entlang der gesamten Beschaffungsketten. Wer weltweit einkauft, müsste dazu verpflichtet werden, nur bei Zulieferern einzukaufen, welche diese Vorgaben erfüllen. Umsetzen könnte man dies durch eine Erweiterung der UN-Leitlinien für Wirtschaft und Menschenrechte durch verbindliche Vorgaben für Unternehmen. Elementar ist die drastische Reduzierung, weil nur Festangestellte in einem Betrieb ausreichend verankert sind und viel eher den Mut aufbringen, sich für bessere Arbeitsbedingungen zu engagieren, weil sie von einer langfristigen Verbesserung der Arbeitsbedingungen profitieren und nicht gleich entlassen werden können, wenn sie es an Wohlverhalten missen lassen. Bilaterale Handelsabkommen zwischen Staaten sollten zudem nur dann geschlossen werden, wenn es in beiden Ländern Gewerkschaftsfreiheit gibt oder verbindliche Zeitpläne für mehr Gewerkschaftsfreiheit zugrunde gelegt werden.

Ein Anfang könnte gemacht werden, indem in Ländern mit besonders problematischen Arbeitsrechtsbedingungen Zonen eingerichtet werden, in denen die Einhaltung von Menschen- und Arbeitsrechten durch internationale Organisationen wie die ILO gewährleistet werden. Das wäre das Gegenteil der heutigen Sonderwirtschaftszonen, wo regelmäßig Arbeitsrechte eingeschränkt sind. Die Idee habe ich von dem Praktiker Georg Barfuß, CSR-Manager bei dem Automobilzulieferer Dräxlmaier: Dann hätten die Lieferanten nicht mehr den »Superaufwand«, die ganze Lieferkette durchzuexerzieren, um in den fraglichen Ländern zu prüfen, ob da alles in Ordnung ist.[376] Stattdessen garantiere ein Zonenmanagement, dass die Produkte sauber sind und die Menschenrechte geachtet werden, die Mindestlöhne bezahlt werden und es keine Kinder- oder Sklavenarbeit gibt. Dies könnte ein Ansatzpunkt sein, um in Ländern mit schwacher Staatlichkeit und korrupten Eliten einen Anfang zu schaffen. Kontrollieren internationale Organisationen die Einhaltung der Arbeits- und Menschenrechte, wäre dies natürlich mit einem Eingriff in die Souveränität eines Staates verbunden. Aber dessen Einwilligung könnte möglicherweise erreicht werden, indem die Bezugsländer für Produkte aus solchen Zonen spezielle Vorteile gewähren, wie den Wegfall von Einfuhrzöllen oder Steuererleichterungen. Anders als in den heutigen Sonderwirtschaftszonen würden die Unternehmen dort auch Steuern zahlen, wovon die Gaststaaten profitieren würden. Vielleicht findet sich am Ende des Tages sogar ein Entwicklungsland, welches ein Geschäftsmodell daraus macht, dass es flächendeckend die Einhaltung von Arbeitsstandards gewährt, so wie es eigentlich sein sollte.

Dieses Modell wäre für die Exportindustrie geeignet. Für den großen Bereich der Landwirtschaft bedarf es eines Paradigmenwechsels, weg von einem allein die Agrarindustrie begünstigenden Konzept des grenzenlosen Freihandels, hin zu einem Ansatz der Ernährungssouveränität der Länder. Die industrielle Landwirtschaft ist nicht das allein selig machen-

---

376 www.deutschlandfunk.de/aktionsplan-wirtschaft-und-menschenrechte-eine.724.de.html?dram:article_id=349486.

de Konzept, um den Hunger auf der Erde zu beseitigen. Der Weltagrarbericht hat belegt, dass Kleinbauern mit einer nachhaltigen Anbauweise neun Milliarden Menschen ernähren können. Vor allen Dingen braucht man für diesen Ansatz mehr Beschäftigte vor Ort. Möglich wird dies jedoch nur, wenn die Regierungen die Landwirtschaft schützen können, damit sie nicht durch Billigimporte von Hähnchenschenkeln oder Tomatenmark zerstört wird.

Eine wichtige Rolle kommt auch dem Staat als Einkäufer zu. Dessen Vertreter sollten von ihren Lieferanten in jedem Fall den Nachweis verlangen, dass die Rechte der Arbeitenden bei der Produktion eingehalten worden sind.

Die Stärkung der Kleinbauern ist elementar. 2,6 Milliarden Menschen zwischen Afrika und Indien hängen alleine vom Ertrag ihrer Felder ab. Ihre Lebensgrundlagen werden durch Klimawandel und Erosion der Böden untergraben. Angesichts des technischen Fortschritts ist es jedoch eine Illusion zu glauben, dass diese Armen alle eine Beschäftigung in den Städten finden können. Um die Landflucht zu stoppen und der Verelendung dieser Menschen entgegenzuwirken, ist es dringend notwendig, ihnen auf dem Land eine Perspektive zu geben.

Unternehmensabsprachen erlauben

Es gibt einen sehr guten Grund dafür, dass Preisabsprachen zwischen Unternehmen aus Wettbewerbsgründen verboten sind. Groß ist die Gefahr, dass die Unternehmen dadurch überhöhte Preise zum Schaden der Käufer durchsetzen. Die Wirtschaftsgeschichte ist voll von Beispielen solcher Preiskartelle. Allerdings ist es Zeit für eine wichtige Ausnahme: Wenn Unternehmen tatsächlich gemeinsam die Arbeitsstandards und Entlohnung der Beschäftigten entlang der Lieferkette verbessern wollen, sollte es ihnen zumindest erlaubt werden, sich gegenseitig Einblick in ihre Preiskalkulationen zu geben und Absprachen zu treffen. Das würde die Arbeit im Rahmen von entsprechenden Initiativen wie dem Textilbündnis erheblich vereinfachen. Dann müsste ein Unternehmer dort nicht drohen, er verlasse sofort den Raum, »wenn über Preise gesprochen wird«. Das Kartellamt sollte hier für Klarheit sorgen oder der Gesetzgeber gegebenenfalls einen Weg für verbesserungswillige Unternehmen aufzeigen.

Mindestbeteiligung aller Arbeitenden

In der Weltwirtschaft sollte auf Dauer ein Mindestmaß an sozialer Sicherheit für jeden Einzelnen gelten. Notwendig sind zudem Anpassungshilfen für Arbeitnehmer, die ihre Beschäftigung verlieren, vor allem auch in den Entwicklungsländern, wo man dem Ausbau von Arbeitslosenversicherung, Einkommenshilfen, Pensionen und Krankenversicherung deswegen höchste Priorität einräumen sollte. Das gilt übrigens auch für Industrieländer, wo der soziale Schutz zwar allgemein besser, aber oft keinesfalls flächendeckend und vielerorts löchriger geworden ist.

Wer beispielsweise durch die Verlagerung von Produktion seinen Arbeitsplatz verliert, erhält oft gar keine oder kaum eine Entschädigung. Ohne gut funktionierende Systeme des sozialen Schutzes wird eine gerechte Verteilung der aus der Globalisierung entstehenden Gewinne unter allen Beteiligten illusorisch bleiben und Unfrieden stiften. Die sozialen Schutzsysteme müssen dringend auf alle Bürger eines Landes ausgeweitet werden, also vor allem auch für die Beschäftigten in der informellen Wirtschaft gelten, die bislang ausgeschlossen ist.

Denn der Anteil der Menschen mit einem regulären Arbeitsplatz dürfte in der globalen Wirtschaft sinken.

Ohne eine angemessene Besteuerung von Unternehmensgewinnen und Vermögenden wird all dies nicht gehen. Der Kampf gegen Steueroasen sollte höchste Priorität haben. Die Komplexität des heutigen Steuersystems ist ein El Dorado für Konzerne und Investoren, wenn es darum geht, legal Steuern zu hinterziehen. Oberstes Ziel muss deswegen eine drastische Vereinfachung des Unternehmenssteuerrechts sein. Ein wesentlicher Schritt hin zu einer gerechteren und transparenten Besteuerung von Konzernen wäre deren einheitliche Gesamtbesteuerung. Den sinnvollen Vorschlag einer *Unitary Taxation* propagiert das Tax Justice Network, ein internationaler Zusammenschluss von Experten und Aktivisten, die sich für mehr Steuergerechtigkeit engagieren.[377] Künftig würden Großkonzerne als eine globale Einheit besteuert und müssten deswegen auf Grundlage eines gemeinsamen Berichts aller Tochterunternehmen ihre Tätigkeiten und Gewinne weltweit ausweisen. Die Gewinne würden anschließend auf die einzelnen Länder nach einem Schlüssel aufgeteilt, der beispielsweise auf den variablen Lohnzahlungen, Sachanlagen und Umsatz beruht. Ein erster wichtiger Schritt dafür wäre es, wenn die Politik die Unternehmen dazu verpflichtete, eine einheitliche Finanzberichterstattung vorzulegen, die nach Ländern aufgeschlüsselt ist.

Mehr linken Kapitalismus wagen

Alle Versuche, die Arbeitnehmer in Deutschland in einem größeren Ausmaß am Produktivvermögen zu beteiligen, sind fehlgeschlagen. So gehören die Dax-Konzerne beispielsweise

---

[377] www.taxjustice.net/cms/upload/pdf/Towards_Unitary_Taxation_1-1.pdf.

überwiegend ausländischen Investoren. Schon Ludwig Erhard, Wirtschaftsminister und Bundeskanzler, wollte den Konflikt zwischen Arbeit und Kapital entschärfen, indem die Menschen in einem breiteren Ausmaß am Produktivvermögen beteiligt werden sollten. Beim Verkauf großer Industriebeteiligungen (VW, Veba, Preussag) förderte die Bundesregierung deswegen den Aktienkauf durch Otto Normalanleger steuerlich, man sprach von Volksaktien. Allerdings verkauften die meisten dieser Kleinanleger ihre Papiere bald wieder. Dass es heute solche Volksaktien nicht gibt, ist auch nicht schade. Denn prinzipiell verhalten sich die meisten Anleger mittlerweile gleich, ob klein oder groß. Sie erwarten eine attraktive Rendite und blenden die Nebenwirkungen ihres Investments aus. Ganz anders verhalten sich dagegen gewöhnlich Belegschaftsaktionäre. Sie haben naturgemäß nicht nur die Gewinnentwicklung, sondern auch ihren Arbeitsplatz und damit das langfristige Wohl des Unternehmens im Blick.[378] Interessant ist hier ein Ansatz aus den USA, der dort bereits von mehr als zehntausend Firmen mit über elf Millionen Beschäftigten praktiziert wird. Entwickelt hat die Idee der US-Anwalt Louis O. Kelso.[379] Die Beschäftigten einer Firma erhalten demnach eine Unternehmensbeteiligung, welche die Firma mit einem Bankkredit finanziert. Ein Beschäftigter hat bei diesem Modell nur Vorteile, weil er umsonst und risikolos eine Beteiligung an seinem Arbeitgeber erhält. Die Tilgung erfolgt durch die Firma, und das Ausfallrisiko liegt bei der kreditgebenden Bank. Wenn das Unternehmen den entsprechenden Kredit getilgt hat, erhält der Arbeitnehmer die Verfügungsrechte über seine Beteiligung und entsprechende Gewinnbeteiligungen und wird dadurch ein Stück weit un-

---

[378] Siehe Jens Lowitzsch, Stefan Hanisch (Hrsg.), *Mitarbeiterkapitalbeteiligung unter Verwendung einer Beteiligungsgesellschaft – Gestaltung und Finanzierungsansätze*, Edition Hans Böckler 279, 2014.

[379] http://kelsoinstitute.org/louiskelso/.

abhängiger von seinem Lohneinkommen. Aus Sicht der Firma ist dies sinnvoll, weil Belegschaftsaktionäre motivierter arbeiten, langfristiger orientiert agieren und sich auch bei feindlichen Übernahmen ganz anders verhalten als unternehmensfremde Investoren.

Für Beschäftigte gibt es bei diesem Ansatz natürlich für den Fall einer Firmenpleite das doppelte Risiko des gleichzeitigen Verlustes von Beteiligungsvermögen und Arbeitsplatz. Aber diese Form der Beteiligung stellt sie nicht schlechter, weil sie dafür keinen Einsatz geleistet haben. Dieser Ansatz ist eine Möglichkeit, um Arbeitende in größerem Umfang am Kapital zu beteiligen. Aber bei dem Ansatz kann auch der Wettbewerb der Beschäftigten untereinander steigen. Mancher könnte froh darüber sein, dass sein Kollege entlassen wird, wenn auf diese Weise der Wert seiner Beteiligung steigt. Natürlich sollte dieser Ansatz nicht eine ansprechende Besteuerung aller nach dem Leistungsprinzip ersetzen.

Gewerkschaften stärken

Die Vitalität der Gewerkschaften hängt vor allem von den Beschäftigten selbst ab. Nur wenn sie sich wieder stärker in Arbeitnehmerorganisationen einbringen und dort für ihre Rechte streiten, kann es die notwendige Renaissance der Gewerkschaften geben. Aber das Engagement der Arbeitenden allein wird vielerorts nicht ausreichen. Notwendig wäre auch ein Ende des gewerkschaftsfeindlichen Verhaltens aus Wirtschaft und Politik. Angesichts der Schwäche der freien Gewerkschaften sollte sich die Politik Gedanken machen, auf welche Art und Weise die Arbeitnehmerorganisationen gegenüber Unternehmen gestärkt werden können, sonst bekommen wir selbst in Deutschland auf der Tarifebene nicht die Parität, die wir uns von unserem Sozialsystem her eigentlich wünschen.

Versicherung bei falscher Berufswahl

Heute trägt jeder Einzelne die Verantwortung dafür, wenn er aufgrund technologischer Entwicklung seinen Job verliert. Angesichts der ungewissen Entwicklung der Berufswelt ist dies nicht mehr zeitgemäß. Wegen der großen Unsicherheit sollte man die Folgen einer Berufswahl nicht mehr dem Einzelnen aufbürden, weil die Umbrüche immer schneller vonstattengehen und die langfristige Perspektive eines Berufs und das erzielbare Lebenseinkommen immer mehr einem Glücksspiel gleichen werden. Es wäre für die Gesellschaft als Ganzes ja auch fatal, wenn Menschen aus Angst vor Arbeitslosigkeit nur noch sichere Berufe ergreifen würden. Darunter würden mit Sicherheit das Unternehmertum und die Innovationsfähigkeit in einer Gesellschaft leiden. Aber wie kann man dem Einzelnen die Folgen für die digitalen Veränderungen der Berufswelt abnehmen? Abhilfe schaffen könnte beispielsweise eine private Versicherung, wie sie der Wirtschaftsnobelpreisträger Robert Shiller vorschlägt. Sie würde einspringen, wenn ein Beruf aufgrund der Digitalisierung verschwindet und erlerntes Wissen entwertet wird. Eine solche Police ist vergleichbar mit einer Berufsunfähigkeitsversicherung, die greift, wenn jemand aufgrund von Krankheit oder Unfall seine Arbeit nicht mehr ausüben kann.[380] Besser wäre es jedoch, dieses soziale Risiko über die Sozialversicherung abzusichern, so wie die großen Risiken Krankheit und Pflegebedürftigkeit heute schon. Das Beste wäre es jedoch, wenn unsere Staaten gleich eine Grund-

---

[380] *SZ*, 24.11.2015.

sicherung für alle Bürger in der Gesellschaft einziehen. Damit gäbe es ein Auffangnetz für alle.

Grundeinkommen

Die ungerechte Verteilung des Erwirtschafteten verhindert heute ein auskömmliches Dasein von Milliarden Menschen. Obwohl prinzipiell für alle genügend da wäre, leidet heute jeder neunte Mensch an Hunger oder Mangelernährung. Und die ungerechte Verteilung raubt einem Großteil der Menschen die Chance auf eine persönliche Entfaltung, während eine Minderheit in materiellem Überfluss lebt. Wer auf demokratischem Wege eine gerechtere Gesellschaft erreichen will, muss deswegen die Verteilung ändern. Hier wäre die Einführung des Grundeinkommens ein gewaltiger Schritt für eine Mindestbeteiligung aller am Erwirtschafteten und für eine gerechte Nutzung der automatischen Dividende. Die Idee beschäftigt die Menschen schon seit Jahrhunderten. Im Kern geht es darum, dass der Staat jedem seiner Bürger ohne Bedarfsprüfung einen bestimmten Betrag auszahlt. Die gesellschaftlichen Folgen werden unterschiedlich eingeschätzt und sind vor allem abhängig von dem Menschenbild des Betrachters. Meiner Überzeugung nach würde das Grundeinkommen mehr Menschen darin bestärken, die Tätigkeiten auszuüben, die ihnen Freude machen und von deren Nutzen sie überzeugt sind. Das Grundeinkommen wäre damit auch ein Gegenmittel gegen stupide, monotone und zerstörerische Tätigkeiten und insofern ein wichtiger Schritt hin zu einer sozial und ökologisch nachhaltigen Gesellschaft. Vor allen Dingen bräuchte niemand mehr Angst davor zu haben, als Arbeitsloser binnen kurzer Zeit materiell abzurutschen und demütigende staatliche Bedürftigkeitsprüfungen über sich ergehen lassen zu müssen. Angesichts der in großem Ausmaß bevorstehenden Verdrängung menschlicher durch maschinelle Arbeitskraft ist das Grundeinkommen vielleicht sogar die einzige Möglichkeit, um den Wandel für alle Betroffenen abzumildern und den sozialen Frieden in der Gesellschaft zu erhalten.

Aber wer soll das bezahlen? Wenn die Menschen immer weniger bezahlte Arbeit erledigen, sinken automatisch die Einnahmen aus den Lohnsteuern, zumindest relativ. Zur Finanzierung des Grundeinkommens müsste die Gemeinschaft andere Finanzierungsquellen nutzen. Sie könnte beispielsweise die Wertschöpfung besteuern, also den durch die Unternehmenstätigkeit erzielten Zuwachs an Werten des Endprodukts über die Werte der Ausgangsprodukte hinaus. Bereits in den 1970er-Jahren wurde darüber diskutiert, meist als Maschinensteuer. Allerdings ist die Erhebung einer solchen Wertschöpfungssteuer verfahrenstechnisch schwierig. Wesentlich einfacher wäre es, stärker den Gewinn von Unternehmen, Vermögen, den Konsum, Kapitaltransaktionen oder auch Datenströme zu besteuern.

Neue Orientierung schaffen

Die Verfechter von sozialer und ökologischer Nachhaltigkeit haben eine Menge erreicht. Heute stellt kaum noch einer öffentlich die Sinnhaftigkeit einer nachhaltigen Unternehmensführung infrage. Zumindest rhetorisch stimmen viele zu, dass der Gewinn nicht die einzige Messgröße für den Erfolg eines Unternehmens sein sollte. Es gibt heutzutage vielfältige Normen, Labels und Siegel, Ratings und Rankings, mit denen eine nachhaltige Unternehmensführung bewertet wird. Wer dabei gut abschneidet, agiert aber nicht automatisch nachhaltig. Gewöhnlich agiert er »nur« vergleichsweise besser als seine

Konkurrenten. Best-in-Class heißt dieses Verfahren, es entstand seinerzeit als ein Kompromiss, um möglichst viele, also auch die nicht nachhaltigen Akteure für eine Bewertung zu gewinnen. Inhaltlich wurde dieses Vorgehen zum »Bumerang«, schreibt der Geograf und Unternehmer Daniel Dahm. Heute firmierten Wirtschaftsakteure und -aktivitäten dann als nachhaltig, wenn ihre Wirkungen auf die Lebenssysteme weniger schlecht seien als die anderer Marktteilnehmer. Es gehe nicht mehr darum, gut zu sein, sondern weniger schlecht. Um das zu ändern, braucht man einen neuen Maßstab. Dahm schlägt eine Sustainability Zeroline und ein damit einhergehendes Bewertungsverfahren vor. Alle Unternehmen, die auf der Nulllinie eingestuft werden, sind quasi neutral für Umwelt und Gesellschaft. Der Großteil der heute mittels Best-in-Class eingestuften Unternehmen dürfte tief im negativen Bereich landen. Eine solche ehrliche Bestandsaufnahme ist jedoch unumgänglich, um zu zeigen, was die Unternehmen tatsächlich tun müssen, um nachhaltig zu werden.[381]

Anders einkaufen

Die Idee des fairen Handels hatten Menschen, welche die Entlohnung von Menschen für deren Arbeitsleistung als ungerecht empfanden. Sie schufen deswegen ein System, bei dem sich der Preis auch nach Gerechtigkeitsgesichtspunkten richtet, eben fair sein sollte. Dazu zählte es, vor allem den beteiligten Kleinbauern einen Mindestpreis zu garantieren, den sie auf jeden Fall für Kaffee, Kakao oder Bananen erhalten. Was ein fairer Austausch ist, darüber haben Menschen jedoch ganz unterschiedli-

---

[381] Daniel Dahm, *Benchmark Nachhaltigkeit: Sustainability Zeroline. Das Maß für eine zukunftsfähige Ökonomie*, Vorabfassung, voraussichtliche Veröffentlichung 2016.

che Vorstellungen. Der faire Handel erinnert ständig daran, dass es auch einen unfairen Handel gibt. Das ist für mich eine seiner beiden zentralen strategischen Aufgaben. Die andere ist es, Instrumente für einen insgesamt fairen Handel zu entwickeln, wie eben beispielsweise den Mindestpreis. Insofern erfüllt der faire Handel eine wichtige Doppelfunktion. Er ist ein ständiger Stachel im herkömmlichen Wirtschaftsgeschehen und zeigt auf, wie man es anders machen kann. Schon deswegen ist es prinzipiell richtig, faire Waren zu kaufen. Allerdings liegt einiges im Argen. So gibt es unterschiedlichste Ansätze, was den Verbraucher verwirren muss. Diesen Missstand sollte die Politik abschaffen und einen gesetzlichen Standard für fairen Handel einführen, wie sie dies für Bioprodukte bereits getan hat. Allein über den fairen Handel werden sich jedoch niemals eine faire Bezahlung und gute Arbeitsstandards entlang der Lieferketten durchsetzen lassen. Das zu glauben ist illusionär. Tatsächlich ist auch nur ein Bruchteil der Bauern und Arbeiter beteiligt. Außerdem gewährt der faire Handel nur einen höchst bescheidenen Lebensstandard. Das hat mehrere Gründe. Vor allem richtet sich die Höhe des fairen Preises indirekt doch nach den Gesetzmäßigkeiten von Angebot und Nachfrage. Schließlich werden die Produkte über den Markt verkauft, und wenn die Preise zu hoch sind, kaufen die Konsumenten die Waren nicht mehr. Faire Preise müssten eigentlich viel höher sein, zumindest jedoch der Anteil der Produzenten. Helfen würde es, wenn auf den Produkten ausgewiesen würde, wie viel der Produzent tatsächlich erhält. Das würde den Druck erhöhen, den Anteil der Produzenten zu erhöhen und den des Handels zu senken.

Natürlich könnten sich Verbraucher in einem wesentlich größeren Ausmaß faire Produkte leisten. Die Mehrheit der Konsumenten verhält sich in Europa jedoch widersprüchlich: Sie empören sich über gentechnisch veränderte Pflanzen, sind entsetzt über die Armut der Bauern in der Sahelzone oder erschüttert beim Einsturz einer Textilfabrik in Asien. Gleichzeitig lassen die meisten die Waren links liegen, die eine natürliche Anbauweise, ein Überleben der Bauern und bessere Arbeitsbedingungen für die Textilarbeiter sichern könnten. Jeder Bundesbürger kauft nur für rund zwölf Euro fair gehandelte Produkte, jährlich wohlgemerkt.[382]

Verbindlichkeit statt Versprechen

Warum drängen Unternehmen wohl darauf, dass Investitionen, Fusionen, Patente und viele andere ihrer Geschäftsaktivitäten geregelt sind, in verbindlichen Gesetzen oder Abkommen? Unternehmen benötigen dies für ihre Planungssicherheit, die unerlässlich ist für Geschäfte. Und deswegen ist es wichtig, dass Staaten solche Gesetze für das Wirtschaften schaffen und bei deren Verletzung dafür sorgen, dass die Unternehmen ihre Rechte geltend machen können. Das ist in unserer Gesellschaft selbstverständlich. Was für Unternehmen gilt, sollte jedoch gleichermaßen auch für alle Arbeitnehmer, Konsumenten und Bürger gelten, die von den wirtschaftlichen Aktivitäten der Unternehmen betroffen sind. Vor allen Dingen sollte die Einhaltung von Menschenrechten in der Welt der Wirtschaft verbindlich geregelt werden. Zu den zentralen Aufgaben der Politik sollte es im 21. Jahrhundert gehören, endlich eine völkerrechtlich verbindliche Haftung für Unternehmen entlang aller Beschaffungsketten einzuführen. Ein Schritt in die richtige Richtung ist hier die amerikanische Regelung für Rohstoffe aus dem Konfliktgebiet der großen Seen in Afrika, also vor allem für den Kongo. Wenige Jahre nach dem Start der Regelung gibt es be-

---

382 https://www.fairtrade-deutschland.de/produkte/absatz-fairtrade-produkte/, abgerufen am 9.5.2016.

reits über 140 konfliktfreie Minen, bei denen Firmen bedenkenlos einkaufen können.[383] Selbst betroffene Technologiekonzerne wie Intel, Philips und Apple äußerten sich positiv über das Verfahren, und die Kosten für die Maßnahmen erwiesen sich übrigens als wesentlich geringer als ursprünglich von der Wirtschaftslobby befürchtet. Im Schnitt liegen diese bei gerade einmal 0,01 Prozent des jeweiligen Jahresumsatzes – gleichermaßen für große und kleine Unternehmen. Das sollte jeder Firma die Einhaltung von Menschenrechten und die Vermeidung von Negativschlagzeilen wert sein.[384]

Nur durch eine verbindliche Haftung der Unternehmen kann das Machtgefälle zwischen den Interessen der Eigentümer, Investoren, Arbeiter, Bürger und Konsumenten wieder ins Gleichgewicht gebracht werden. Es ist Zeit, sich daran zu erinnern, dass die Gesellschaften die Privilegien für Kapitalgesellschaften ursprünglich mit Pflichten verknüpft hatten. Eine moderne Charta für Kapitalgesellschaften müsste Verantwortlichkeiten ökologischer, ökonomischer und sozialer Art definieren.

Es ist ein großer Irrtum, zu glauben, dass sich der Konflikt zwischen der Profitorientierung der Konzerne und Achtung der Arbeits- und Menschenrechte in harmonischem Einvernehmen aller Beteiligten lösen lässt. Es gibt klare Interessengegensätze, und die müssen auch benannt werden, um sinnvolle und notwendige gesellschaftliche Regelungen aushandeln und beschließen zu können – so funktioniert Demokratie. Am Ende profitiert übrigens auch die Ökonomie von rechtlichen

---

383 www.enoughproject.org/blogs/over-140-mines-congo-are-now-officially-conflict-free-latest-list/ abgerufen am 21.5.2016.

384 Vgl. Julia Thrul,Cornelia Heydenreich & Sarah Lincoln, Menschenrechtliche Sorgfaltspflicht ist machbar. Recherche zur Umsetzbarkeit menschenrechtlicher Sorgfalt in deutschen und europäischen Unternehmen, Hrs. Brot für die Welt – Evangelischer Entwicklungsdienst, Evangelisches Werk für Diakonie und Entwicklung e.V. und Germanwatch e.V., März2016.

Fortschritten. Die Interessengegensätze und neuen Ideen müssen benannt werden, damit die Menschen die fixe Idee von der Alternativlosigkeit aus den Köpfen bekommen. Wir können die Wirtschaft unterschiedlich ausgestalten, selbst die grundlegende Organisation der kapitalistischen Wirtschaft. Denkbar wäre beispielsweise, dass Arbeiter das Kapital für den Betrieb einer Industrieanlage leihen und den Kapitalisten Zinsen zahlen, während sie den übrig bleibenden Gewinn unter sich aufteilen, womit die heutigen Rollen vertauscht wären. So etwa haben sich übrigens die frühen Sozialisten eine gerechte Wirtschaftsweise vorgestellt, wie der Franzose Louis Blanc, der Mitte des 19. Jahrhunderts das Wort Kapitalismus erdacht hatte.[385] Sie scheiterten. Es ist an der Zeit, dass wir uns wieder ein bisschen den Kopf über eine lebenswerte Arbeits- und Lebenswelt zerbrechen. Materiell wird dies doch immer einfacher, dank der Automaten und Algorithmen. Notwendig ist eine gerechte Verteilung des Erwirtschafteten und damit auch eine grenzüberschreitende Solidarität der Arbeitenden. Internationale Solidarität ist keine linke Spinnerei, sondern Teil der Lösung. Große Ziele sind gefragt. Ein lohnendes Projekt für das 21. Jahrhundert wäre die Einführung globaler, existenzsichernder Mindestlöhne für alle Arbeitenden.

---

[385] Nacherzählt nach: Gerhard Scherhorn, *Gleiche Chancen für das Kapital*, Vortrag in dem Symposium »Kapitalismus gezähmt? Pro und contra Neoliberalismus« des Club of Vienna am 22. Januar 2004.

Mein Dank gilt ...

all den unzähligen Menschen, die mit Ideen, Gedanken, Materialien, Hinweisen und Unterstützung bei Recherchereisen und vor allem ihrer Zeit mir bei der Realisierung des Buches geholfen haben. Einige wenige möchte ich namentlich nennen. Vielen Dank dem ECCHR, besonders Miriam Saage-Maaß, und den Streitern der Christlichen Initiative Romero, besonders Maik Pflaum. Vielen Dank dem Max-Planck-Institut für Gesellschaftsforschung, wo ich als Journalist in Residence viele Anregungen erhalten habe. Tausend Dank Daniel Dahm, Nils Kummert, Sarah Lincoln, Armin Paasch, Nasir Mansoor, Sonja Lara, Sergio Charez und Wittich Roßmann. Dank den Redaktionen beim Deutschlandradio und SWR, sie haben mir spannende Projekte ermöglicht, insbesondere Wolfram Wessels und Martin Hartwig. Ein großer Dank gilt meiner Frau Thekla Dannenberg für ihre Unterstützung und Inspiration, meinen Eltern für unzählige Diskussionen und Anregungen in den vergangenen Jahrzehnten und meinen Freunden für Gedankenanstöße und ihre Großzügigkeit gegenüber meiner Abwesenheit. Nicht zuletzt gilt mein Dank meiner Agentin Hanna Leitgeb und meiner Lektorin Cindy Witt und ihren Verlagskollegen, die dieses Buch ermöglicht haben.

Literaturauswahl

Amnesty International: Injustice Incorporated. Corporate Abuses and the Human right to remedy, Amnesty International 2014.

ApuZ, Sklaverei, 50–52/2015.

Beck, Ulrich: Risikogesellschaft. Auf dem Weg in eine andere Moderne, Suhrkamp, Frankfurt am Main 1986.

Beckert, Sven: King Cotton. Eine Geschichte des globalen Kapitalismus, C.H.Beck Verlag, München 2014.

Balanyá, Belén, Doherty, Ann, Hoedeman, Olivier, Ma'anit, Adam, Wesselius, Erik: Europe Inc. Regional & Global Restructuring & the Rise of Corporate Power, Pluto Press, London 2003.

Bode, Thilo: TTIP. Die Freihandelslüge. Deutsche Verlagsanstalt, München 2015.

Boltanski, Luc und Chiapello, Éve: Der neue Geist des Kapitalismus, UVK Verlagsgesellschaft, Konstanz 2003.

Braundel, Fernand: Die Dynamik des Kapitalismus, Klett-Cotta, 5. Auflage, Stuttgart 2013.

Braßel, Frank und Windfuhr, Michael: Welthandel und Menschenrechte, Dietz Verlag, Bonn 1995.

Brown, Wendy: Die schleichende Revolution. Wie der Neoliberalismus die Demokratie zerstört, Suhrkamp, Berlin 2015.

Brot für die Welt/Misereor/ECCHR (Hrsg.), Unternehmen zur Verantwortung ziehen. Erfahrungen aus transnationalen Menschenrechtsklagen, Aachen/Berlin 2014.

Bundesministerium für Arbeit und Soziales: Grünbuch. Arbeiten 4.0, Berlin 2015.

Bundesministerium für Arbeit und Soziales: Werkheft 01. Digitalisierung der Arbeitswelt, Berlin 2016.

Bundesministerium für wirtschaftliche Zusammenarbeit und Entwicklung / Auswärtiges Amt: 3. Plenumskonferenz. Nationaler Aktionsplan für Wirtschaft und Menschenrechte, 3. Dezember 2015 im BMZ in Berlin.

Burckhardt, Gisela: Todschick: Edle Labels, billige Mode – unmenschlich produziert, München 2014.
Castel, Robert: Die Krise der Arbeit. Neue Unsicherheiten und die Zukunft des Individuums, Hamburger Edition, Hamburg 2011.
Clean Cloth Campaign: Report. Im Stich gelassen. Die Armutslöhne der Arbeiterinnen in Kleiderfabriken in Osteuropa und der Türkei, 2014.
CorA-Netzwerk für Unternehmensverantwortung / Forum Menschenrechte (Hrsg.), Positionspapier. Wirtschaft und Menschenrechte – Erwartungen an einen deutschen Aktionsplan, Berlin 2013.
Cox, Robert W. V.: Labor and the Multinationals, published by Foreign Affairs, Januar 1976.
Crouch, Colin: Das befremdliche Überleben des Neoliberalismus, Suhrkamp Verlag, Berlin 2011.
Dohmen, Caspar: Otto Moralverbraucher. Vom Sinn und Unsinn engagierten Konsumierens, Orell Füssli, Zürich 2014.
Eberhardt, Pia (Corporate Europe Observatory): The Zombies ISDS. Rebranded as ICS, rights for corporations to sue states refuse to die, published by CEO and others, February 2016.
Eckel, Jan: Die Ambivalenz des Guten. Menschenrechte in der internationalen Politik seit den 1940er-Jahren, Vandenhoeck & Ruprecht, Göttingen 2014.
Eucken, Walter: Grundsätze der Wirtschaftspolitik, J. C. Mohr, Tübingen 1990.
Falk, Armin: Markt und Moral, Hrsg. Peter Sloterdijk, Michael Bartsch, Frankfurter Allgemeine Buch, Frankfurt am Main 2015.
Ferenschild, Sabine und Schniewind, Julia: Folgen des Freihandels. Das Ende des Welttextilabkommens und die Auswirkungen auf die Beschäftigten. Eine Studie der Otto Brenner Stiftung, Frankfurt am Main 2016.
Ford, Martin: Rise of the Robots. Technology and the threat of a jobless future, Basic Books, Member of Pegasus Book Group, New York 2015.
FRA – European Union Agency for Fundamental Rights: Severe labour exploitation: workers moving within or into the European Union. States' obligations and victims' rights.
Fratzscher, Marcel: Verteilungskampf. Warum Deutschland immer ungleicher wird, Hanser, München 2016.
Frey, Carl Benedikt und Osborne Michael A., The Future of Employment: How susceptible are jobs to computerisation? Oxford September 17, 2013.

Fukuyama, Francis: The Future of History. Can liberal democracy survive the decline of the middle class?, Foreign Affairs, Volume 91, Number 1.

Galbraith, John Kenneth: Wirtschaft für Staat und Gesellschaft, Droemer Knaur, München/Zürich 1976.

Germanwatch und Misereor: Globales Wirtschaften und Menschenrechte. Deutschland auf dem Prüfstand, Februar 2014.

Häni, Daniel und Kovce, Philip: Was fehlt, wenn alles da ist? Warum das bedingungslose Grundeinkommen die richtigen Fragen stellt, Orell Füssli Verlag, Zürich 2015.

Hartmann, Kathrin: Aus kontrolliertem Raubbau. Wie Politik und Wirtschaft das Klima anheizen, Natur vernichten und Armut produzieren, Blessing, München 2015.

Herrmann, Ulrike: Der Sieg des Kapitals. Wie der Reichtum in die Welt kam: Die Geschichte von Wachstum, Geld und Krisen, Westend, Frankfurt am Main 2013.

Hobsbawn, Eric: Das Zeitalter der Extreme. Weltgeschichte des 20. Jahrhunderts, Deutscher Taschenbuch Verlag, 2. Auflage, München 1999.

Hochschild, Adam: Sprengt die Ketten. Der entscheidende Kampf um die Abschaffung der Sklaverei, Klett-Cotta, Stuttgart 2007.

International Labour Organization: World Employment Social Outlook. The changing nature of jobs, 2015.

Institut Solidarische Moderne: Sozialökologischer Gesellschaftsumbau auf dem Weg in eine Solidarische Moderne, 2011.

Judt, Tony: Dem Land geht es schlecht. Ein Traktat über die Unzufriedenheit, Hanser, München 2011.

Kaleck, Wolfgang: Mit Recht gegen die Macht. Unser weltweiter Kampf für die Menschenrechte, Hanser Berlin 2015.

Kaleck, Wolfgang und Saage-Maaß, Miriam: Unternehmen und Menschenrechte, Wagenbach, Berlin 2016.

Kamminga, Menno T.: Company Responses to Human Rights Reports: An Empirical Analysis, Study, University of Maastricht 2015.

Khan, Irene: Die unerhörte Wahrheit. Armut und Menschenrechte, S. Fischer, Frankfurt am Main 2010.

Klein, Naomi: No Logo. Der Kampf der Global Players um Marktmacht. Ein Spiel mit vielen Verlierern und wenigen Gewinnern, Goldmann, 4. Auflage, München 2005.

Kocka, Jürgen: Geschichte des Kapitalismus, 2. Auflage, C. H. Beck, München 2014.

Körner, Marita: Das internationale Menschenrecht auf Arbeit. Völkerrechtliche Anforderungen an Deutschland, Studie, Hrsg. Deutsches Institut für Menschenrechte, 2004.

Kurz, Constanze und Rieger, Frank: Arbeitsfrei. Eine Entdeckungsreise zu den Maschinen, die uns ersetzen, Riemann Verlag, München 2013.

Lancester, John: Warum jeder jedem etwas schuldet und keiner jemals etwas zurückzahlt, Klett-Cotta, Stuttgart 2013.

Lincoln, Sarah: Das Regime der Konzerne. Wie Wirtschaft und Politik die Menschenrechte aushebeln, in: Blätter für deutsche und internationale Politik 59 (2014), S. 61–71.

Mazzucato, Mariana: Das Kapital des Staates. Eine andere Geschichte von Innovation und Wachstum, Kunstmann Verlag, München 2014.

Mies, Maria: Globalisierung von unten. Der Kampf gegen die Herrschaft der Konzerne, Europäische Verlagsanstalt, Hamburg 2002.

Mirowski, Philip: Untote leben länger. Warum der Neoliberalismus nach der Krise noch stärker ist, Matthes & Seitz, Berlin 2015.

Möntmann, Nina (Hrsg.): Schöne neue Welt. Ein Reader zu Harun Farockis Film: »Ein neues Produkt«, Verlag der Buchhandlung Walther König, Katalog Deichtorhallen Hamburg.

Organizing. Die Veränderung der gewerkschaftlichen Praxis durch das Prinzip Beteiligung, Hrsg. Von Detlef Wetzel, VSA Verlag, Hamburg 2013.

Piketty, Thomas: Das Kapital im 21. Jahrhundert, C. H. Beck, München 2014.

Raschke, Markus: Fairer Handel. Engagement für eine gerechte Weltwirtschaft, 2. Auflage, Matthias-Grünwald Verlag, Ostfildern 2009.

Rifkin, Jeremy: Das Ende der Arbeit und ihre Zukunft, Fischer Verlag, Frankfurt am Main 1997.

Rifkin, Jeremy: Die Null-Grenzkosten-Gesellschaft. Das Internet der Dinge, kollaboratives Gemeingut und der Rückzug des Kapitalismus, Campus, Frankfurt 2014.

Rügemer, Werner und Wigand, Elmar: Union Busting in Deutschland. Die Bekämpfung von Betriebsräten und Gewerkschaften als professionelle Dienstleistung. Eine Studie der Otto Brenner Stiftung, Frankfurt am Main 2014.

Scherhorn, Gerhard: »Gleiche Chancen für das Kapital«, Vortrag in dem Symposium »Kapitalismus gezähmt? Pro und contra Neoliberalismus« des Club of Vienna am 22. Januar 2004.

Scherhorn, Gerhard: Das Finanzkapital zwischen Gier und Verantwortung,

in: Zeitschrift für Sozialökonomie, 45. Jahrgang 156/157 Folge, April 2008.
Schick, Gerhard: Machtwirtschaft nein danke! Für eine Wirtschaft, die uns allen dient, Campus, Frankfurt am Main 2014.
Sen, Amartya: Ökonomie für den Menschen. Wege zu Gerechtigkeit und Solidarität in der Marktwirtschaft, Hanser München 1999.
Senett, Richard: Der flexible Mensch. Die Kultur des neuen Kapitalismus, Siedler, Berlin 1998.
Silver, Beverly J.: Forces of Labor. Arbeiterbewegungen und Globalisierung seit 1870, Assoziation A, Berlin-Hamburg 2005.
Shipbreaking platform, Annual report 2014.
Sukhdev, Pavan: Corporation 2020. Warum wir Wirtschaft neu denken müssen. Oekom-Verlag, München 2013.
Tenfelde, Klaus: Arbeitsbeziehungen und gewerkschaftliche Organisation im Wandel, in APuZ 13–14/2010.
Thierse, Wolfgang und Ludwig, Heiner (Hrsg.): Arbeit ist keine Ware! Über wirtschaftliche Krisen, normative Orientierung und politische Praxis, Herder, Freiburg im Breisgau 2009.
Tomuschat, Christian: Europäische vs. asiatische Werte. Scheitert die Universalisierung der Menschenrechte? Vortrag am 27. Juni 2000 an der Humboldt-Universität zu Berlin
van Reybrouck, David: Kongo. Eine Geschichte, Suhrkamp Verlag, Berlin 2010.